CLINTON, INC.

The Audacious Rebuilding
of a Political Machine

希拉里
为总统而生

[美] 丹尼尔·哈伯 著 吴忠岫 译

中国友谊出版公司

图书在版编目（CIP）数据

希拉里：为总统而生 / (美) 哈伯著；吴忠岫译著.
. -- 北京：中国友谊出版公司，2016.3
书名原文: CLINTON, INC.: The Audacious
Rebuilding of a Political Machine
ISBN 978-7-5057-3698-6

Ⅰ.①希… Ⅱ.①哈… ②吴… Ⅲ.①克林顿，H. -
传记 Ⅳ.①K837.127=6

中国版本图书馆CIP数据核字(2016)第047895号

书名	希拉里：为总统而生
作者	(美) 丹尼尔·哈伯　著　吴忠岫　译
出版	中国友谊出版公司
发行	中国友谊出版公司
经销	北京时代华语图书股份有限公司　010-83670231
印刷	北京建泰印刷有限公司
规格	690×980 毫米　16 开
	22 印张　253 千字
版次	2016 年 4 月第 1 版
印次	2016 年 4 月第 1 次印刷
书号	ISBN 978-7-5057-3698-6
定价	48.00 元
地址	北京市朝阳区西坝河南里 17-1 号楼
邮编	100028
电话	（010）64668676

目　录

引言：克林顿是个品牌

> "汤姆和黛西都是没心没肺的人——他们会把周围的一切搞个稀巴烂然后逃之夭夭……逃遁进暂时维持他们婚姻的屏障里——不管那是种什么样的屏障，而把自己闯下的祸扔给其他人收拾。"
>
> ——F. 司各特·菲茨杰拉德

2013年年初，希拉里·罗德姆·克林顿站在五角大楼的一处平台上，笑容满面，喜气洋洋。几乎有点孩子气的希拉里身着一件显得有些走样的小圆领大黑纽扣绛色便装，一边向与会人员大力挥手，一边准备参与克林顿的"造神运动"。自1992年克林顿首度竞选全国性公职以来，这种精致的品牌再造活动与精心准备的表演便成为克林顿家族的标志。

站在她身边的是有些古板的参谋长联席会议主席马丁·登普西，以及美国的国防部长——整天一副乐呵呵模样的莱昂·帕内塔。帕内塔曾在希拉里丈夫第一届总统任期内出任白宫幕僚长，而且在2008年民主党初选激烈缠斗中自始至终坚定地支持克林顿家族。帕内塔穿一套黑色西装，打一条蓝灰领带，对前第一夫人不吝惜各种溢美之词。这位身材魁梧、热衷于交际的意裔美国人热情洋溢地介绍说，希拉里是"我有幸共事的公职人员中见识最广博、最热忱，同时也是对工作最敬业的一位"。在两人应奥巴马总统之邀担任公职期间，他一直是希拉里的亲密盟友。

帕内塔授予她五角大楼的最高荣誉——杰出平民服务奖，然后向前来采访的记者们透露了一点信息。"从许多方面讲，我必须向你们坦白，是她鼓励了我前进，使我有能力打破女性在国防部任职的最后一道障碍，使她们有了在实战中一试身手的机会。"他转过身来看着满脸笑容的希拉里，"我衷心感谢您带给我的启迪。"

就这样，莱昂·帕内塔为"希拉里·克林顿品牌"引入了新的谈论话题，这个品牌已经是版本 10 或 12 甚至是 15。此前从未有媒体披露过希拉里在推动女性参与实战的权利中发挥过作用，这条重磅新闻即时登上美国及全世界报纸的头条。当时，在全力备战 2016 年大选之际，即将卸任国务卿的她谋求将自己打造成女权运动推手的形象。事实上，自离开国务院起，她便在全世界范围内检视"女权"，为此她甚至与自己的新密友——前第一夫人劳拉·布什搭档。她为美国女性最终能够走上战场铺平道路之举，不过是她影响所及的另一个迹象而已。当然从技术上讲，这一切还有待商榷。

与当年 2 月国防部长帕内塔在台上的说辞相反，奥巴马政府的国家安全政策并不是由国防部或国务院负责的，这是令国务卿希拉里·克林顿倍感挫折的地方，同时也是令帕内塔及其前任国防部长罗伯特·盖茨备感受挫之处。盖茨在其 2013 年回忆录中指出，奥巴马手下的白宫"是我所见过的自理查德·尼克松与亨利·基辛格主政以来集权程度最高、对国家安全政策抓得最紧的一届政府"。根据盖茨与国务院、国防部里其他人士的说法，所有重大政策均由白宫里忠于奥巴马的一小帮人决定——这帮人如果不能说完全没有国家安全领域里的经验，至少也是缺乏实质性经验，而且他们的运作方式几乎完全出于政治考量。然后他们会把接近既成事实的决策提交内阁各部长执行。

此外，跟帕内塔的吹嘘之辞相抵触的是，让女性上战场这一具有争议性的决策肯定不是为了向希拉里·克林顿致敬。事实上，该举措压根儿与克林顿夫人或帕内塔先生无关，就此而言，忠于奥巴马的人士对二人均心存疑虑或不屑。例如，国防部内的一位官员批评帕内塔的行为，称其对每周赶回加州家里聚餐比对管理组织庞大的五角大楼更上心。

有多位国家安全消息人士对我说，在2013年里，政治是奥巴马的国家安全委员会的主要关注领域，目的是在2014年国会中期选举中重新夺回众议院多数党席位。对于奥巴马团队而言，2010年众议院选举中败给共和党是一大耻辱。奥巴马构想出允许女性上战场这一项目，目的是为了确保社会问题始终是媒体报道关注的核心。

此外，奥巴马执掌下的民主党坚持在女性参战问题上捍卫女性权益，是为了彰显民主党对女性问题的关注，在2012年大选中，正是这种态度促使绝大多数单身女性选民将票投给了民主党。

关于当天在五角大楼里发生的事情，最令人感兴趣的不是摆在台面上的话，而是围绕这些话生发出来的质疑——那些极少有人公开问出来的问题。

第一个问题自然是希拉里的健康状况。自从2012年12月的神秘昏厥以来，希拉里那双明亮的黄棕色眼睛上一直戴着偏绿色眼镜，五角大楼这次则是她数周来第一次摘掉眼镜。眼镜配有菲涅耳棱镜，顾问们声称这是她在家中摔了一跤受到震荡后所配，戴这副眼镜的目的在于帮助她看清物体。克林顿家族与华盛顿媒体间存在这种赞扬／质疑关系引发的一个直接后果便是，有一些记者从一开始就不相信脑震荡的故事。

2012 年 12 月以后的数周里希拉里一直未出现在公众面前，而当时正是她面临激烈攻击之际，原因是国务院数名职员在利比亚班加西遇难身亡。部分右派人士在媒体上揣测称，克林顿夫人是为了逃避在国会作证。而右派里一部分狂热反对希拉里的人一如既往、不失时机地抛出了阴谋论——这时提出的是她的酗酒问题。这种谣传基于有人拍到她在加州饮酒狂欢——美国广播公司（ABC）称此事"引发轩然大波"（《纽约邮报》则以"稀里糊涂希拉里"为题刊发这一报道）。2012 年 12 月 15 日在政府专机登机时，她莫名其妙地摔跤——在 YouTube 上这一视频被反复播放。关于她酗酒的谣言传得沸沸扬扬，就连奥巴马总统都打趣说希拉里"醉中发短信"给他。其他人则认为她的健康危机远较公众所知的情况严重，严重到可能危及其更远大抱负的程度。

不管是刻意而为抑或是能力不济，希拉里媒体团队未能消弭猜疑之声。一开始，记者们被告知，希拉里是因"身体不适"而未在公众面前露面，她似乎有点小感冒。接着他们又解释说她因胃病严重脱水，从而导致她摔倒并产生脑震荡。不过，仅仅数日之后他们又声称她因脑血栓而入院治疗。事实上，后一种疾病正是中风的常见症状。

据美国网络医生网（WebMD）的说法，中风症状包括"突感晕眩，失去平衡或身体失调……语言及理解障碍……面部、四肢瘫痪或麻木……一只眼睛或两只眼睛视力模糊或眼前发黑，或视觉出现重影……或突发严重头疼，伴有呕吐、晕眩或意识障碍"。要隐瞒此类症状很可能需要病患在公众面前消失数周时间。

一位顾问当时宣称"她并未中风",但记者们并不同意。"当然，我认为这就是中风。"一位供职于主流新闻网的资深记者事后反思称，"这是唯一解释得通的说法。"这一发现，如果属实，对于任何一位到总统就职日将接近七旬的女性来说，肯定不是好消息。

记者们指出了多个支持"中风"说法的因素。其一，她完全离开公众视线数周却没有拿出足以服众的说法。其二，克林顿夫人家族有中风史，1993年她父亲因中风于82岁辞世。她遭受脑震荡后所戴的菲涅耳棱镜也是医生为中风病患矫正视力而开出的常见治疗措施。记者们注意到切尔西·克林顿去纽约医院探视母亲后脸上现出了担心的表情。在昏厥前数日，克林顿夫人曾取消了一次出国访问，声称是胃中病毒所致——而这与她在2005年纽约水牛城演讲中昏厥所用的理由相同。尽管并非无先例，但昏厥并不是肠胃炎的常见症状。在被送进纽约医院后，希拉里的医生与院方迟迟不肯向媒体发布医疗声明，所有信息只能从希拉里的顾问那里获得。

例如，对于希拉里顾问团队所发布希拉里正在接受血液稀释剂治疗的声明，全国广播公司（NBC）新闻频道科学与健康领域首席记者公开表示质疑。罗伯特·巴泽尔在NBC《今日》节目上表示："问题在于，因脑震荡而产生的血栓通常是不能进行血液（稀释剂）治疗的。因此，要么她的病事实上跟脑震荡无关，而是她腿上或其他地方有血栓，要么是有其他我们尚不清楚的事情发生。"专门报道克林顿家族的记者们明白，很难从希拉里·克林顿的首席发言人菲利普·莱内斯口中套话，莱内斯向来只向自己偏爱的记者们提供精心编制的信息——他所偏爱的记者屈指可数。

当天五角大楼传出的第二项秘闻更是引起了公众的兴趣。在希拉里从其丈夫的幕僚长手中接受这样一项杰出荣誉之际，她的丈夫到底在哪里呢？当天可是情人节呢。不管威廉·杰斐逊·克林顿身在何处——打着自己基金会的名义发表演讲，和以前的敌人纽特·金里奇寒暄，或在国会山里指导民主党人——他也同样在制造新闻。《纽约邮报》就在当天的报道中称，比尔·克林顿私下向克林顿家族的一位长期捐献者"确认"希拉里几乎肯定参加 2016 年总统大选。比尔曾无数次当众揣测妻子的志向，而不顾及她是否喜欢他的这种做法（她当然不会喜欢）。同时，美联社在突发新闻中播发了前总统克林顿与其曾经的对手理查德·尼克松之间的一系列秘密通信。通信并无特别重要之处，但从另一方面证明了克林顿的过人之处，他具有按自己喜好转移人们对其看法、与最意想不到的人结成同盟的能力，这种能力举世无双，当然，还包括抢自己妻子新闻风头的本事。

对于任何出席过五角大楼当天活动的人来说，比尔·克林顿这样招摇地缺席授勋仪式肯定会引起华盛顿政治圈子的闲话——他们可能是自亨利八世与凯瑟琳以来人们谈论得最多、谣传最盛的一对夫妻。这一桩婚姻中的两人或许不久就要达成一项新的成就，一项空前的成就：美国历史上首对夫妻二人均出任过总统的婚姻。仅仅十多年前，在克林顿一家狼狈离开白宫时，这是任何人都无法想象的。

常言道，婚姻在很多方面酷似商业伙伴。在结婚后的 38 年中，这便是克林顿一家的写照：百万美元帝国克氏公司的双首席执行官。一位与克林顿夫妇多年关系密切的消息人士也持同样看法，他向我表示："我认为此前已有人用过合作伙伴关系一词……这一用词相当公允。"

跟其他企业实体相似，克氏公司开展了多种多样的营利性活动。该公司不断调整经营策略并削减亏损。该公司一边抵御竞争对手品牌——

其他民主党派系或共和党挑战者，一边时不时与他们结成互利性伙伴关系，如出人意料地与布什家族进行合作。在该公司的高管层，为博得两个首席执行官的关注与青睐而不断发生斗争。

顶层的双巨头在公司内部有不同的权力体系。例如，在前十年中，比尔负责赚钱，据说他的资产净值超过 1 亿美元。希拉里则负责改善家族的政治际遇，她先后在参议院和奥巴马政府里任职。凡此种种经营使得他们可以过上舒适生活，甚至可以生活得很快乐，同时也在各领一帮顾问及随从的情况下过着大致井水不犯河水的生活。他们各自的气质、风格及在各种不检点行为里的牵涉程度的不同，考验过他们之间的伙伴关系，但双方均已得出结论，即二人通力合作要胜过各自单干。他们的无数努力均指向同一个目标：以其种种努力为克林顿家族谋利，包括政治上与经济上的利益。一切都为了有效改善该公司的价值，或提高其股价。

前参议员约瑟夫·利伯曼在一次采访中对我说："这是最奇特但是具有极高生产力的一种关系。"利伯曼于 2000 年被选为艾尔·戈尔的竞选搭档，很大程度上是因为他公开、严厉地批评比尔·克林顿与白宫实习生莫妮卡·莱温斯基的丑闻。一位在民主党内颇受尊敬的犹太人的抨击使得进退维谷的戈尔可以与这桩丑闻拉开距离。多年后，即便是利伯曼似乎也对比尔与希拉里伙伴关系的牢固性与持久性感到意外——这一关系持续时间之久明显超过了戈尔与蒂珀的婚姻。利伯曼对我说，他曾偶然听到过两人在电话上的会话，比尔在电话上跟妻子打招呼："嗨，宝贝。"接着两人就亲切地谈起了各自的活动。这令他惊叹不已，尤其是经历了这么多飞短流长之后。在他的纽约办公室里，他评论说："在经历了婚姻中的风风雨雨后，他们却似乎依然全心全意地爱着对方。"

在我就同样话题采访克林顿曾经的劲敌纽特·金里奇时，他的分析鞭辟入里。在位于弗吉尼亚阿灵顿的办公室里他这样说："她嫁给他是因为他终将出人头地。"这表达了共和党人普遍所持的一种观点，"而他娶她的原因在于她终将助自己成就一番事业。于是他们决定一起成就一番事业。事实上，这一直是一种互利关系。他们肯定在某个点上有过分歧——比如基本规则该如何定，以及双方关系的定位。扬克洛维奇过去常用一个他称为'取舍策略'的公式：我付出了什么，我收获了什么……显然他们已就各自运作方式及各自该做什么明确达成了一致。"

大学教授出身——从政前他曾在西佐治亚学院的大学里教过书——的金里奇甚至为我这本传记提供了一些书名上的建议。"我觉得这个书名早已有人用过，不过，从某种意义上讲《权势夫妻》几乎是关于这两人作品名称的不二之选。"后来，他经过一番思考后说，"没有她，他就无法存活，因此书名也可是《共存，共赢》。"

在这种互利伙伴关系中，两人之外只有一个人有权投出决定性一票，这就是他们的女儿切尔西。在过去多年来，切尔西已慢慢成长为克氏公司强硬而有远大抱负的高级副总裁。切尔西的父母在老去的同时，遥望未来，深谋远虑，因此切尔西的"投资组合规模"与日俱增。例如，最近她被列入克林顿基金会的发起人名单，而该基金会也于2013年改名为"比尔、希拉里与切尔西·克林顿基金会"。

她已做好了有朝一日接管家族事业的准备。排名在切尔西身后的是一大帮董事会成员、形形色色的顾问，如詹姆斯·卡维尔[①]、保罗·贝

---

① 克林顿竞选州长时的竞选战略家，后曾以顾问身份参与希拉里2008年的总统初选。此外还是电视节目主持人、政治评论家、大学教授。

加拉^①及拉姆·伊曼纽尔^②等名人，还有玛吉·威廉斯、胡玛·阿贝丁和谢丽尔·米尔斯等鲜为人知的角色。完全忠于克林顿家族、在媒体上为他们辩护并帮助他们解决问题的人会得到回报——关注、经济资助、关系及晋身门路。

莱尼·戴维斯是一名坚定的克林顿支持者，他与克林顿一起读法学院时就成了朋友。在克林顿圈子里，戴维斯有个坏名声：老是未经授权便跟记者们乱讲，而且还利用与克林顿的数十年交情来谋利。他不仅与克林顿一家还与乔治·W·布什有交情，他与小布什在耶鲁读书时成了朋友。克林顿圈子里的许多人都推荐我去找戴维斯，询问他的看法并求证相关谣言，称其善于"自吹自擂"而且是个令人讨厌的家伙。事实上，戴维斯是个很讨人喜欢的家伙，热心而且显然真心热爱这对前第一夫妇。在摆设着与克林顿家族及布什家族交往证据的办公室里，他说出了这样的话："自从第一次跟她见面，我就认为（希拉里）注定要从事公职。"他又贴心地加了一句，"这句话可以公开引用。"

这类话语是克林顿圈子可以接受的。跟其他治理有方的企业一样，克氏公司的投资者们精心呵护着公司品牌，并处罚那些可能会置公司于险地的人。一位要我保证不透露其姓名才同意引用其话语的前克林顿内阁官员对我说："他们有一种基础结构。一种政治基础架构、政治顾问、媒体基础架构、商业基础架构。"

因此，我尽量引用消息人士的话语。不过，很多时候我作过保证，只把克林顿顾问的话用在背景描述中或不公开姓名。一开始跟许多人

---

① 克林顿的顾问之一，政治战略家、政治评论家、大学教授。
② 美国政治家，伊利诺伊州的参议员，克林顿执政时期担任总统副助理兼联络副主任，奥巴马时期担任白宫办公厅主任。

接触时，我心里是有负担的，我任职的《旗帜周刊》被理所应当地看作是一份中间偏右的杂志，因此，许多人一开始不愿跟我讲话。

前白宫新闻秘书迈克·马凯利建议："不要写得像《旗帜周刊》那样鲜明，写一些有趣而又出人意料的东西……我常常读得津津有味，甚至曾有一次给编辑去了封信……我担心书中对希拉里·克林顿的评论……可想而知，将会十分尖锐，而且批评只会增加我们当前政治中的极化现象而不能解决这一问题。写一些保守派的话语：'要知道，我从来就没想过比尔／希拉里·克林顿会这样做，不过这不禁让我想到……'"

这些话的弦外之音自然就是，我必须实事求是地写作本书。从某些方面看，本书已证实了这一说法。不过，随着我对比尔与希拉里（以及切尔西）的了解加深，每一个角色更复杂的形象逐渐浮现，有时候这个形象与他们的公众形象格格不入。比如，私下里的希拉里更热情、更亲切，在某些方面比她展现出的公众形象多一些忧郁色彩。她是这一家里比较具有同情心、比较容易打交道的一个。她的最大资产与她的最大弱点都来自同一个人：她的丈夫。与冲动的南方白种人形象相反，私底下的比尔·克林顿较冷酷、精于算计而且咄咄逼人。许多人喜欢他在身边，至少在短时间里是如此，然而与其妻子相反，他缺乏真正长期的朋友。他的确魅力四射，但有其局限性。

克林顿一直钦佩阿肯色州参议员 J. 威廉·富布赖特——克林顿曾为参议员开过车。富布莱特的一位亲属讲了一个发生在富布赖特葬礼上的故事，时任总统的克林顿坚持挤进富布赖特家庭照里。这个故事揭示了从小失去父亲的克林顿渴望这种关系。需要指出的是，我曾多次就本书内容要求采访比尔与希拉里·克林顿。我在一封信中写道："我希望给前总统克林顿一个机会，来回答由雇员、朋友及顾问所提出的某些问题，同时给他提供一个自圆其说的平台"，克林顿的"故事值得一讲。而我也希望采访克林顿总统以便给他一个说出自己想法的机会——谈谈他的见解"（克林顿通过其发言人否决了我的请求）。

随着时间的流逝，我设法会见了围绕在克林顿家族周围的很多人，包括每天跟比尔、希拉里及切尔西打交道的一众朋友、同事及顾问。我曾有机会查阅由政工人员、私人调查员及法律团队收集的数千页文档，这些文献从未向公众公开过。而且我也采访过数十位克林顿顾问，包括前任顾问及现任顾问、前内阁官员（曾出任过克林顿、小布什及奥巴马政府官员），以及一度成为克林顿对手的不少人。事实证明，这项工作并不总是能顺利进行。华盛顿几乎每个人都有个关于克林顿的故事，或两个，或两百个故事，但很多人却不敢将其公之于众，担心受到克林顿顾问及其媒体盟友的无情攻击。跟公众的看法相反，这种担心时至今天依然存在，甚至对共和党人来说也是如此。

第一个遭到克林顿反击的是前顾问乔治·斯特凡诺普洛斯，他于2000年未获授权便出版了一本克林顿传记，传记中对克林顿持批评态度，这引发了克林顿圈子的强烈谴责与敌意。斯特凡诺普洛斯对克林顿家族的评价有点太极端了，他们有点受不了。该书中写道："克林顿翻脸不认账手法之娴熟与其乐观心态——其最擅长的政治实力——相结合。他对自己弱点及对周围人弱点的利用达到炉火纯青的地步，不过他对自己及身边人才能的运用也同样高明。"尽管克林顿对一名身家百万且颇得观众喜爱的荧屏人物造不成多大伤害——斯特凡诺普洛斯现在是 ABC 电视台《早安美国》的节目主持人——但还是对他的人际关系造成了痛楚。在传记出版后，他损失了多位自己看重的朋友。多位与斯特凡诺普洛斯关系较密切的朋友对我说，尽管诸如伊曼纽尔与卡维尔等旧友仍然定期跟他通话，但事实证明克林顿圈子本身对他却毫不宽恕。

克林顿的一位前媒体顾问回忆说："我们组织了一次大型职员联谊活动，不管多么声名狼藉的人都在受邀之列。但乔治是未获邀请的少数人中的一位。"时至今日，这位 ABC 新闻主播仍在为赢得他们的宽恕而努力，但一位消息人士称："比尔仍然恨着他。"

同样在心理上付出代价的也包括比尔·理查森，他在 2008 年民主党内总统预选中冒险公开支持奥巴马而不是希拉里。比尔·克林顿此后一直没有原谅过他，这一点显然让理查森很难受。"他对弥合分歧毫无兴趣。"理查森在一次采访中如是说，"我觉得他向我传递了一个信息，他与所有人的关系都是基于他的利益而非另一方的利益……他需要对方绝对忠诚于他。这样一种关系的结局要么是完全听命于他，要么就是与他分道扬镳。我希望得到他的原谅，他还是有宽恕精神的，但显然他没有原谅我。"

这种人际上的损失最让人痛苦。理查森写道："我只希望再次听到他说：'我是爱你的。'"

即使是前副总统艾尔·戈尔也因在 2000 年大选中与克林顿决裂而付出代价。戈尔将大选失利部分归咎于莫妮卡·莱温斯基性丑闻。尽管他与克林顿在数年前达成了和解，但据一位与戈尔关系密切的朋友讲，"二人关系仍然极差"。至今，戈尔在民主党内仍是个无足轻重的角色，克林顿圈子基本上不询问他的意见。

与妻子的情况相反，比尔·克林顿只有极少私交。一位关系密切的朋友讲："他有一些周期性的朋友，生意上的朋友。"人们在他的圈子里进进出出，但不会与他形成有意义的长期关系。但在他卸任总统后有两个人例外，分别是亿万富翁罗恩·伯克尔与一个名叫道格·班德的年轻顾问。伯克尔过去常用自己的波音 757 私人飞机带克林顿周游世界，但据《每日野兽》2010 年报道，在两人为一桩生意闹翻后，克林顿便一直在民主党圈子里说伯克尔的"坏话"，指责其曾经的朋友欠自己 2000 万美元。伯克尔向《商业周刊》表示，与克林顿做生意伙伴是"我所做过最蠢的事"。

在 2013 年的大部分时间里，道格·班德一直饱受报纸与杂志对他的人格攻击，如《纽约时报》及自由派《新共和》指其在为比尔打理多桩生意中存在不当财务做法。《纽约时报》在 2013 年一篇较长的文章中称，"克林顿圈子内外对于道格拉斯·J.班德的忧虑与日俱增，这位曾做过克林顿先生私人助理的人成立了一家油水极丰的企业咨询公司（克林顿先生以领薪顾问的身份加盟该公司），同时负责监管克林顿全球倡议业务，负责该基金会令人眼花缭乱的首席执行官们、各国首脑及名流的聚会"。前克林顿顾问们向我表示，这些攻击的"步调高度一致"。

对于希拉里而言，2014 年出版的一本书披露了她所执掌国务院的"敌人名录"，书中列举了那些在 2008 年不支持她竞选并理应受到惩罚的人员名单。尽管这一消息上了数家报纸的头条，但事实上这种事并不怎么新鲜。对于曾在 2008 年反对自己的人，她执掌的国务院阻挠奥巴马任命的做法早已尽人皆知。这一新披露的消息只不过进一步佐证了华盛顿特区里民主党人早就耳熟能详的信息：克林顿家族可不是好惹的。

一位消息人士对我说过，克林顿团队成功阻挠了对曾出任美国驻联合国大使及能源部长的比尔·理查森的任命，让他无法在奥巴马政府里担任任何要职。奥巴马想指派这位久经历练的外交家出面就朝鲜扣押美国人质事件进行谈判，但希拉里的顾问或希拉里本人阻止了这个决定。相反，比尔·克林顿被派上了场。

众所周知，克林顿圈内人爱浏览杂志与书籍文章，试图解读那些未署名的引语是谁说的。例如，杰伊·卡尔森，一位知名克林顿顾问，被指为是在畅销书《变局》里捏造关于 2008 年希拉里竞选的谣言及对奥巴马大发雷霆情节的罪魁祸首。前媒体秘书杰克·西沃特则因在 2008 年的一本名为《流放中的克林顿》的书中被公开引用的话语而被关注。结果是，西沃特从此拒绝任何人再引用其话语。

令这种偏执狂雪上加霜的是，克林顿的顾问们都精于制造"我们早就知道了"的氛围。非授权克林顿传记作家莎莉·比德尔·史密斯对我讲了一个与克林顿得力顾问特里·麦考利夫（现为弗吉尼亚州长）一起参加晚会的情形。麦考利夫是华盛顿政治舞台上的常青树，也是克林顿的死忠，以精力过剩、说话用短句知名。麦考利夫过来跟史密斯打招呼并顺便透露了一点消息。

麦考利夫说："你要知道他手头已经有了你的书。"

"他手头有了我的书？"她反问道。

"是的，总统手上已经有了你的书。"

史密斯感到震惊，也有些惊慌失措。该书原稿尚未公开，为防细节泄露而被妥善保管在出版社里。"那不可能，"她断言道，"没有任何图书流出，也没有排版毛样。"

麦考利夫说："他已经有了。"神情里带着一丝威胁，"我看到过他读这本书，他被气坏了（当这些细节被透露给一位记者时，麦考利夫否认曾有过这样一次会话）"。

当另一本稍稍涉及克林顿的书预定于 2013 年出版时，克林顿手下干将詹姆斯·卡维尔插手了。卡维尔声称是该书作者好友，要求出版商提供一本预印本。而该书作者既未见过卡维尔也未与之共事。卡维尔与出版商间的会话是克林顿圈子为了得到该书的预印本而采取的一个小计谋——如果书中有谴责克林顿家族的内容，他们便可以尝试先令作者名誉扫地。事后证明，该书内容相对无害。

在最近数月里，我在为本书准备采写材料时，也受到了一些滋扰。比尔·克林顿传记《我的生活》出版商诺普夫的一位高管就我的这本书内容对纽约一些编辑进行过询问，并探讨本书出版是否"合适"。我接到詹姆斯·卡维尔办公室里打来的一通电话，询问我的书里可能要写谁。倾向支持民主党的记者们，如弗吉尼亚发行行业刊物《政客》的媒体记者迪伦·拜尔斯及"左倾"的《赫芬顿邮报》网站的迈克尔·考尔德伦，均在本书出版前打电话来询问我采访过哪些人。

记者们，尤其是华盛顿的记者们都有一种强烈的自保心态。事实上，本书所讲的许多事情在华盛顿记者圈里已是家喻户晓，更是大家私下里公开谈论的资料，但其中相当大一部分却从未被公众所知。

克林顿圈子里的人在选择谈话对象时必须慎之又慎。大多数华盛顿记者认为希拉里将成为下一届美国总统，因此谈论克林顿家族的闲话要十分小心。

一位克林顿前律师试图让我别把克林顿描述得过于负面，他说这样做会影响我的职业前景。CNN一位制片人说，由于担心克林顿的人可能会惩罚其新闻网，断绝其未来采访门路，因此她永远没办法让我的书上她的节目。在一次采访中，霍华德·迪恩①明确向我表示，关于希拉里，只要是能够见诸报章的一定不会有什么新鲜事。迪恩对我讲：

———————

① 担任过众议员、副州长、州长，2005 年当选民主党主席。

"任何人要写希拉里·克林顿，如果不是确凿无误的事实，那一定就是早已耳熟能详的信息。"

对此我早已有所见识，当时我希望为自己供职的《旗帜周刊》写一篇报道，结果惹恼了希拉里·克林顿的发言人菲利普·莱内斯。在我就克林顿夫人在 2012 年 12 月昏厥入院后出院问题提出询问时，他回了一封措辞严厉的信。他写道："你我之间必须达成谅解：只有在事情出了问题、脱离轨道时才需要你来核查。"这是他试图与我达成协议的一次尝试——一个关于应该如何报道希拉里新闻的协议。我从未答复他，而他也从未回答过我的任何问题。

对于克林顿家族而言，政治只不过是生意而已，而且碰巧是他们所擅长的生意。但对于所有加入到这一实体中的人来说，这一实体存在的目的就是保护比尔、希拉里及切尔西。其他人没有谁是不可或缺的，那些离开公司或揭露公司交易秘密的人要承担风险，而那些被证明给公司带来不便或不够忠诚的人则在被清洗之列。

简而言之，我的大多数消息人士不愿触怒克林顿家族。为了消除他们的恐惧，我答应对他们的身份保密。他们这种做法不免勾起人们对另外一对著名夫妇的记忆，即 F.司各特·菲茨杰拉德小说中的人物："汤姆和黛西都是没心没肺的人——他们会把周围的一切搞得稀巴烂然后逃之夭夭……逃遁进维持着他们婚姻暂时免于破裂的屏障里——不管那是什么屏障，而把自己闯下的祸扔给其他人收拾。"

第 **1** 章

希拉里的救赎

"病态但精妙。"

——克林顿的一位高级顾问谈论比尔与希拉里关系

在其畅销传记中探讨其丈夫与莫妮卡·莱温斯基丑闻的后果时，希拉里·克林顿写道："我一生中所做过的最困难的抉择便是维持与比尔的婚姻以及竞选纽约参议员。"事后看来，这两个说法都言过其实。即使在其丈夫身陷丑闻之际，希拉里脑中所想的也不是离婚而是维持政治生命。不过她要维持的是自己的政治生命，而非其丈夫的。

由于克林顿在有关前白宫实习生莫妮卡·莱温斯基的婚外关系问题上撒谎，1999 年 2 月 12 日，参议院针对是否要就克林顿作伪证与妨碍司法对其弹劾进行表决。希拉里·克林顿与其长期密友、她丈夫的副幕僚长——头发稀疏的哈罗德·伊克斯密谋筹划自己的出路。如果克林顿家族是一家企业的话，那么此时便是希拉里启用自己品牌的时机。

这位第一夫人与伊克斯在白宫寓所里见面，伊克斯对她托出一个在纽约参加议员竞选的计划，事实上她从未在纽约居住过，不过在这里进行竞选的前景却一片光明。

克林顿夫妇私人寓所的装饰体现出他们的个性。里面装饰有多幅克林顿夫妇一起躺在一张吊床上或跟切尔西一起享用午餐的大幅装裱画像。桌上摆着拼字游戏之类的东西，还有一副扑克牌。其他陈列则有些俗气，如绘有克林顿一家形象的俄罗斯套娃、豆豆布偶藏品等。在克林顿夫妇卧室里的一只枕头上绣有阿尔伯特·爱因斯坦的名言："伟大的心灵总要遭到平庸之辈的强烈抵牾"。

白宫服务员们偶尔悠闲地进来、出去。很多服务员不喜欢克林顿一家，他们毫无计划、乱糟糟的日程安排常令白宫职员手忙脚乱。克林顿一家与备受白宫职工喜爱的前任——布什一家——形成鲜明对照，布什一家有长期跟服务员打交道的经验。

一起坐定后，伊克斯向希拉里解释即将成为"本州"事务的微妙之处——政治、各种机构及工会组织，及其（潜在）对手——纽约市长鲁迪·朱利安尼。这一切令她摸不着头脑，但对伊克斯来说却是熟门熟路。他们聊了大半个上午，当他们起身到餐厅吃午餐时，比尔·克林顿过来稍稍陪了他们一会儿。比尔身穿运动套装，正在演练几小时后向全国发表的演讲，他已知道参议院弹劾表决几乎肯定宣布他无罪。传记作家莎莉·比德尔·史密斯详述道："希拉里翻了翻眼珠，和他聊了一会儿，然后就回到刚才的话题上，继续聊选举人计票问题。"

一位密切关注克林顿夫妇的观察家对我表示："我还记得当参议院针对是否弹劾她丈夫——克林顿投票的那一刻，她正在白宫东翼与哈罗德·伊克斯坐在一起，筹划她的参议院竞选策略，这时有人进来通知她说，定罪动议已被推翻，她大约说了句'多谢'，然后便又埋头于自己的竞选谋划中去了。"

主持比尔·克林顿 1992 年纽约站总统大选的伊克斯决意助她实现这一志向（"作为克林顿老朋友兼知己，伊克斯也曾深陷丑闻、行为不轨、滥用职权及品行不端的困扰中。"共和党全国委员会曾在一份指责总统克林顿的简报中如是称）。

伊克斯向她建言称莫妮卡性丑闻可以助其一臂之力，不过这点早已昭然若揭了。正如民意调查专家约翰·佐格比当时所说，她的公共支持率反弹是由于"公众对其处理莱温斯基问题中做法的支持"。美国人，特别是美国女性，为她感到委屈。她已成为世界上名声最响的弃妇，而她则将把这一点利用到极致。甚至连她的政敌们也承认，她是莱温斯基丑闻的受害方。

从第一夫人到参议员

人们普遍认为她此前从未有过自己政治抱负，她在法学院读书时的朋友迈克尔·梅德韦德——现为保守电台主持人——在接受我采访时表示："我认为，她自己甚至从未这么想过。"但事实上希拉里的抱负从未真正远离过脑海。1988 年，当比尔初次考虑竞选总统之际，他与希拉里也曾考虑过让她接替他当阿肯色州长。到四年后他首次就任总统时，入主白宫显然已进入她的个人视野了。这便是她与比尔·克林顿始终默契的部分原因。他先上场，她会忍耐一下他的荒唐，然后会轮到她上场的机会，而他就得倾尽全力帮助她。克林顿顾问们告诉我，比尔入主白宫后，希拉里被国内相当一部分人视为尖嗓门、观点极端的激进分子，在克林顿执政时期，这一看法一直相当流行。

"希拉里始终、始终、始终是一个不可忽视的势力。"一位克林顿顾问如此表示。在克林顿执政期间，她的工作地点离椭圆形办公室仅几步之遥。跟许多谋求在民主党政治圈内闯出一番事业的人一样，这位顾问只同意在不透露姓名的情况下发表意见。"如果你把一件事搞砸了，被（比尔）克林顿发现，你会被升职。但如果你把事情办砸了而被希拉里发现了，她会割开你的喉咙然后把你扔在机场跑道上让你自生自灭。这的确很残酷。"

在基本上被人遗忘的早期"白水门"丑闻调查中，克林顿的批评者一直要求披露希拉里·克林顿在小石城罗斯律师事务所作为合伙人时的工作档案。克林顿夫人不愿披露这些文件，也不愿遵从负责该案的特别检察官的要求。

一位顾问找到了当时年仅二十五六岁的第一夫人新闻秘书莉萨·卡普托。"她为什么就不能直接披露这些文件？总统跟这件事情没有瓜葛，这不会伤及他的。"

"我们不能，"卡普托回答道，"希拉里也有自己的政治抱负。"

"你这话什么意思？"他问道，"还有什么抱负要高过第一夫人吗？"

"呃，还有 2004 年大选，或 2008 年大选呢。"

克林顿夫人有政治抱负不是新鲜事，但从未有顾问如此言之凿凿地确认她将总统一职纳入政治视野，而且当时她丈夫也不过刚刚出任这一职务。希拉里·克林顿希望自己执掌白宫大门的钥匙。一位前顾问接受本书作者专访时表示："她愿意埋首苦干，忍受（他的）一切荒唐事"以求达成目标。

另一位密切观察克林顿夫妇的人士对我说，希拉里一直"把眼光放得很长远，而她在克林顿第二届任期将满时便开始筹划这一长远目标，而且我觉得她认为参议院是直通 2008 年总统之位的捷径"。他也不例外，要求我对其姓名保密。

在她丈夫第二届任期将满时，问题便来了：该从哪里起步？她出生于伊利诺伊州，在马萨诸塞州上大学，在康涅狄格读法学院，曾在加利福尼亚及哥伦比亚特区华盛顿分别小住过一段时间，还曾搬去阿肯色州去与后来的丈夫比尔·克林顿住。现在她又重返华盛顿特区——国家首都，入住白宫。一路走来，希拉里不断在全国结交朋友，搭建关系网，甚至她那标志性的南方口音也于1993年抵达华盛顿后神秘消失。换言之，她在任何一处地方都没有深厚的根基——这一点，在她看来，赋予其代表……随便哪一个地方当选公职的权利。

当希拉里与哈罗德·伊克斯首次就其竞选参议员事宜制定策略之际，两人都明白，至少在他们内心深处知道，她不会因为自己是一名受尽委屈的妻子而随随便便地赢得选举。正如《纽约时报杂志》所写的："在四个小时的时间里，在她与伊克斯——一位浸淫纽约政坛多年的行家里手兼她丈夫的前顾问——从起居室谈到家庭午餐室，用完午餐然后再度回到起居室聊这个话题，她仔细推敲了竞选参议院席位（由丹尼尔·帕特里克·莫伊尼汉决定退休而空缺出来）的种种风险。她是真心实意地想成为百名参议员中的一名吗？她能在一场与难缠对手势均力敌的竞选中胜出吗？她能承受纽约市里如狼似虎的记者们的撕咬吗？"她将如何扭转记者们当时看待她的心态呢？正如一位负责报道这场竞选的记者多年后给我总结的，她的竞选资格"赤裸裸地建立在其政治野心上——她参选的基础是莱温斯基丑闻发生了"。换言之，事实上，她正是利用比尔名声扫地来为自己进入参议院正名的。

正如伊克斯与希拉里所谋划的，他们特别倚重于一个想法。第一夫人竞选参议员的"基础",在《希拉里的选择》一书中首次见报,便是"救赎"。救赎什么?除了莱温斯基丑闻外还有"白水门"事件,在该宗交易中他们损失惨重——要不是因为有好友詹姆斯与苏珊·麦克杜格尔出手相助的话他们的损失还会更惨。围绕着这笔神秘交易档案的纠葛——希拉里坚决阻止其解封——直接促成了特别检察官肯·斯塔尔的走马上任,他费尽心血,最终指控克林顿对阿肯色州雇员保拉·琼斯有不端性行为,而这一指控又进一步验证了总统在莫妮卡·莱温斯基事件中试图掩盖的行为。

尽管由于美国经济表现强劲而使得克林顿的政治支持率一直高企,但在私生活方面,越来越多的美国公众认为克林顿令人反感。参加一场参议院竞选则可洗清这一切——而且这不仅可以挽救克林顿品牌,更将赋予希拉里一个机会,使她可以成为她注定要成为的那种领导人。她将不必再忍受人们拿她来与比尔作比较,或应付他的那些破事。这将是她自己的成就,一个向全世界展现自己能力的机会。就这样,希拉里决定去做了,她要重返工作岗位。

为了应对人们对她参与竞选的抨击,她用了一个策略:尽可能表现出不愿参选的姿态。有一个泄露出来的故事是这样的,心直口快的黑人众议员查理·兰赫尔是一位久经历练的纽约政坛老将,于 1998 年 10 月首次半开玩笑地建议希拉里竞选参议院席位。根据不同的版本报道,希拉里当时对该建议一笑置之。但根据我多年当记者的经验,我知道这个故事没那么简单。事实上,自从听到莫伊尼汉要退休的传言起,希拉里便盯上了这一席位。在与兰赫尔那次偶然交谈之前许久,即在 1998 年中期选举中,她就四处会见党内大佬及捐助人,她在整个纽约州的竞选中所花时间远远超出正常助选之所需。

克林顿政府里的一位高级官员在戴维营遇到第一夫人，他把自己当时的经历说给我听。按他的回忆，这位第一夫人仍然在纽约媒体上装扮懵懂无知的哈姆雷特，讲些不着边际的官话。

"你怎么看？"她问道，"我该参加参议院竞选吗？"

"不，"他回答说，"我觉得你该去当个大学校长，或者做个基金会主席。那样的话，你就有了一个展现自我的更广阔平台。"

第一夫人表现出很受打击的样子，迅速转身走开了。

"她对我提的建议很恼火。"这位前高级官员如是说，他认为希拉里至今还对他这一直言不讳的建议耿耿于怀。

为了进一步给"不情不愿候选人"说法添油加醋，《纽约时报》记者们连篇累牍地撰写了大量有关该州民主党人"低声下气地求她参选"的报道。这当然也是夸大其词。事实上，纽约民主党早已有了一位适合该席位的候选人，一位多年来一直耐心等候自己机会的女性——出身于威彻斯特县的众议员尼塔·洛维。

纽约政坛上真正的实力派人物显然很少有人对希拉里参选有兴致——尤其是参议员查克·舒默与丹尼尔·帕特里克·莫伊尼汉，希拉里将要接替的正是莫伊尼汉的席位。莫伊尼汉在美国参议院里才智出众，曾出任肯尼迪、约翰逊及尼克松的顾问，而且在参议院里赢得了民主党与共和党双方参议员的尊重。一开始，在知道希拉里·克林顿可能接替自己时，这位爱扮怪相、戴一副大眼镜的参议员表现得很淡漠。"他对克林顿夫妇没有多少用处。"一位负责报道这次竞选的记者曾对我直言。

　　尽管此后重修旧好，至少表面上和好了，但由于希拉里着眼于在 2000 年竞选代表纽约州的美国参议员，舒默从一开始就暗中反对希拉里的这一选择。当希拉里认定自己有资格接替莫伊尼汉这样一位重量级人物所担任的席位时，像所有其他政治观察家一样，舒默一开始也对这位生于伊利诺伊州、来自阿肯色州的第一夫人的表现感到震惊。

　　舒默是纽约州人，而希拉里从未在此居住过。"舒默是一个有着远大抱负的政客。"一位他在参议院里的同僚对我轻描淡写地说道，"我敢说，对他来说，生活在希拉里·克林顿的阴影里并不是特别令人开心的事情。"

　　迈克尔·梅德韦德回忆起当时参议员们共进晚餐时舒默与克林顿之间的互动情形。"我跟你讲，当时显然有很多翻白眼的行为。"他说，"当然，两人有些互动。"

　　莫伊尼汉退休后，舒默将自动进阶成为该州两名参议员中的较资深者，这一名谓至少在美国参议院这个特别讲究资历的场所有着特别意义。但如果他的后进同僚是希拉里·克林顿的话，这一资历将大打折扣。她将抢尽他的风头，在工作中压他一头。毕竟，她是个名人，不需要舒默提携便可脱颖而出——不需要他在美国参议院里为她引介。她甚至不费吹灰之力便可轻易占尽纽约各大报纸的头条，她只需要露个面就行。查克·舒默执意要做命运的支配者，压根不愿接受这一安排。而且跟许多其他民主党人一样，他对此感到不解，心里疑惑这个国家是否真的亏欠她一个参议员席位，而且还是她从未居住过的一个州的参议员？

　　至于称其为政治投机客的说法，希拉里深信她能够用忍耐与坚持来应对，这是克林顿夫妇的特长。纽约州是一个完美的选项，希拉里必须这么做。

在一次就本书所做的宽泛采访中，希拉里终将面对的对手、共和党众议员里克·拉齐奥总结了该州所能为她提供的好处："纽约是一个铁板一块的民主党州、拥有众多大型工会组织、选票受政治机器统治的大城市，还是全世界最大的媒体舞台。"

拉齐奥回忆说："尽管她此前与纽约完全没有任何瓜葛，但他们选择纽约的理由很充分。她从未在此居住过，也未在此工作过，从未在该州纳过税。不过纽约是一个非常宽容的地方。我认为希拉里及其团队觉得自己能够解决这一困难，虽说难免会遇到一些阻力。"

对于雄心壮志溢于言表的希拉里来说，更大的诱惑在于：如果她当选纽约参议员，她就和美国最富有同时也是最举足轻重的民主党票仓（可能除加州外）建立起了联系。这即是说，要取胜，她就必须筹款，而她就要从纽约人身上筹款。这些富有而又有权势的纽约人将为总统竞选打下理想的财务基础。

她参加竞选的终极理由及其秘而不宣的推动因素，基本上令人难以捉摸。哈罗德·伊克斯是个政二代。他的父亲老哈罗德·伊克斯出任过富兰克林·德拉诺·罗斯福政府的内阁官员，更重要的是，老哈罗德曾担任过希拉里偶像——埃莉诺·罗斯福的顾问。正是老伊克斯鼓励罗斯福夫人争取纽约参议员席位，她考虑过这一提议但随后放弃了。正如其他传记作家所写的，希拉里无法抗拒这种相似性的比较，只是在自己的故事中她完成了注定属于埃莉诺的使命。希拉里与埃莉诺间的类比意识在希拉里脑海中如此强烈，以至于一些克林顿顾问说，如果他们想要希拉里做一些事，他们就拿埃莉诺的例子来说事。例如，克林顿夫人曾决定撰写一个名为"商榷"的专栏，按她的说法，这是"再度追随埃莉诺·罗斯福的脚印"。

因为有了埃莉诺这一层关系，她的参议院竞选事宜看起来像是上天注定的。但并不是所有传承罗斯福遗志的人都这么看。在希拉里访问了纽约海德公园的埃莉诺童年故居后，媒体上又兴起了一轮拿希拉里与埃莉诺作比较的热潮。

丑闻后的夫妻关系

莫妮卡·莱温斯基丑闻是希拉里·克林顿遇到过的最"幸运"的事情，这或许是个残酷的讽刺。她丈夫与 22 岁的女士在离他们白宫卧室数英尺外的地方胡闹之事被披露前，第一夫人正遭受批评。

备受尊敬的独立顾问罗伯特·W.雷说，在广为人知的阿肯色州"白水门"事件中，希拉里对其角色做了"不准确的"陈述，该事件引发广泛争议，而这种争议对她没有好处。纽约专栏作家威廉·萨菲尔在 1996 年 1 月的社论点评中发表了一篇题为"暴雪般的谎言"的文章，文中举了一系列例子证明第一夫人有不诚实及妨碍司法的行为。他在文中写道："持各种不同政治见解的人们日益意识到一个令人悲哀的现实，即我们的第一夫人——一个智力超群的女性，这是毫无疑义的，一个被许多同代人视为楷模的人——是一个天生的骗子。"非右翼作家克里斯托弗·希钦斯则将一本关于克林顿夫妇的书取名为《谎言向谁扯》。

但在莫妮卡丑闻发生后，这一形象现在已经淡化——至少在一定程度上有所淡化。曾经对第一夫人的每句话都揪住不放的记者们这时开始对她产生了同情，而过去恨她的人也开始对她说些友好的话。她曾说过的每一句话也产生了新的力量，仅仅因为她还没有倒下。而她也乐在其中。她的密友、已于2010年故去的黛安·布莱尔在一系列文章中披露，第一夫人几乎到了"痛并快乐着"的地步。布莱尔写道："希拉里看起来状态不错，几乎有些愉悦……她对我讲了她跟比尔及切尔西有关的一些事，他们曾一起去做礼拜，到中餐馆用过餐，看了一出莎士比亚戏剧，到处受到热烈掌声与喝彩声的欢迎——她说，这一切令对手发狂，因为他们没有屈服于压力，没有表现出一副受难的样子。"

与此同时，她却从这种受害者身份中大获其利。在水牛城州立学院出席600名纽约居民参加的集会时，她花了一个小时接受来自女性支持者的提问，而此时她仍然未宣布参加参议院竞选。她不由自主地奉承当地人，说："你要知道，第一次来水牛城时我还是个小女孩……"

她手里握着一只麦克风，深入分析了众多领域的政策事项。她曾尴尬地提及离婚。她说："我知道，我们的婚姻里存在很多问题，我的意思是，维持婚姻不易。这需要艰巨的努力，你们是我第一次讲这件事的听众。"她笑了笑，听众报以同情的喝彩声。当大家再度安静下来后，她加了一句挑起大家好奇心的话。"有了孩子后，"她说，"你就承担起了一项特别的责任。"听众们顿时热泪盈眶，同时对这位受尽委屈的女性报以更热烈的掌声，向这位百折不挠、维护家庭的女性致敬。不过，尽管她在公开场合或私下里抛出可能在考虑离婚的诸多暗示，事实上，她从来就没真正考虑过这一想法。

1998年夏末，在准备向全国供认自己与莫妮卡·莱温斯基的性行为的直播演讲时，比尔·克林顿心里惶恐不安。他当然应该惶恐。曾目睹这一情形的人们回忆说，总统面色苍白，语速慢得失常，几乎有些手足无措。据一位观察人士回忆，他几乎是被阿肯色州旧友、好莱坞制片人哈利与琳达·布拉德沃思－托马森架进演说间的。在比尔·克林顿遭受一生中的最大羞辱之际，他的妻子、女儿均不在他身边，甚至连他的新闻秘书迈克·麦柯里也可以说不在身边。麦柯里对一位记者说，当时他对自己老板的行径厌恶到了极点，基本上没办法拿正眼瞧他。麦柯里在一封电邮里向我声称，他当时其实在场，但承认饱受总统行为的"打击"。麦柯里披露："在决定他该讲什么内容时，我并没有起主导作用，因为那不是我该扮演的角色"，这一说法出自总统新闻主管之口显得有些怪异，"可是我心里有个声音在说：'大个子，你得靠自己解决这一问题，因为这是你自己的事，跟白宫、总统职责或我们的国家无关。'"

汤姆逊一帮人抓着他的胳膊、扶着他，撑住这位阿肯色旧友进入演说间，一如拳击经纪人搀扶着一位受伤的拳击手。"你能行的。"他们给这位面色苍白、一言不发的总统鼓劲，"你能行的"。

就这样，克林顿最终做出了他几乎永远不必做的事：承认他曾撒谎而且被抓个现行。那段时间里，克林顿动不动就对每一个人横加指责，不仅因为莱温斯基丑闻，还因为共和党人的刻薄、他母亲过世、文斯·福斯①特故去、伊扎克·拉宾②遇刺身亡等事件。纽特·金里奇及老大党（GOP）制定的"美利坚契约"③、对他与希拉里所做的"卑鄙"调查

---

① 前白宫法律顾问，1993 年 7 月自杀身亡。
② 以色列政治家，曾两度出任总理，1995 年遇刺身亡。
③ 1994 年美国参众两院中期选举时共和党制定的纲领，对克林顿的政策提出多项更改，影响很大。

也狠狠地羞辱了克林顿。而且，和其职员一样，克林顿试图将罪过推给莱温斯基——称其是个欲望无尽的"掠食者"，把不情愿的总统拖进了低俗下流的泥淖。他有些自怨自艾，有时候这一情形颇令人慨叹。"我简直崩溃了，"他对朋友们说，"我要崩溃了。"

希拉里进行了一场演讲后，第一家庭动身前往玛莎葡萄园进行家庭度假，在外界看来这是怒火中烧的妻子与女儿对总统施行的公开鞭刑。新闻镜头显示总统散步时只有那条宠物狗巴迪在身边，而希拉里与切尔西则明显在避开他。顾问们则散布希拉里与其家庭在尽全力"弥合"这些创伤，寓意不言自明，即如果他们一家能够应付这一状况，则这个国家自然也能应付。推动"既往不咎、放眼未来"运动的组织者中有些是女性，她们对总统在工作场合里引诱了一位 20 岁刚出头女孩视而不见，只是盛赞自己偶像希拉里·克林顿对丈夫不离不弃的做法。

当时有无数种关于克林顿夫妇婚姻命运的猜测，而其中许多似乎都出自第一夫妇身边人之口：比尔被赶到厅里去睡沙发；他的家人不愿跟他说话；比尔一连好几小时对着宠物狗说话，就好像对着一个实实在在的人说话。在 1999 年国情咨文讲话中，总统花了很长篇幅表彰自己妻子的品格及其出色工作。在国会会议厅里，他抬头望着坐在访客楼座的她，对着直播镜头向希拉里说出了"我爱你"三个字。

当然，这一切都是官方说法——耻辱，接下来是宽恕，再然后是最终救赎。这是做给这个国家看的，但克林顿圈子里的那些人通常则对此冷眼相看。两人间这一切戏剧性的表现都是演给公众看的，私下里根本不是这么一回事。

继续跟比尔在一起对她有利，无论如何希拉里都会这样做，而且理由充分。出于同样的道理，早在二十五六年前她便做过放弃在纽约或芝加哥相当有前途的律师生涯，远赴偏远的小石城操劳，并在落后的欧扎克小城里勇敢地假扮一口南方口音以取悦于南方白人（Bubba）选民的事。到了那个时候她仍然深爱着自己的丈夫。当时希拉里还像在耶鲁法学院第一次遇见他时那样惊喜，当年她偶尔听见一位蓄着小胡子、不修边幅的小伙子吹嘘阿肯色州产的西瓜是"全世界……最大的"。

"那是谁？"她问一位朋友。

"那是比尔·克林顿，来自阿肯色州，而他话不离口的就是那个州里的事儿了。"

"他是个很难相处的人，你知道，而对于一个要全身心专注于他的女性来说就更难了。"保守电台谈话秀主持人迈克尔·梅德韦德如是说，他是强硬的自由派，而且还是希拉里在法学院时的朋友。他恳求希拉里不要跟这个家伙约会，他认为这个家伙很有才华但自命不凡。梅德韦德说："她当时对他产生了世所罕见的迷恋。你不能对她讲他任何不好的话，比尔无疑是她的毕生挚爱。爱情的魔力真的很神秘。"

他出轨的行为并未使得克林顿夫人对他的炽热迷恋有丝毫减损，不过话又说回来，她却也绝非被爱情冲昏了头脑的人。黛安·布莱尔是希拉里·克林顿的挚友，两人的友情始自 20 世纪 70 年代（布莱尔于 2000 年因肺癌去世，卒年 61 岁）。布莱尔的一位朋友向我回忆起发生在 20 世纪 90 年代的一件事，当时希拉里痴迷于一本名为《廊桥遗梦》的书。该书由罗伯特·詹姆斯·沃勒所写，曾跻身全国畅销书榜，后来又被搬上大银幕，梅丽尔·斯特里普饰演女主角。第一夫人对该书的兴趣异乎寻常，她一直催促布莱尔读一读。最终，布莱尔同意在白宫过夜的时候读一读。据这位朋友的说法，大约在凌晨两三点钟之际，第一夫人闯进了布莱尔的睡房。

"你读完了吗？"她问。

"读完了。"布莱尔回答道。

"那么，你怎么看？"

布莱尔不想扫第一夫人的兴，不过还是照实说了，说她真心觉得这本书写得并不像人们说得那么出色。

听到她这么说，希拉里咧嘴笑了，心满意足了。"我就知道它不怎么样。"她说。

尽管早就知道比尔不遵夫道，第一夫人似乎在某种程度上已接受这一现实，有意不加理会。"克林顿夫妇之间的关系一定是伤痕累累，不过人们发现这桩婚姻里丝毫也不缺乏爱。"克林顿传记作家泰勒·布兰奇回忆说，他和长期担任克林顿助理的斯特普·塔尔博特进行过一次谈话，"他们间的伴侣关系仍然显得温情而亲密，从来都不会冷冰冰的，有时还会从某些地方迸发出一点火花，但不一定源自性冲动。这一点一直是萦绕在斯特普和我心头的一个不解之谜。"

在其丈夫推卸指责，并努力为自己的越轨性行为正名之际，希拉里支持丈夫的立场，这一点本应令女权主义支持者们感到震惊，但事实上却无人对此感到诧异。在莱温斯基事件被曝光后，希拉里的挚友布莱尔认同第一夫人的说法："自从他就职以来，他们便经历了一系列个人悲剧（她父亲、文斯·福斯特及他的母亲过世），然后接踵而至的是各种势力制造的仇恨他们的话题，极力贬斥他们。"希拉里还向布莱尔暗示，她丈夫早年丧父的童年经历影响了他。

简而言之，希拉里仍然试图保护他、影响他的生活，不管他喜欢与否。一位高级助理提出了一个隐喻，或可入木三分地描述二人的关系。在克林顿入主白宫的那些年里，凡出席公开活动，希拉里通常会先于丈夫离场，坐到专车里等他。几分钟后，第一夫人便会打发人回到现场，催促其丈夫动身。而总统则通常会多待上 15 分钟。该助理的观点是：她寻求掌控他，而他又不让她得手，这导致她更加渴望控制他。"这是二人关系中的精髓，"该助理对我说，"她基本上始终待在车里试图让他到自己身边来，而他却不让她如愿，要等到自己认为时间到了才动身。"据这位助理的描述，比尔操纵希拉里的手法，实在是"病态却高明"。

据多位助理与观察人士的说法，莱温斯基丑闻过后，这一情形已发生变化。希拉里不再是孜孜以求争取比尔的爱与关注的那位了，现在他空前地需要她的帮助。她单枪匹马便可决定他的总统职位命运。尽管她执意要挽救他的政治命运，不过希拉里却最终看清了自己丈夫到底是一个什么样的人。这一丑闻将希拉里解放出来，使她可以放手追求自己的职业生涯和未来，而且让比尔一辈子觉得亏欠于她。根据同情希拉里的传记作家盖尔·希伊的说法，做出继续维持跟比尔·克林顿婚姻的决定可谓"轻而易举"。希伊引用一位消息人士的话称，希拉里不过是"对这桩婚姻及他的职业生涯进行过投资"。

一个众所周知与比尔·克林顿很亲密的消息人士表示，克林顿"要付出余生时光赎罪"。据该位消息人士称，和"被羞辱女性"的经典表现一样，希拉里"对此依然有些无法释怀"。不管是公开表露出来还是心知肚明，第一夫妇达成了一项新的协议，他们的伙伴关系从那时开始表现出一种新的模式。克林顿夫妇的一位密友曾对传记作家杰里·奥本海默谈过，希拉里在向其丈夫宣布自己计划时表露出强硬态度："现在轮到我了，该是我出头露面了。你最好支持我，不然的话你知道会怎样。"（对于崇拜父母的女儿来说，这一事件可能对切尔西产生了持久而重大的心理影响。）

访问布法罗（亦称水牛城）之际，希拉里在谈到婚姻中面临的困难时夸大其词，这是其在该州开始"倾听之旅"之前发生的事，目的是为了向纽约人展示其善于倾听的形象，对于被政客所遗忘的纽约上州人，这是一个高明的策略，表明其一心一意要倾听大家关心的话题，并将成为该州利益在华盛顿的优秀代理人。

许多共和党人试图阻止她参选，在该州通过立法预防她进行"外来政客投机活动"。由共和党议员南茜·卡尔霍恩倡议的该项法律将要求希拉里必须在纽约住满五年方有资格出任代表该州的议员。卡尔霍恩向《纽约邮报》表示："我以为外来政客投机活动早在 19 世纪 60 年代便绝迹了呢。本州里我们两党内有无数才俊，我们选出的下一任参议员理应出自纽约本地。"

据《纽约时报》报道："在朱利安尼与希拉里穿梭纽约活动期间，'外来投机政客'一词也悄无声息地渗透到他的演讲中，两人均在权衡来年竞选美国参议员的可行性"。

不过该报与其他民主党人均将克林顿夫人描绘为罗伯特·Ｆ.肯尼迪再世，将欢迎这位名流政客成为纽约伟大的象征。

尽管克林顿夫人引发了人们的同情，不过肯尼迪的例子是最适合她的，只不过不是她所预期的那种方式。正如《纽约时报》在 2000 年的一篇报道中所表示的，"对于 1964 年的罗伯特·肯尼迪与今天的克林顿夫人来说，'外来投机政客'确实是非难之意的简约表达，它们表达了惊人相似的内涵：据批评人士的说法，这两人都是野心勃勃的机会主义者，肯尼迪无情，而克林顿夫人则名不副实"。

小罗伯特·肯尼迪曾向记者称，当年"人们对我父亲竞选的排斥情绪强烈，对希拉里·克林顿也有几乎难以言表的强烈排斥情绪。本应喜欢希拉里·克林顿的人们却不喜欢她，而且也实在无法解释个中原因，仿佛只是一种对她的本能反应——这与我记忆中人们对我父亲的反应如出一辙"。

希拉里有生以来第一次需要为自己竞选，而竞选中的诡计却不是她能轻易应对的，尤其是跟她的丈夫相比。

资深民主党竞选顾问鲍勃·施鲁姆在一次采访中向我表示："我曾经见过她跟她丈夫同坐在一个会场里，而她根本就没有那种气场。她的丈夫总能吸引大家的注意，但大家的眼睛不会总是被她吸引过去。"

同样，一位前克林顿顾问将希拉里比作艾尔·戈尔，是一位精通政策的书呆子，他广为人知的特点就是在公开场合表现僵硬木讷，克林顿曾将其竞选风格比作"墨索里尼式"。他对我说："戈尔痛恨克林顿，因为他拥有一切自己所不具有的特点。"在戈尔的密友、民主党政工人员鲍勃·斯奎尔的丧礼上，戈尔一脸嫉妒与不满地看着与斯奎尔不怎么熟的克林顿作了一次声情并茂、赢得众人首肯的演说，戈尔知道自己永远也做不到这一点。

"希拉里的情形跟戈尔一样，"该顾问说，"她知道自己在智力上很可能要胜过他一筹——不过优势不大——但他在面向听众时的表现甩开她十万八千里。"

一位克林顿曾经的媒体顾问也作了类似比较，称比尔表现机敏，而希拉里则比较程式化。"他不断临场改变演讲内容，直到最后一秒钟，甚至在演讲中也是如此。"他在我们的访谈中回忆说，"坐在他旁边观察他演讲，同时观察撰写演说辞的新人快速翻过演说辞文本，试图找到他讲到哪里了，没有什么比这更有趣了。她则会事先写好演讲词，将大部分内容记在脑海中，演讲中不会改动一词，老实说，她跟小布什或奥巴马更相似。"

她参选的第一步就有很多麻烦，其中一个就是购房。按当时一位记者的说法，纽约对"居住的'要求'宽松到更像是一个建议而非一项规定"。因此第一夫人在短时间里相对轻松地找到了一处让她能够符合该州法律规定的寓所。

他们在纽约市正北韦斯切斯特县的查帕瓜——一个人口不超过一万人的小镇上定居。该房在 1999 年标价 170 万美元。问题是当时克林顿一家已经破产——为了应对针对他们私生活方面的法律调查而欠下了巨额债务。克林顿家庭的老朋友、一直受到不端商业行为及法律交易指控的特瑞·麦克奥利弗① 愿意为克林顿一家垫付购房款中的大部分，即 130 万美元。这笔垫款引发质疑：克林顿夫妇是否在规避竞选及馈赠法相关规定，并且毫无必要地让人回想起他们过去的不端行为——《纽约时报》在社论中称其为"克林顿治下白宫道德上的不洁性"。克林顿夫妇最终选择了传统的抵押贷款。

几十年来，克林顿一家第一次住在不是官方提供的房屋里，不过他们的个人品位没有随着时间的推移而变得成熟。在回忆找房的经历时，一位前白宫媒体顾问话语里幽默与震惊各半。

"我们去看过这些房子，他们中意的房子都铺有蓬松的地毯与涂成金色的墙壁。"该顾问这样向我描述。比尔与希拉里喜欢 20 世纪 70 年代的风格，也就是他们还是普通公民的那个年代。"我就只记得跟

---

① 商人，第 72 任弗吉尼亚州长，克林顿 1996 年连任竞选的负责人之一，希拉里 2008 年总统竞选委员会主席。

多家媒体记者们在一起聊天的时候心里想：'天哪，千万别说有多喜欢这套房子。'"该顾问说道，"我觉得单单这一点就说明很多问题。你能想象，在这种虚浮的环境中生活了这么久，然后突然之间与这种生活完全隔绝的感受吗？"

其他麻烦接踵而至，媒体看到希拉里在一个反犹演讲集会上跟亚西尔·阿拉法特的妻子苏哈·阿拉法特坐在一起谈笑风生，集会结束时希拉里还吻了苏哈，这马上导致犹太选民对其不满。此外，她还笨拙地宣称"我自始至终都是扬基队的球迷"——没有谁会相信一个出生在芝加哥的女孩会支持扬基队，事实上她从小就是小熊队的粉丝。

当然，比尔·克林顿是推动希拉里政治前途上升的一名积极推手。部分原因在于，他始终赞同她竞选公职，这能部分减轻他在莱温斯基丑闻中的内疚感，抑或他压根就没有选择。在她宣布竞选美国参议员之日，总统做了一件即使算不上破天荒，也是十分不寻常的事，他一言不发地坐了 40 分钟。

作为一名向来爱夸夸其谈的政治分析师，总统希望希拉里和鲁迪·朱利安尼正面交锋，这样胜算更大。因此，当拉齐奥早前表明，鉴于朱利安尼参选自己就不打算加入这场选战了，克林顿在白宫椭圆形办公室和他进行了谈话。

拉齐奥回忆说，总统摆出了惯常针对潜在对手的一贯做法——恭维。克林顿在施展"魅力攻势"方面的才能一直被认为是克林顿品牌的一大战略财富。

"你知道希拉里在竞选中最开心的是哪一天吗？"拉齐奥在回忆中称克林顿这样问自己，"是你决定退出竞选的那一天。"

克林顿对这场选战的选情有着深入研究，他认为朱利安尼的立场极端，因此也就不大可能获胜（此时还是"9·11"发生前，作为市长的鲁迪首先会和众多本市内的对手发生冲突）。"作为竞选对手，朱利安尼不难对付。"克林顿对拉齐奥说，"他的不利因素很多。"而相形之下，拉齐奥年仅42岁，是一名外形英俊、讨人喜欢的罗马天主教徒，他在华盛顿已树立起温和派的名声，在其长岛选区竞选中多次以较大优势赢得选举。

拉齐奥回想起那次会面情形时承认，"或许他只是做了自己一贯做的，只是说了些场面话而已。我不知道。或许实际上那就是他们的思考方式。广受选民喜爱的温和派不容易成为靶子，我的负面消息不多，因此他们没办法攻击我。当然后来他们确实试图将我描述成纽特·金里奇式的人物，其做法是依赖媒体，而且他们认为人们知道的不如他们多。事实上，我觉得这些攻击非常愤世嫉俗，不过也非常有效。"

的确，一旦当朱利安尼退出参议员竞选而拉齐奥宣布参选之后，克林顿团队立马对他展开无情抨击并以此为乐。"他们是第一家进行诋毁式选战而且将这一手法运用到极致的人。"拉齐奥回忆说，而且总统不失时机地动用其职位帮助希拉里占得先机。克林顿总统将（拉齐奥等）提交其签署的法案暂时扣住，直到选举结束才签署，同时白宫摄影办公室似乎也成了希拉里竞选团队的专用职员。

"我曾作为国会代表团的一员去过以色列——代表团成员包括两名众议员、两名参议员、总统及希拉里。其中一次午餐是与亚西尔·阿拉法特及巴勒斯坦当局官员进行的。"拉齐奥在回忆中表示，"希拉里当时与阿拉法特及其妻子热乎得不可开交，但白宫正式摄影师只把笑容满面的我与亚西尔·阿拉法特握手的照片公布出来。她的竞选团队抓住了这一机会，拿到这张照片并加以利用……当然从未有媒体就这些事情追究过她。"

按拉齐奥的复述，媒体在此事中推波助澜，进行大肆发挥。拉齐奥回忆说，归根结底，这是"一场丝毫不留情面的竞选运动"。

为希拉里在竞选中冲锋陷阵的是她的新闻主任霍华德·沃尔弗森。许多民主党人曾质疑过他对总统、所在党派以及秉承原则的忠诚度——后来沃尔弗森为脱离共和党成为独立竞选人士的新任纽约市长迈克尔·布隆伯格担任首席发言人——但两党内外却无人质疑他对希拉里·克林顿的忠诚。作为一名有激情、神经质且经常出言不逊的工作狂来说，沃尔弗森是反应快速的希拉里竞选团队的天然指挥官。他带领一帮刀刀见血的工作人员大搞竞选对手的行情调研，对批评言论发起反击，跟踪竞选中几乎每位竞选对手说过的每一句话，准备抓住每一个可以利用的机会。沃尔弗森几乎就是他所引用的《铁面无私》中角色话语的现实版："他用拳头打你，你就挥球棒砸他。他用刀捅你，你就拿枪轰他"。

沃尔弗森在工作中吵吵嚷嚷、咄咄逼人，不过在社交场合却是一个安静而又非常腼腆的人。他对变革持反对意见，但喜爱独立摇滚（而且还经常就此撰写文章）。他的语言措辞文雅专业，着装简朴且极具个人品位。在 2000 年参议员竞选的整个过程中，沃尔弗森的房间里仅有一件家具（一张沙发）；他的卧室里只有一张床；电视还装在纸箱里。当克林顿的特勤处特工给他发识别胸针时，该特工说："我给你两只胸针——你的两套西装上一套别一只"。

对拉齐奥的凶猛攻击是必要的。希拉里·克林顿与纽约选民的"交情"不如预期。这似乎是一个诡异的先兆，后来在 2008 年预选中，在民调统计上她与一位议员难分高下，而这位议员当时在自己选区之外相对默默无闻。

要不是凭着一点好运及来自媒体的帮助，希拉里·克林顿可能早就输掉了参议员竞选，其总统梦更无从谈起。转折点出现在一场备受期待的电视辩论上，该辩论由颇受人们尊重的莫伊尼汉前助理、《媒体面对面》主持人提姆·拉瑟特主持。

在希拉里进行辩论准备期间，她的好友——华盛顿律师兼图书代理人——鲍勃·巴尼特向她介绍了拉齐奥的情况。不过，当在台上看到一个长着娃娃脸、几乎毫无知名度却认为能与她平起平坐的议员时，这些演练丝毫无助于减轻希拉里所感受到的震惊。"她表现出一副被冒犯的神情。"拉齐奥回忆说，"因为我当时所处的角度，我有点不相信她的表情是真的。我觉得，她纯粹是觉得竟然有人敢在公开场合上挑战她。"

事实证明，拉瑟特这个主持人在质疑希拉里时咄咄逼人，颇令这位民主党人不悦。

"希拉里多次做出因受到挑战而被冒犯的样子。"她的对手表示，"当我就不同话题、不同政策问题对她施压、挑战她时，她看我的眼神似乎在说：'你竟敢拿这些话题来质问我！'"

在这次辩论会上，希拉里身穿一套经典青绿色衫裤套装，与跃跃欲试、颇为上镜的拉齐奥展开辩论。此前她从未在选举场合进行过辩论，而她第一次出现在辩论现场，就遇到了关于大财团政治捐款和不规范竞选资金的挑战。

拉齐奥把手伸进西装外套里，从贴身口袋里掏出一份在竞选中不接受非法政治捐献的誓言书。"好吧，你为什么不直接签了这份誓言书呢？"拉齐奥用言语激希拉里。

她一时语塞。

"我不需要你赞美它，我要你签署。"拉齐奥发现自己正成功将她逼进死胡同。

他想，她说的下一句话将为自己提供一个突破口。

"呃，我会很高兴的，如果你把签字的协议书拿给我——"

镜头从希拉里的近距离特写拉远，拍下拉齐奥从自己一侧快速向希拉里走去。

"好吧，就在这儿，"他说，递过来一叠纸，"都在这里。就在这儿，现在就签。"他把誓言书放在她的讲台上——这么做的时候他的手离她仅几寸远。

希拉里一下子显得局促不安起来，转身面对辩论对手，后者离她名副其实地近在咫尺。"我们为此握手祝贺吧。"她说着伸出了右手。

"不，不，"拉齐奥一边说着，但同时习惯性地握了握她伸出的手，不过接着迅速抽回手，"我需要的是你的签名。"他用刚刚抽回的手指向这些文件，"因为我认为所有人都希望亲眼看到你签署自己声称一直所奉行的准则。我支持这个誓言，我从未收受过非法政治捐献。你却一直在违背这一誓言。"

这时他的手指不再指向这些文件，而是直接指着她："你为什么不做些对美国来说很重要的事情呢？在全国瞩目纽约之际，你为什么不表现出一些领袖风范呢？因为这涉及信任与品格。"拉齐奥转身背对希拉里，回到了自己讲台的一侧。

结束辩论时拉齐奥认为自己胜券在握，他前往媒体厅表达了这一观点。辩论结束后希拉里却无处可觅。"当时的情形很有意思。辩论结束时，希拉里离开了会场。她并未按照传统做法前往媒体厅接受媒体提问。"按拉齐奥的说法，这证明希拉里这时也认为他赢了这一轮辩论。

不过仅仅数小时后，拉齐奥认为本已获胜的一场辩论迅速变成了一场溃败。媒体抓住拉齐奥走到希拉里一侧的行为不放，将其刻画为极具威胁性、咄咄逼人而且大男子主义的形象。

"他们几乎眨眼间就放出风声，"拉齐奥说，"暗示在辩论环境中挑战希拉里是歧视妇女的行为。"拉齐奥叹息道，"我们完全被媒体牵着鼻子走，他们残酷无情地大肆传播这一信息，而且被高度支持他们的媒体推波助澜。"

这是希拉里进行的首次辩论，是未来事态发展的先兆。希拉里竞选团队学到了一点：只需要抓住稍纵即逝的一瞬间，就能扭转乾坤。而这颇需要一些媒体朋友来将这种叙述转化成报道。他们的确做到了。不久，民调显示希拉里在竞选中领先。

一旦领悟了纽约竞选中的诀窍，她就变成了一名事无巨细事事关心的竞选者。一位负责她安全的前特勤处官员曾为她开过车，这位官员很快便明白了希拉里是个喜欢发号施令的人。"她有点像事必躬亲的经理人。她总喜欢命令我们……她觉得自己很了解纽约，我觉得她并不如我们了解街面上的情况。"

他们坐在一辆棕色装甲车里在纽约转悠，"我们称之《史酷比》里的神秘机器——厢式车，开这种车、学习操作很有意思。"这位特工在一次访谈中向我表示。这是因为希拉里与其团队反对乘坐第一夫人通常坐的豪华车。他们抱怨称，对于一位希望被看作是来自人民而非白宫的有抱负的女性来说，乘坐豪华专车展示"风采"不合适。

她的知名度帮了她一把。美国参议院竞选人中能动用军机与特勤处特工的并不多见，因此，不论她走到哪里总能立刻引起大家的注意。拉齐奥辩解说，她只要出现在一个地方，就会把政治立场本属中间偏右的选民全部争取到她的一边（你必须承认她的魅力）。他说："她带着一大帮媒体记者驱车进镇，再加上特勤处随从前呼后拥，而且她是在任美国第一夫人，她去商会时通常会带 50 或 100 人，和出席这种场合听众的人数差不多，他们一个个都被她的排场震撼了。"

希拉里轻而易举地赢得了这场选举。她获得 55% 的选票，而拉齐奥仅得到了 43%。她获得了大约 375 万名选民的支持，而拉齐奥仅得到 290 万选民的支持，差不多差了 100 万张选票。有趣的是，竞选结束时，希拉里·克林顿的净胜票数小于艾尔·戈尔在纽约对小布什的净胜票数——这一现象也许预示这一重度偏蓝州（民主党控制的州）的选民对其支持是审慎的而非压倒性的。

"她完全是凭借着艰苦卓绝的努力取得成功的。"在这场选举中为拉齐奥工作的共和党战略家迈克·墨菲在一次采访中这样表示，"她非常强硬而且也毫不留情。她只是不断地前进，这就是他们的做事方式。这是老一代专业人士曾经取得胜利也曾经失败过的做法。在阿肯色州她曾跟他经历过成功与失败，这是很有用的经验，她已经习惯了政治角逐的风风雨雨。不过这里面不存在任何灵感或天才的成分，她纯粹是凭着苦干精神拼出来的，一个民主党人凭着拼劲赢得了民主党控制的一个州。"

这场胜利令一些纽约民主党人欣喜若狂，但并不是所有人都这么想。当晚在曼哈顿 42 大街君悦酒店举办的获胜晚会，说明了她与许多民主党人的关系并不融洽，大多数人已经厌倦了在长达十年的时间里为克林顿夫妇辩护，同时担心他们还会制造什么新的麻烦。

从希拉里一开始追逐公职之际，这位纽约资深参议员查克·舒默就在其中扮演重要角色，但迄今为止这方面的信息尚未被披露。多年来，希拉里与舒默之间的紧张关系一直是坊间传言与揣测的话题。"查克·舒默暗中筹划鼓动奥巴马参加竞选。"《纽约邮报》在 2010 年第 26 期刊文大肆渲染。当时出版的一本书描述了该参议员鼓动奥巴马竞选总统的举动。据《纽约邮报》引用该书内容称："舒默与其他人都担心希拉里在政治上的脆弱性"。

但两人之间的过节早在 2008 年大选之前就存在了。舒默与拉齐奥在众议院里共事过，均为同一州的代表团成员，因此两人知根知底。舒默从一开始就对拉齐奥竞选参议院席位产生了兴趣，一有机会就在纽约到华盛顿的往返航班上或在国会大厦里跟这位共和党议员聊天。舒默会主动向拉齐奥提供了一些建议。

"我觉得整体而言……他是比较支持我的。"拉齐奥回忆说，"他在私下里对我帮助很大，而且给我打气。我只想说，如果我当初获胜，他无论如何都不会感到失望，这一点是确定的。"

在被问到舒默是否真的设计出了攻击希拉里的口号时，拉齐奥表现得有些犹豫。"我真的不想探讨这个方面或回答这个问题。"他表示，"我觉得他整体上对我非常支持，而且在一些非正式场合的谈论中给我鼓励。"

在民主党战略家鲍勃·施鲁姆看来，披露舒默的作用是理所应当的。"你看，如果你是另一位纽约选出的参议员，而她也进入参议院，你就会有点气馁，你要知道，你可能名义上是资深参议员，但事实上你却不是。"他这样评论道。

更令人困惑的事实是，舒默对希拉里的抨击甚至一直持续到她当选参议员之后。他向鲁伯特·默多克旗下的《纽约邮报》暗中诋毁自己参议院同僚的事情已是众所周知。他这样做半是出于讨好这份举足轻重的小报，半是出于破坏希拉里的名声。不过舒默、希拉里之间的敌意表明希拉里·克林顿的参议院生涯是为了二度入主白宫铺路，至少是对此极有兴趣。

白宫的最后时光

2000 年希拉里·克林顿击败里克·拉齐奥赢得参议院席位选举胜利后不久，拉齐奥有一次在椭圆形办公室与其丈夫比尔·克林顿会面。其时克林顿已经是个跛脚鸭总统了——他的第二届任期在一片混乱中接近尾声，而他的角色也从三军统帅变成了政治人物的配偶，因为他的妻子将成为纽约州的资浅新任参议员，而他将在一个自己不熟悉的州里正式做一名无业的丈夫。

不过，这次失败者与胜利者配偶的见面气氛并不尴尬。情况恰恰相反：气氛友好而且妙趣横生。他们互相讲了些笑话。

拉齐奥之所以出现在白宫，是因为总统要签署几项被截留到拉齐奥与他妻子选战结束后才签署的法案。拉齐奥觉得这种时机的把握很可疑。在十多年后进行的一次访谈中拉齐奥回忆起此事时认为，"他们不希望给我这个拍照机会"，故此将其拖到竞选结束。

他记得其中一项通过的法案是关于乳腺癌治疗的，也可能是环境保护法案，他记不太清了。

拉齐奥觉得，不管怎样，克林顿都尽到了为人夫的责任——他没有把拉齐奥塑造成一个能够与民主党总统共事的温和共和党人。既然这一责任已完成，克林顿就继续履行下一项职责：将国会通过的法案签字生效。

不过当时发生了一件戏剧性的事情，改变了室内的气氛。"她出其不意地走进了椭圆形办公室，"拉齐奥浅笑了一下说，"他（比尔·克林顿）一下子就像被汽车大灯照到身上的鹿，迅速从我身边走开，好像我是一块具有极度放射性危险的铀。"

赢得参议院席位意味着希拉里需要在华盛顿找一处寓所，因为克林顿一家即将搬离白宫了。她搬进了怀特黑文街一处面积为 5152 平方英尺（约 479 平方米）的砖结构房子，离华盛顿特区西北海军气象天文台的副总统寓所仅咫尺之遥。希拉里·克林顿 2007 年在这所房子里录制了宣布参加 2008 年民主党提名的视频。

房子共三层，装有漂亮的百叶窗，有四间卧室、七间浴室，该房屋在 2001 年共花费克林顿夫妇 285 万美元——远低于 350 万美元的市场价。现在该房的估价约为 450 万美元，这意味着克林顿夫妇每年支付的物业税接近 40000 美元，大约相当于一般美国人的年薪（据房地产记录，克林顿夫妇于 2012 年被课以 1883.75 美元的物业税滞纳金，同时还须为该滞纳金额外缴纳 445.04 美元的滞纳利息）。

当希拉里要翻新她的新屋时，其室内装修设计师罗斯玛丽·豪以为参议员那么忙，必不会过于关心装修细节问题。不过，事实并非如此。《华盛顿邮报》在 2007 年一篇报道中提及豪时写道："纽约州派驻华盛顿参议员一直深度介入翻新怀特黑文街房子的过程，他们一间房一间房地审视。豪已完成了起居室、餐厅与厨房，却始终无法找到翻新房屋整体面貌所需的特殊物件与布艺。楼上方面，她已重新装修了卧室，包括切尔西回城时住的卧室。楼下，她也扩大了地下室的储存空间。"

豪表示，希拉里"虽然瞬间就做出决策却颇享受这一过程"——也许是因为这类决策远比她在未来八年里作为参议员所面临的政治、个人及公共政策选择容易得多，而且重要性也低得多。

在希拉里为参议员就职做准备的同时，比尔也在为白宫生涯收尾——丑闻继续令他疲于应付，也让希拉里的努力付出黯然失色。同时克林顿也卷入了最新的争议：他对金钱永无休止的渴求，以及他为了获得金钱而愿意做出的妥协。

在克林顿执政末期，总统打算理好工作，然后为离开白宫后的生活做些准备。跟克林顿做法相同的还包括众多他执政期间任命的官员，各个政府部门的诸多官员将在乔治·沃克·布什宣誓就职之时离职，而民主党也将同期把权力移交给共和党。

要在新行业里谋出路的官僚中包括前联邦调查局局长路易斯·弗里。要不是因为比尔·克林顿，弗里早在多年前就已经失业了。他始终是总统的眼中钉。弗里的职责就是与总统保持适当的距离，这个人既是他事实上的老板，同时又是一系列 FBI 调查案件的主角。由于他正在调查总统，因此总统也就无法开除他；这一点在事实上使得他的职位更为安全，是任何其他政府官员所无法相比的。

作为 FBI 局长，弗里成了历史上首位从美国总统身上取 DNA 样本的执行人，这样才可以与莱温斯基那条臭名昭著的蓝色盖普裙上的精斑进行比对。这一会面是在隐秘情形下进行的——总统当时正在出席一个正式活动，他装作去另一间办公室里处理公事，悄悄溜出来把样本交给候在那里的 FBI 特工。比尔·克林顿在一个鄙视自己的人面前受此奇耻大辱，进一步加剧了两人之间的敌意。

1996 年 6 月 25 日沙特霍巴塔恐怖分子袭击美军军营时，弗里在任。那些楼房当时是美军士兵住所，而在那次爆炸中有近 20 名美国士兵死亡，近 500 名士兵受伤。爆炸规模巨大——事后看来，这是恐怖主义威胁美国人生命的一个征兆，这一威胁将在其后 15 年里令美国外交政策无法对其忽略。

在调查灾难事故过程中，弗里与死难者家属进行会谈，一位在事故中遇难航空兵的妻子要求弗里"当面答应我，以我的名字起誓……不抓住搞恐怖主义袭击的凶手决不罢休"。弗里当天向在场遗属保证，会将凶手绳之以法。不过，他解释说自己将面临一些困难：嫌犯当时被沙特政府关押，而沙特又拒绝让美国调查人员直接审讯这些人。在这方面他需要得到美国总统的帮助。

他需要三军统帅加以干预并向沙特政府施压，让他们意识到将这些恐怖分子引渡到美国的重要性。为了信守自己向这位悲痛不已的遗孀做出的承诺，弗里后来会见了沙特当时驻美国大使班达尔王子。在20 世纪 90 年代，尽管精神上已崩溃，但班达尔始终是华盛顿一个不可或缺的存在——有人缘、位高权重、在长期的工作中尽职尽责。

"他们已抓住了一些嫌犯，不过却不允许 FBI 对他们进行直接审讯，FBI 只得把要问的问题提交给沙特调查团队或类似调查机构。这一点令人忧虑，而 FBI 需要沙特高层的批准才能直接跟这些人或疑犯交谈。"一位熟悉这一事件的人士称，"对于弗里来说，取得沙特王储阿布杜拉对 FBI 审讯爆炸嫌犯的批准极为重要。"

班达尔告诉弗里说，"如果克林顿"向访问华盛顿的王储提出要求的话，沙特会同意由美国审讯嫌犯的。班达尔说："如果你能够搞定克林顿的话，我会就克林顿可能会提及此事提醒王储的。"这件事要由两国元首会面时亲自达成。

与班达尔王子会谈后，弗里恳请克林顿就审讯霍巴塔嫌犯向沙特提出要求，克林顿答应照做。弗里将这一要求提交给国家安全顾问桑迪·伯格，后者向弗里表示，他的要求肯定会得到批准。

因此，在克林顿与阿布杜拉会晤过后，弗里前往班达尔位于弗吉尼亚州麦克莱恩的奢华寓所拜访，因为他认为克林顿已经和沙特王储进行过谈话，接下来就该他讨论后续事宜了。弗里还希望让班达尔转达其对沙特王储的感谢之情，感谢沙特为美国人审讯恐怖分子提供的帮助。

据一位接近弗里的人士解释，"事情似乎不对劲，而他竟然不知原因何在"。沙特决定不允许美国人入境。弗里无法理解他们这一做法。他觉得自己已严格遵照规章制度走完了所有程序——他已经在两方都做足了准备，他既获得了克林顿的首肯，也通过沙特大使向沙特方面表达了意愿，提出请求仅仅是个形式而已——一个只要克林顿开口一定会得到满意答复的请求。

班达尔感谢弗里来访，聊了一会儿后，他陪着即将离任的 FBI 局长走到门口，接着又走向在那里等候弗里的小车队。

班达尔跟着他走出去，在台阶上拦住他。

"我得对你讲实话。"班达尔对弗里实话实说，"呃，克林顿压根儿就没提起这件事。"

一位消息人士表示："克林顿实际上提到了这个话题，但他只是向王储表示理解沙特不愿合作的立场，接着便请求阿布杜拉为克林顿总统图书馆捐款。"

2006年，爆炸发生十年后，弗里在一篇《华尔街日报》署名社论中炮轰克林顿——对于前FBI局长来说，这一行为不同寻常，文章还明显带有被总统所作所为激怒的情绪。弗里在文中写道："19名被谋杀的美国人属于第4404空军联队，他们冒着生命危险在伊拉克南部执行禁飞区任务。该任务是1991年海湾战争后，联合国为阻止萨达姆·侯赛因屠杀国内什叶派民众而设立的。霍巴塔受害者，以及本周要去华盛顿悼念他们的那些勇敢的家庭与朋友们，应当得到我们的尊重与敬佩。更重要的是，我们一定要牢牢记住他们，因为美国正义仍未得到伸张。"

这篇专栏文章的言外之意是明确的：克林顿政府曾有机会为受害者提供帮助，但他们却把事情搞砸了。原因何在呢？因为比尔·克林顿宁愿利用跟沙特元首会晤的机会为自己的事业拉赞助，而不愿将关押在沙特的伊朗恐怖分子押到美国法办（克林顿已否认弗里对该事件的说法）。

不过，沙特确实给予过帮助。事过八年后，事情水落石出，他们曾慷慨解囊。"沙特王室向克林顿的小石城事业捐助了约1000万美元。"《华盛顿邮报》在报道中称，这笔捐款用于阿肯色州小石城克林顿总统图书馆的建设，"此外，根据这些采访报道，十来位中东商业高管与官员也捐了至少100万美元。这些人包括沙特商人阿布杜拉·达巴赫、纳塞尔·拉希德与瓦利德·朱法利，以及此前曾出任黎巴嫩副总理的美国公民伊萨姆·法里斯。科威特与台湾地区发言人均证实，双方各捐献了100万美元。"

克林顿将来自海外的慷慨捐献视为对其个人的支持。"作为总统，他在全世界受到广泛热爱，因此在他卸任后，来自世界各地的大额捐献维持其离任后的工作也并不出奇。"威廉·J.克林顿基金会在一份声明中这样表示，捍卫其在造价达1.65亿美元的项目中接受外国捐献的合理性。

当然，他也备受马克·里奇①一家的"喜爱"，在总统离任之际、赦免这位罪犯金融家之前，里奇捐出了45万美元。

这并不是克林顿夫妇"君子爱财"的唯一逸闻。

克林顿夫妇对金钱的追逐还引发了其他风波。例如，在总统首个任期内，他接受了由小石城餐馆业主查理·特里为他筹集的45万美元法律辩护捐助。民主党全国委员会委派私家侦探特利·伦兹纳追查这笔款项的真正来源。

据伦兹纳的说法，"这里面疑点显而易见。比如说，汇款单上有多个不同姓名，但'总统的（presidential）这个单词全部拼错了——拼错形式完全一致，而且笔迹完全一样"。伦兹纳还发现，为了隐匿资金的真实来源，许多大笔捐献均由不可能捐献如此金额的人士捐出，许多捐款人年收入仅有20000到30000美元。

---

① 20世纪"石油之王"，专门从局势动荡的国家获得贸易权，1983年受到指控后逃往瑞士，2001年获得克林顿特赦。

伦兹纳建议返还这些捐款，民主党全国委员会也同意这一建议。不过，比尔·克林顿却不同意返还。但在共同主持其法律辩护基金的前检察总长及天主教神父威胁辞职后，他勉强同意返还这些（很可能是非法的）捐献。

在他就任总统期间，克林顿基本上摆脱了这些丑闻，原因也许在于出现了更多其他丑闻。不过他的这些钱款交易最终又困扰上他——在他在任的最后一天——令他焦头烂额。

在为本书所进行的采访中，小布什总统的新闻主管阿里·弗莱舍回忆起这位即将离任总统糟糕的时间管理与基本礼节方面的过失。"在2001年就职日上，当选总统小布什在白宫隔街相对的小教堂里举行仪式。"这位新闻主管回忆说，"这是一座漂亮的黄色老教堂，在拉法耶特公园的另一侧。无论如何，按计划他要参加上午的礼拜，然后我们会离开教堂直接前往白宫，与克林顿总统及副总统礼节性地喝喝咖啡，然后，总统及副总统以及当选总统与当选副总统将在四个车队的陪同下前往国会山——小布什总统在那里宣誓就职。我们正要离开教堂的时候，为我们打前哨的人回来有些局促不安地告诉我们说：'当选总统先生，您得先缓一缓。'"

一向准时而又非常没耐心的小布什看上去感到意外："我们为什么要停下？"这一帮人得到的答案是比尔·克林顿迟到了。在就职那天早上，他似乎有点舍不得离开自己中意的白宫椭圆形办公室。所有人都可以猜出新总统坐在那里等待的心情。"事后证明，正如人们所告诉我的，他正忙于在总统任上最后数小时里签发赦免令。"弗莱舍对我说，"这只是克林顿总统生活中的一个小插曲。"

特别值得一提的是克林顿对马克·里奇的最后一分钟赦免。马克·里奇是一位富有金融家与石油贸易商，其客户、委托人及卖家包括菲德尔·卡斯特罗、穆阿迈尔·卡扎菲及阿亚图拉·霍梅尼。里奇很可能面临被判入狱 325 年的处罚。在伊朗人扣押美国人质的情况下他还与阿亚图拉做生意，后来他被控拖欠美国政府 4800 万美元的税款，是美国历史上提起诉讼的最大额逃税案。此后他潜逃至瑞士，并被列入 FBI 十大逃犯清单。

在里奇被赦免前，其前妻丹尼丝·里奇，一位长得颇为标致、拥有一头光彩夺目金发的中年奥地利女性，向希拉里·克林顿 2000 年竞选纽约参议员捐献 10 万美元，向克林顿图书馆捐献 45 万美元，并向民主党捐献了 10 万美元，然后里奇获得了赦免。事后，里奇夫人被国会政府监督委员会传唤，就其在赦免丑闻中所扮演的角色出庭作证，她援引宪法第五修正案保持沉默。这些捐献很可能在比尔决定批准赦免时起了相当重要的作用，不过也有以色列施压的作用（里奇一直是以色列间谍情报的一个来源）。克林顿不愿释放被定罪的以色列间谍乔纳森·波拉德，即使是在对方威胁要披露莱温斯基丑闻磁带的情况下他仍然坚持自己的立场，那么里奇是否成了他安抚以色列的表示呢？

这一赦免闹剧使得埃里克·霍尔德与克林顿终生为敌。在最终出任巴拉克·奥巴马的检察总长前，没有谁会认为霍尔德将成为某人的"意识形态避雷针"。他在 20 世纪 80 年代被罗纳德·里根总统任命为华盛顿特区高等法院法官。在公职上工作了一辈子的霍尔德在司法部里一路晋升而来，一开始他是联邦检察官的顾问，后来出任检察界大佬、检察总长珍妮特·雷诺的副手。在克林顿政府的司法部里，他更倾向于务实而非意识形态——这正是克林顿夫妻喜爱的类型。

　　在 2001 年克林顿任期即将结束之际，白宫官员安排霍尔德与克林顿总统一同搭乘空军一号。霍尔德自然无法拒绝这一邀请，这是因为他还没有意识到自己咬上了什么样的钩，等他意识到之时却为时已晚。在最后时刻和总统一同搭乘空军一号是个大事件——对于任何人来说都是可遇不可求的好事，尤其对于职级低于部长级的非白宫职员来说。理所当然地，这一举措令霍尔德受宠若惊。

　　思前想后，霍尔德最终认为克林顿总统是为了向自己这位人到中年、巴巴多斯移民法官多年尽职尽责服务表达敬意。他飞越了半个美国，而且颇享受这一过程。戈尔竞选失利后，他成为美国首位黑人检察总长的个人梦想也随之破灭，至少至此还没有实现。不过，霍尔德希望，自己在下一轮中还会有机会——届时民主党将夺回白宫。也许这次行程正是出于此一目的——为了希拉里下一次卷土重来而与他增进关系。

　　事实上，克林顿似乎在打他的主意。在芝加哥詹姆斯·沃德小学出席一场教育活动时，克林顿专门介绍"尊贵的客人"霍尔德。"我从华盛顿大老远带来了副检察总长埃里克·霍尔德。"他说，"此前他从未跟我一起飞过，而他在过去那些年里工作十分卖力，因此我就请他一起过来了。"醉翁之意不在于听众而在于霍尔德，不过听众仍然鼓了掌。

　　"继续用学校类比的话，"克林顿继续道，"今天他到这里就是休课。"听众再次鼓了鼓掌。

　　总统公开表彰、搭乘空军一号，霍尔德自忖机会终于来了。不过霍尔德事后才意识到这一切的醉翁之意。克林顿有求于他的不是什么遥远未来的事，软化他的目的就在眼下。此前曾有过关于赦免马克·里奇可能性的讨论，不过当时没有得出什么结果，也就是说直到克林顿在任的最后一天，即 2001 年 1 月 19 日，关于赦免里奇的讨论仍无结果。总统的白宫顾问在那天打电话给霍尔德，就这个争议颇大的问题征求他的意见。按霍尔德自己的说法，心里对总统充满好感的他压根儿没想到会接到这通电话。

"即使经过一开始那些新闻报道后，这个家伙是谁、为什么被起诉均没有证据报道出来。"霍尔德事后表示，"我在任的时候这事并未引起我的多少注意。"

霍尔德当时觉得里奇的申请已在司法部内得到充分审查。一位同事表示："没有经过审查的赦免能够在那么晚的时间点上被提出来，这一点对于埃里克来说简直不可想象。"不过当时事情就是这么发生了。

霍尔德向白宫说了些让他后来追悔莫及的话，他表示在里奇赦免案中保持"中立，略偏支持"。不管这些话有什么含意，克林顿所需要的也正在于此——他抓住了司法部的"批准"作为辅助自己做出这些决策的依据之一（他从丹尼丝那里接受的 100 万美元捐献则未提及）。

里奇案并不是唯一有争议的赦免案。1999 年，克林顿给 16 名波多黎各恐怖分子减刑，这一举措被一些人看作是为了希拉里竞选参议员而讨好波多黎各选民之举。接着，克林顿于 2000 年又赦免了诈骗犯埃德加与沃纳·乔·格雷戈里，两人是希拉里的弟弟托尼·罗德姆的朋友，并曾借给托尼·罗德姆超过 10 万美元，但这些贷款最后都没有偿还。最后，在克林顿任期的最后数小时里，他给可卡因贩子卡罗斯·维纳里减刑，并赦免了诈骗犯阿尔蒙·格林·布拉斯韦尔，两人各向希拉里的另一个兄弟休·罗德姆支付了 20 万美元。

尽管这些赦免看似明显是为她竞选参议员铺路，然而，希拉里与其新任新闻发言人霍华德·沃尔弗森称，这些赦免决策完全由比尔个人做出。由于有莫妮卡丑闻影响，公众更容易相信希拉里完全与这些事情无关。

里奇赦免案给克林顿的政治遗产蒙上了阴影。这是克林顿政治生涯中的一个低点——甚至远低于莱温斯基性丑闻时期。"这一官方举措不亚于他执政四年（事实上应该是八年）期间的任何一件丑事，"一位前高级政府官员评论说，"很可能有过之而无不及。"

持这种观点的并不只是共和党人。对于曾经是克林顿个人道德与行为的捍卫者们来说，马克·里奇案似乎是压垮他们的最后一根稻草，让他们为集聚已久的不满情绪找到了一个突破口。即使在莫妮卡丑闻期间他们也竭力克制住的不满情绪此时终于宣泄了。

过去曾经坚定捍卫克林顿的微软全国有线广播电视公司（MSNBC）主持人克里斯·马修斯指责克林顿夫妇"即将离席之际的吃相太难看"；专栏作家陶曼玲斥其为"骗子"；而《纽约时报》则责怪总统"极端滥用赦免职权"；《华盛顿邮报》则在报章上称比尔与希拉里·克林顿"品质原形毕露……毫无羞耻之心"。即使是民主党的坚定支持者吉米·卡特也称这些赦免"有失体面"。在即将离开白宫之际，克林顿夫妇对人们的"吐槽"终于不再有什么后顾之忧了。

因为成了他们最终肮脏勾当的替罪羊，埃里克·霍尔德永远也不会原谅他们。在参议院司法委员会听证会上受到民主、共和两党暴风骤雨般的抨击之际，霍尔德向记者们表示，他只想"爬上床把自己蒙进被子里"。在那个时候，他觉得自己的公职生涯就此完结了——这一切都拜克林顿夫妇之赐。"埃里克恨他们。"霍尔德一位前同事评论称。不过他还是有机会回敬他们的。

第 **②** 章

自力更生

"在最初几年里，他们举步维艰。所有人只关心跟他同桌而食的是哪个女人，或者他吃的是什么。"

——克林顿高级助理就比尔卸任总统后生活所做评论

解除了白宫的"枷锁"后，比尔与希拉里·克林顿于 2001 年重回社会。据众多人的说法，包括他自己的说法，比尔离开白宫时相当不情愿。他有一种意犹未尽的感觉，他有一种如果宪法允许连任三届他就有可能在 2000 年第三次获得连任的感觉。这是可能的，得益于强劲的经济增长势头，他离任时的支持率依然很高。盖洛普在 2001 年 1 月克林顿离任前数天所做的调查显示，总统的支持率之高令人震惊：66% 的受访者对他表示支持，仅有 29% 的人表示反对。

然而，在这种表象下，大众对克林顿的普遍看法却是负面的。人们普遍认为他行为不道德、无是非观念而且庸俗。进入白宫担任新当选总统乔治·W.布什新闻主管的阿里·弗莱舍回忆起公众对克林顿的看法时感受深刻。"（克林顿）卸任时恶评如潮，其中相当一部分源于他那些极具争议性的最后一分钟赦免举措。"弗莱舍在一次采访中向我表示。

回顾过去，弗莱舍感慨于比尔·克林顿个人公共声望所达到的高度。"这的确令人慨叹，因为克林顿总统离任时实在是身陷巨大争议之中，"

他说，"他不得不与检方（调查保拉·琼斯性不道德指控①）达成交易，因为他确曾发誓后又做了伪证。他的执业执照因此被暂时吊销。大家忘记了美国总统曾因为辩诉交易而在一段时间里被禁止法律执业这件事。这事情发生在他离任之际，2000 年年底。值得注意的是，媒体在报道克林顿总统时从来不曾提及这件往事。"

事实上，在 2001 年 1 月 19 日，在他作为总统的最后一天里，比尔·克林顿"接受并承认自己就与莱温斯基的关系故意"向法官"给出了闪烁其词且有误导性的答案"，而且在针对自己提起的保拉·琼斯性骚扰案中的行为表示"有违公正"。因此，阿肯色州巡回法庭决议，"鉴于其在本案中的行为，阿肯色州法院就威廉案·杰斐逊·克林顿，阿肯色州律师业 ID#73019，裁决如下：吊销其在本行业内执业资格五年，罚金 25000 美元。执照吊销将自 2001 年 1 月 19 日起生效。此令。"克林顿、他的两名律师以及原告的两名律师签署该文件并在阿肯色州法庭备案。

在这一剥夺克林顿律师从业资格的历史性文件签署之时，克林顿还是在任总统，再加上马克·里奇赦免案副作用的持续发酵令比尔·克林顿焦头烂额，其中又以自由派精英对他的谴责最为激烈。作为回应，他前往自由派的通讯大本营——《纽约时报》社论版——再次捍卫自己的行为。他于 2001 年 2 月 18 日发表的专栏文章里含有不实表述——这使得《纽约时报》觉得有必要在克林顿自述版本后面加一份"编者按"，这一做法无意中罗列了克林顿团队混淆黑白的能力。该编者按文字如下：

---

① 前阿肯色州政府女公务员保拉·琼斯控告克林顿总统在阿肯色州任州长期间对她进行过性骚扰，后克林顿向她支付 75 万美元达成庭外和解。克林顿被吊销执照主要是因为在莱温斯基丑闻案中作伪证。

前总统克林顿昨天在专栏中就赦免马克·里奇与平卡斯·格伦一事称"这些申请由三位知名律师审查并倡议"，这三位律师是伦纳德·加门特、威廉·布拉德福德·雷诺兹与刘易斯·利比。但克林顿先生的办公室与这些律师都承认，里奇先生的三位前律师中的任何一位均没有审查或倡议这些赦免。在报纸上机印刷期间，克林顿先生的办公室打电话来要求将"申请"改为"赦免案"以图澄清克林顿先生的观点。不过，即便是这些修改后的措辞依然给人以这些律师牵涉进赦免流程的印象，而克林顿先生的发言人声称这不是他们所要表达的意思。

按这些发言人的说法，经过修改过后的措辞指的是，承接诉讼的加门特先生、雷诺兹先生与利比先生及其他人在过去数年间认为，对里奇先生的指控有瑕疵。按克林顿先生发言人的说法，这一法律见解构成里奇先生律师杰克·奎恩先生辩护词的一部分，该辩护词提交给克林顿先生后被接纳。

随后克林顿先生的支持率直线跳水，跌至 39% 的低点，远低于数月前他卸任离开白宫之时。克林顿为此事感到愤怒，同时又感到尴尬，因此躲在查帕瓜的家里闷闷不乐。一位前高级媒体助理拜访过这位前总统，他说那是一所"相当平实"的郊区房，有五间卧房、四间浴室，坐落于旧居巷 15 号。这位前助理向我表示，"他对自己的翻修成果很自豪。这是一所能源效率极高的房子"。在漂泊异乡之时，克林顿继续规划自己在小石城的总统图书馆及在纽约开办一处办公室的事宜。不过在他心中最要紧的事或许是恢复昔日荣誉、重新回到阳光下的生活。眼下这一切令他深为沮丧。

他怀念当年自己一言九鼎的做派、前呼后拥的排场。助理们回忆克林顿曾如饥似渴地观看所有节目——从周日上午的谈话秀、各个有线新闻频道、《每日秀》——将一切都收在眼中，以便与盟友闲谈或敌手争论时派上用场。他的阅读习惯堪称传奇。在他离开白宫之际，助理们整理出了 8000 册书（他还已经送出了 1000 册）。

　　克林顿的行事风格几乎和霍华德·休斯①一样执着，如果在电视上看到有人批评自己执政期间某些方面的言论，前总统便会抓起电话要人去加以纠正。对于自己的小小执念来说，哪怕再小的事情，需要浪费多少时间，克林顿都要不遗余力地去做。

　　一位前助理称："跟他在一起感觉很受挫折。他会想起一些过气的、没人会在意的共和党或民主党战略专家，而他坚持得有人去联系这些人。"这位助理停顿了一下然后摇了摇头，似乎是重复一次多年前就想跟他说的一句话，"我的意思是，你关心这些干吗？"

　　在克林顿卸任总统后的最初那些日子里，跟他走得亲近的一位朋友跟我回顾了当时的情形，他认为那是比尔·克林顿东山再起的起点，但人们已忘记了这一点。"他拿不到抵押贷款。他欠了律师们一大笔钱。我是说，他还有一次要为摩根－士丹利公司做收费演讲，结果没做成。他的女儿已回校。他的妻子搬到了华盛顿。人们指控他盗窃空军一号上的小地毯与一些根本不存在的物品。我的意思是，那是一段非常、非常艰难的时期。我认为人们没办法想象他这段时间的生活有多黑暗。"

　　"最初那几年他们举步维艰，"该消息人士表示，小报记者与流言蜚语如影随形地跟着比尔·克林顿，"大家关注的是哪个女人跟他

---

　　① 美国传奇企业大亨，还是发明家、导演、飞行家、工程师，控制着众多媒体。

同桌吃饭"，或他体重增加、减少了多少，"还要养一群可怕的食客"。这位消息人士举了几个名字，如哈利与琳达·布拉德沃思－托马森等。

希拉里的政敌

与此同时，希拉里正在铺就自己的道路。参议院与会期间，这位新参议员的大部分时间都待在乔治城附近怀特海文的家里，而在周末或国会休会期间，她会离开怀特海文回到查帕瓜的家里。据另一位前克林顿助理的说法，比尔极少在华盛顿待很长时间，至少是在过夜拜访时是这样的，这一习惯延续至今。一位助理对我说："他不怎么在怀特海文住，好像几乎从不在那里住。"

数十年来首度常常分居在相距遥远的不同城市里，他们立即开始了新的磨合，除节假日及其他家庭聚会外，他们大体上各过各的生活。对于希拉里来说，工作就是一切。她现在已是一个独当一面的政治人物了。她的首个重要决策便是如何充分利用自己的知名度。毕竟，她是参议院一百号人中最惹眼的角色。而且，正如大家常说的，每一位参议员在照镜子的时候都会看到一位总统，而她是其中唯一真正在宾夕法尼亚大道 1600 号住过八年的人。事实上，她是唯一在那里住过而后又到被谬称为"全世界最伟大议事团体"里任职的人。

她在起步时有过几次失误。她早早便试图组织民主党干部会议。加州民主党参议员黛安娜·范斯坦模糊地记得希拉里·克林顿在参议院时的活动。她在 2013 年由《政客》发起的《女人治国》系列文章中写道："2000 年，希拉里·克林顿当选纽约州美国参议员不久，我有幸接到她咨询我意见的电话。作为一名参议员，希拉里完全致力于脚踏实地的立法工作，这是区分实干家与表演家的关键。"

不过，2001 年的事务则比较混乱。资深参议员的职员们回忆，在一次参议院民主党闭门谈话中，希拉里和参议员马克·代顿与范斯坦进行了一次火花四溅的谈话。希拉里言辞激烈地痛斥范斯坦投票支持共和党主导的计划，致使这位久经政坛历练的加州政客差不多掩泣离去。

一位在参议院多个小组委员会里与希拉里共事、历经多届参议员的共和党人表示："民主党里很多人都不喜欢希拉里。"他要求匿名以便在评论这位前同僚时畅所欲言。

该组织的内部权力结构是基于年资——根据在参议院里任职时间长短计算。因此她说话得小心翼翼，以免损伤了这些在参议院里浸淫多年的参议员的自尊心，同时给他们与资历相宜的尊重。资深参议员中的代表是民主党大佬爱德华·M.肯尼迪。尽管肯尼迪在 2008 年支持奥巴马而非希拉里已是众所周知，不过，少有人知的是，希拉里从一开始就触怒了肯尼迪家族。据一位前参议院助理的说法，肯尼迪与前同僚帕特里克·莫伊尼汉对克林顿夫妇持同样看法，二人均认为他们是名副其实的野心家。这位马萨诸塞州资深议员常在希拉里发言时冲她翻白眼——尤其是当克林顿大人插手教育等领域问题时，他觉得自己已在这些领域里花费了多年时间推动自由派主张，因此难以容忍她随便染指。

"我觉得他或许以为她在算计自己，而且把她的个人议程排在肯尼迪倡议的议程或民主党的议程之上。"与克林顿夫人同处参议院小组委员会的共和党参议员揣测称，"肯尼迪是民主党内相当忠诚的党员，而我怀疑希拉里为了实现自己的抱负不惜耍点手腕。"

希拉里想成为参议院内民主党的领袖，但迅速遇挫——太看重自我利益，反复无常——她最终选择成为脚踏实地的实干家，尽一切可能拉拢盟友。

曾为克林顿总统工作过的一位希拉里密友说，希拉里一开始曾就宪法入门问题向罗伯特·伯德等人求教。爱摆架子自视甚高的伯德（现已过世）在那种奉承攻势下被轻松拿下。这位与克林顿有着长期友谊的朋友说："我了解伯德参议员。她一开始竞选参议员时他也曾对她抱有怀疑态度，但不久就对她刮目相看，称其为实干家。"

希拉里还着手打造一支忠于自己而不必忠于克林顿的庞大顾问队伍。这是一支名副其实的队伍，许多人都有在全国政坛上的从政经历，这些人已准备好帮助她在参议院的竞争中脱颖而出并最终重返白宫。

其中八卦最多的是胡玛·阿贝丁，一位魅力四射的女人，曾被称为希拉里的"秘密武器"，据说希拉里须臾不能离开她。25岁踏入社会时出任参议院助理的阿贝丁是一位漂亮女人，有一头乌黑的披肩发、洁白无瑕的皮肤，体形完美。在朋友与同事眼里她是一个传奇，设计师量身定做的服装、临危不乱的仪态、胸有成竹的气度无不令人称奇。她会讲三种语言，游历遍及全球，有能力轻松驾驭全世界最棘手的工作。

在那段时间里，阿贝丁在克氏公司里的角色很可能相当于即将升任副总裁的行政助理（虽然没有先例，但并非不可能），其日常职责包括维护希拉里在参议院里的形象，陪伴她经常往来于纽约与华盛顿（有需要时出国访问），以及在老板口干舌燥时给她弄来一瓶水之类的琐事。

她在希拉里的参议院办公室的第一年薪水仅有 1.5 万美元左右，她的
职衔在办公室里是最低的：幕僚助理。

　　阿贝丁迂回迈向全国性名人的征程发端于密歇根州卡拉马祖的两
位学术界人士之家。她的印度裔父亲曾在西密歇根州大学短暂任教，
然后与其巴基斯坦裔妻子搬到了沙特吉达，在前往乔治·华盛顿大学
求学前，阿贝丁一直住在那里。依不同消息人士的表述，阿贝丁的穆
斯林父母对待自己信仰的做法、她在大学里穆斯林学生会（MSA）里
的会员身份，以及她在《穆斯林少数派事务》（*Journal of Muslim
Minority Affairs*）的工作，证明她要么是爱好和平的温和派穆斯林，
要么就是有暴力倾向的伊斯兰极端主义者。《时尚》在报道中表示，
阿贝丁的父亲"建立了一个致力于促进东西方理解的研究所"。《国
家评论》在报道中称他受"一位基地高层财政领导"聘请管理《穆
斯林少数派事务》，"旨在促进伊斯兰至上主义意识形态"。她的母
亲是协助建立了沙特第一家私人女性学院的"社会学教授"，也可能
是一位"颇有影响力的伊斯兰教法活动家"，在其撰写的《伊斯兰世
界里的女性》一书里，她"声称男人制定的法律奴役了女性"。据称
该书"为诸如女性行割礼、对脱离伊斯兰教者施以死刑、在法律上将
女性置于从属地位、女性参与暴力圣战活动等做法提供了伊斯兰教法
依据"。另一方面，阿贝丁领导的乔治·华盛顿大学穆斯林学生会是
个很受穆斯林大学生欢迎的社交团体——与大学生共和党俱乐部或黑
人学生协会差不多。另一方面，阿贝丁毕业后，她原来的团体选择了
一个名叫安瓦尔·奥拉基的基地组织高层恐怖分子（也是美国公民）
作为精神导师。安瓦尔·奥拉基被称为"互联网上的本·拉登"，于
2011 年被美国无人机击毙于也门（事实上，认识阿贝丁的人没有谁会
认为她是个圣战分子。恰恰相反，参议员约翰·麦凯恩甚至炮轰这种

攻击是"对一个可敬妇女、一个全心全意的美国人、一个忠诚公仆毫无依据的攻击")。

1996 年以白宫实习生的身份被招聘进第一夫人办公室后，这位 20 岁的实习生表现出的干练与专业水准令人惊异。她先是成为希拉里·克林顿私人助理的备选，然后于 2000 年接管克林顿夫人的参议院竞选组织工作。在这一职位上，阿贝丁在工作时间里几乎跟自己的老板形影不离。自此以后，除了有限几个安息日短暂休息外，她从未离开克林顿夫人的左右。希拉里说："我只生了一个女儿，不过如果我有第二个女儿的话，那将是胡玛。"

"她们基本上是共生的，"一位前希拉里·克林顿助理向我表示，"一天中她们少有不在一起的时刻。"

阿贝丁的朋友迈克·费尔德曼曾称阿贝丁与克林顿夫人之间的关系"独一无二"，说二人之间的交流"只需一个眼神"即可完成。克林顿夫人的长期媒体顾问曼迪·葛伦渥德曾说过："我难以想象希拉里会不带着胡玛出门。她就像是《风流医生俏护士》里面的拉达尔。如果空调有点冷，胡玛会带着围巾出现。她总是提前三步为希拉里做好计划。"你可能会认为阿贝丁过着一种光彩夺目的生活，但见到她的丈夫你就不会这样想了——这个人是她在为希拉里工作时遇到的纽约的众议员安东尼·韦纳。不过这个故事将在本书后面讲到。

希拉里选中了尼拉·坦登作为自己的立法主管，她第一次与希拉里共事是 27 岁出任白宫高级政策顾问时的事。坦登是一个善于辞令、真心致力于自由派事业的助选人，父母均为印度移民，先后毕业于加州大学洛杉矶分校以及耶鲁大学法学院，后来将成为最受克林顿信赖的顾问之一，是一位极端自由政策的坚定推手。

希拉里是个不信任媒体并对公共形象几近偏执的参议员，她延请菲利普·莱内斯作为自己的发言人。单身、三十多岁的莱内斯以轻视媒体而闻名，喜欢误导、迷惑甚至排斥那些敢挑战自己老板的人。伶牙俐齿、说话得理不让人的莱内斯很快就成了一个令许多华盛顿特区记者讨厌与畏惧的人。

事实证明，即便是发表一丁点影射自己老板的负面新闻，他也会迅速向那些记者说出一些措辞简洁的脏话。例如，多年后，莱内斯会骂一名新闻网站记者是"一个彻头彻尾的混蛋"，然后奚落他说，"你不是想要不说废话的答复吗，这个怎么样呢？现在既然我们已经说出口了，日安。我说日安的意思是，滚你妈的蛋。"《华盛顿邮报》声称，他"是个明哲保身的大师，也是克林顿夫人近乎母爱式保护的受益人……希拉里王国的终极幸存者"。

一位曾与莱内斯共事过的知名华盛顿记者，因为未来仍可能与其共事而要求匿名，他向我讲述了华盛顿特区记者们对莱内斯的普遍看法。他说，跟莱内斯共事"是一种令人非常不快的经历。他身上有种业余戏剧表演癖好的特征，而且总是试图阻止人与人及信息的接触"。

他和霍华德·沃尔弗森一样，是克林顿夫妇所喜欢的那种媒体主管。甚至记者们的典型抱怨——诸如对后勤、日程或飞机上的座位方面的抱怨——也常常被他当作危及克林顿王朝生死的大事来对待。该记者告诉我："向记者们发送充满挑衅意味的电邮，是他颇为自得的手法。"莱内斯喜欢嘲讽、辱骂记者甚至与媒体为敌。

"关于总统及克林顿夫人对待媒体的手法，正确的说法就是，其媒体方面的工作人员非常粗暴蛮横，"阿里·弗莱舍这样表示，"其工作人员在与记者们打交道时咄咄逼人，尤其是克林顿夫人的工作人员。他们小心翼翼地呵护她的名誉，就好像守卫皇冠上的明珠一般谨慎。他们不愿任何人碰到它。因此，我对主流媒体如何报道克林顿夫人的竞选很感兴趣。就我而言，我觉得人格分裂是描述媒体的合适词语，他们一会儿爱她，一会儿恨她。"

在涉及莱内斯老板的时候，常规的法则似乎就不适用了，她似乎有一种让法律为一己私利而扭曲的天赋。

跟许多其他参议员办公室一样，职员们会升迁，或转到其他参议员办公室、小组委员会或私营企业，希拉里参议员办公室的职员流动率很高。在出任参议员的八年时间里，她曾雇过接近两百名拿薪水的职员。

她还组织了一个有着"数十人规模"的"影子幕僚团队"，这种雇佣似乎违反了参议院道德准则。这些"研究员"在事实上显著拓展了希拉里职员团队的规模，但不会花费参议员办公室一毛钱。传记作家杰夫·格特和小唐·范·纳塔在2007年写道："（希拉里）在管理自己参议员办公室时，对规则表现出一种满不在乎的态度，而在保密方面又体现出一种极端癖好。在使用影子雇员方面，她没有让他们以书面形式同意遵守参议院长期雇员的规则。"

希拉里参议员同时还允许部分职员同时兼任多个工作。例如，阿贝丁在某段时间里从参议院领取2.7万美元的年薪。不过，克林顿夫人还允许将她加进参议院竞选连任委员会领薪名单以及她的政治行动委员会中。希拉里还允许数十名助理有类似行为，从而模糊了政府工作与政治工作的界限。尽管这并不违反道德准则，而且其他参议员也有类似行为，但传记作家们还注意到，希拉里让自己的职员在多个组织里领取多份薪水的做法颇为超常，即便没有违反规定，至少不符合道德精神。

除了正式与非正式职员外，参议员希拉里还与一些对竞选总统举足轻重的人物保持着密切关系。这其中包括记者西德尼·布卢门撒尔，他在一份颇具影响力的《沙龙》在线杂志担任华盛顿分部主管，而且出过多本赞扬克林顿夫妇的书。《纽约时报》在一篇针对其《克林顿战争》一书的书评中入木三分地写道："基本上没有提及与克林顿夫妇亲近的任何其他人，插图中全是笑容满面的他开心地与克林顿在一起的情形（但书中主要讲的是其他人，比如不太惹人爱的肯尼思·W. 斯塔尔），布卢门撒尔先生向其政府同僚传递了一个清晰的信号：妈妈最喜欢我。"他用事实证明自己是个不知疲倦地捍卫并促进克林顿夫妇利益的人，这一点肯定影响了他报道的公正性。《纽约时报》在该书书评中评论道："在这部 800 多页的小传与政治论文中，他重复得最多的一句话就是：当然，这些指控完全不实。"

希拉里声称存在一个"庞大的右翼阴谋"，因此她需要迅速集中力量反击这一阴谋，尽管这一阴谋更像是妄想。"我们的确必须改进我们的工作，以便与现有理念展开斗争。"克林顿夫人在 2003 年向《纽约时报》表示，"不过事情也很清楚，我们需要一些新的智力资本。关于如何根据民主党价值观来构建21世纪的政策，我们已有一些想法。"因此，克林顿将向服务于自由派政策倡议的两个组织施以援手，事实上，这两大组织是克林顿夫妇利益的坚定捍卫者。其中一个组织是美国进步中心（CAP）。一位创始人表示："美国进步中心的基本理念是，当平等竞争时，进步的理念会最终胜出。"

该组织的职员包括忠诚于克林顿夫妇的前助理尼拉·坦登等人，坦登后来成为美国进步中心总裁，而他始终把希拉里的抱负放在心上。

在该组织任职的人员还包括克林顿执政时期的前白宫幕僚长约翰·波德斯塔、前总统经济顾问吉恩·斯珀林，以及克林顿时期的财政总长罗伯特·鲁宾。

自由派的《国家》杂志撰稿人罗伯特·德莱福斯写道："这个组织中到处都有克林顿夫妇的印记。将其视作影子政府的说法也不能说完全错误，这个团队是在野的克林顿白宫团队——或者是准备入主白宫的希拉里·克林顿的总统幕僚。"他们向决策者们提供建议，让决策者们重新审视自由派政策、重新制定政策、对抗可能持不同看法的保守派人士，并最终为（他们希望）希拉里重返白宫做好准备。

除了美国进步中心，克林顿夫妇还有另一个组织——总统图书馆。这个组织是克林顿的政治遗产，由克林顿拥趸者建立，为克林顿王朝服务。在某种程度上，这类组织可以帮助我们厘清比尔·克林顿总统执政时期与预期中的希拉里·罗德姆·克林顿入主白宫的时间区别。

当然，其他前总统也建立了总统图书馆，以及基金会与其他组织，这是一种保留并以某种方式塑造总统政治遗产的方式。然而，其他没有哪一位总统成立过类似美国进步中心这样积极介入当前政治与政策辩论的组织。而且没有哪位总统成立这类始终活跃于华盛顿政坛的政治遗产组织，并不遗余力地帮助这个家庭回到仅仅几个街区之外的白宫。

同样具有重要意义的是另一个由克林顿撑腰的组织——美国媒体事务，该组织自称为"基于网络、非营利性、501（c）（3）[①]进步研究与信息中心、致力于通盘监控、分析并纠正保守派对美国媒体的错误导向"。

---

① 501（c）（3）是美国税法的一个条款，该条款规定宗教、慈善、教育组织可以免税。

该组织由媒体记者大卫·布罗克创建，他过去是希拉里·克林顿的批评者，曾为立场保守的《美国观察家》撰稿。正是布罗克最先报道出负责克林顿州长安保的阿肯色州骑警曾为这个滥情的政客安排情人，然后协助隐藏他的行迹。在该篇报道中，他仅点出了一个妇女的名字："保拉"——后来才报出其全名保拉·琼斯。琼斯事后声称受到比尔·克林顿的性骚扰——整个事件后来引发莫妮卡·莱温斯基丑闻，并顺理成章地引发对总统的弹劾案。

数年后布罗克高调与保守派决裂，并最终与希拉里·克林顿走近。作为媒体事务组织的主管，他协助为希拉里打造针对保守媒体的左翼先锋团体，并在这一过程中获得巨大荣誉与社会关注。布罗克的目标是使媒体与民主党的步调一致，在他的无情打击策略下，这一工作轻而易举地实现了，而他的方法就是将一切异见者描述为不诚实、邪恶之人。

正如希拉里·克林顿曾向一帮自由派活动家博客作者指出的："我们正在纠正这一平衡，或将这一平衡向左扭转，我还不能确定结果如何。我们当然已做出更充分的准备，更专注于提出我们的观点、加以强化并广泛传播，然后通过众多新兴的基础设施真正打造博客网络——通过我帮助启动并提供支持的媒体事务与美国进步中心来实现这些目标。我们已开始赶上了多年来我一直在讲的对手，现在有了并驾齐驱的势头。大家知道，当时我说存在着庞大右翼阴谋时，我不是在开玩笑。但我没有想到它并不是一个阴谋，而是个大家都可以看到的阳谋，他们选出了个总统、副总统，我们在过去六年半里不得不与之抗争。不过事实是，他们组织得更有效，使命感更强，为迎接 20 世纪末期与 21 世纪初期政治平衡准备得更充分。"

出任美国参议员期间，希拉里着重演练了筹款以及回报朋友的能力。多年来她扮演的一直是辅助性的角色，协助丈夫筹款，以及回馈捐献者。不过现在轮到她亲自出面了，不出几年她便赢得了"联邦拨款散财女王"的名声。

根据竞争对手对希拉里·克林顿进行的调查，在2001年到2007年间，多家公司向其竞选组织捐献了51.47万美元，而回报是克林顿夫人为他们争取到了总计5.36亿美元的专项资金。对于这些做出捐献的公司而言，每向克林顿夫人捐出1000美元可获得100万美元的联邦专项资金回报。BAE系统公司合计获得970万美元的国防专项拨款，而其公司及相关个人向克林顿夫人捐献了1万美元。同样，康宁公司向希拉里捐了95850美元，获得了670万美元；日星科技捐出了1000美元，获得了100万美元；德尔福集团捐出了2000美元，获得了300万美元；DRS科技公司捐了1.46万美元，获得了165万美元；EDO集团公司捐出了4500美元，获得了180万美元；通用汽车捐出了20.6万美元，获得了1055万美元。这个单子很长。

2002～2006年的四年任期里，希拉里·克林顿拿到了超过20亿美元的专项资金——这是一个令人瞠目结舌的数字。据美联社报道："受益者从国防巨头诺斯罗普·格鲁门公司到纽约的美国电传公司，后者拿到了500万美元的起重机设备合同"。

在入主白宫期间，克林顿夫妇就曾因不诚实捐赠问题受到国会质询，在希拉里开始其政治生涯之后，同样的问题再度出现。有报道称一个名叫罗伯特·康戈尔的纽约开发商向比尔·克林顿的基金会捐献了10万美元，以换取联邦政府对康戈尔开发购物中心数百万美元的资助。《纽约时报》在报道中指出，大约在这笔捐款捐献的同时，"克林顿夫人推动通过了一项法律，允许开发商罗伯特·J.康戈尔使用免税债券为'美国命运娱乐及购物综合中心'的建设进行辅助融资"，该笔捐献发生九个月后，克林顿夫人"还帮助通过一项公路修建法规，为一个名为'美国命运'项目的公路建设拨款 500 万美元"。

当然，克林顿夫人阵营以及康戈尔阵营均否认有过此类任何交易。"康戈尔先生与克林顿夫人的发言人菲利普·莱内斯均表示，他的捐献与她就他项目所进行的立法工作并未有任何关联。莱内斯先生说克林顿夫人对旋转木马商业中心扩展计划的支持'纯粹出于她对改善纽约上州每况愈下的经济始终如一的支持，别无他意'。"

正面迎击右翼——通过美国进步中心与媒体事务——为实现未来政治抱负开拓资金流，仅是希拉里攻势的一部分，她还将花费大量资金试图诱导右倾的人们向左转。在这一方面，她得到魅惑大师——她丈夫比尔·克林顿的亲身传授，在其卸任总统的前几年，他就开始打造自己的助理团队与一众机构了。

克林顿的门客

在他努力打造卸任总统后的形象的过程中，克林顿可以指望那些顾问。其中一个就是长期顾问保罗·贝加拉，他可以运用自己在多个新闻频道的影响来捍卫其前老板。当然还少不了詹姆斯·卡维尔，这位秃顶、长着一双蛇眼的阿卡迪亚人以对克林顿敌人出言尖刻而闻名。他跟克林顿一样，生于贫穷之家，通过运用其政治影响力成为一名身家数百万美元的富翁。

卡维尔与妻子玛丽·玛塔林共同就 1992 年克林顿大选胜利撰写了回忆录，名为《世无不平事》（*All's Fair*），玛丽是老乔治·布什总统竞选连任政治主管。该书获得了 70 ~ 80 万美元的预付款，此外卡维尔还获得 1.5 万美元演讲费——如今他的演讲报酬已翻番——有了这笔钱，1992 年大选后，卡维尔再也不用掺和政治竞选了。不过按他自己的话说，他是通过"做自己"成为一名百万富翁的。卡维尔现在身家估计在 500 万美元上下，众所周知，他每年做超过 100 场演讲，出版了 10 本书（多数为畅销书），出演过十多部电影、情景喜剧以及电视剧（通常演自己），还与玛塔林拍摄过众多广告，从波本威士忌到苏打水都有。他曾在 CNN《交火》节目出任联合主持人，现在在一档名为"60/20"（这两个数字指两位主持人各自的年龄）的 XM 卫星广播上与提姆·拉瑟特的儿子路加搭档主持体育节目，同时还是福克斯新闻网的供稿人。尽管他上大学的时候政治学成绩不及格，但目前却在杜兰大学教授政治学。正如《纽约时报》在报道中所指出的，"卡维尔主要凭借着精力与人格，将政治、娱乐及知名度融合进一个财运亨通的帝国，所有这一切只营销一种产品：詹姆斯·卡维尔"。卡维尔的财务还颇得比尔·克林顿的福泽——据熟悉克林顿与卡维尔双方交易且对该行业较为熟悉的人士透露，克林顿曾协助卡维尔拿到为外国政治领导人进行"政治咨询"这一颇为有利可图的业务合同。

克林顿的追随者还包括多位好莱坞名流，因此各种传闻与小道消息似乎如影随形地跟着他。这已经完全不是什么新闻了——几乎所有真正与比尔·克林顿有过接触的人都知道他的莽撞，而且他对女性有着肯尼迪式的迷恋。即便在入主白宫期间，当着希拉里及所有身边人的面，他还是能无所顾忌地炫耀自己的女人缘。

当然，追随者少不了莱恩考勒·沙利文，首位黑人阿肯色州小姐。

这个名字在莱温斯基丑闻调查中首次浮出水面，两人的交往始于 1978 年，当时克林顿是阿肯色州检察总长，而沙利文作为选美大赛的胜者，很快成了名媛。

在最近的一次电话采访中，沙利文对我说她与比尔·克林顿及他的家人仍然是好朋友。"我和他们全家的友情不止 30 年，但我不想出现在任何出版物中——因为大家针对这个家庭说的、写的负面东西太多了，尤其是希拉里与比尔，因此我不希望参与任何再让他们经受消极刺激的活动，因为这对谁都没好处。"

当我向沙利文指出，克林顿总统已经成为一个历史性人物，因此他与所有人的各种关系都有探讨的价值时，她反唇相讥说："我深刻地明白，我的名字与这位历史性人物的名字纠缠到一起。"

当我提醒沙利文说，此前曾有多宗报道描述她与克林顿的"浪漫关系"，她说道："你读过那些报纸了。"然后开怀大笑，"那都是他们的说法。没有谁采访过我。我也没有跟任何人谈起过此事。"

"的确如此，所以我现在要跟你谈谈。"我说。

对于要求她确认或否认存在过一段"浪漫"关系的尝试，沙利文一概谢绝，通常根本不回答。（不过，她向我确认了另一件此前报道过的事：即她与歌手史提夫·汪达曾约会过。"我们现在是非常好的朋友。"她这样描述这位前男友。）

"我不会向任何（针对克林顿夫妇）进行负面报道的媒体表态——因为我不觉得这有什么相关。你要问的话题——我不清楚这和今天我们的访谈有什么相关性。我是说，因为今天整个采访进行的前提是基于克林顿夫人可能竞选总统这一事实。不是吗？"

事情不是这样的，在向她解释了本书构想后，沙利文称她喜欢本书关于克林顿夫妇卷土重来并克服"重重困难"的主题。不过旧事重提并不是她热衷参与的事。她坚持称，他们已经卷土重来，因为"他们都是些真诚的人。我是说，他们是诚实而且表里如一的人。他们在乎自己与其他人的关系"。这也是他们从离开白宫时的低潮到今天取得相对较高社会声望的原因所在。

沙利文坚持称，"我觉得，更重要的是谈论他们将去向何方"，而不是津津乐道于过去的丑闻与绯闻。她建议我读一读比尔与希拉里各自的传记以获取关于他们历史的"重要"描述。

2002 年，克林顿在自己的哈林区办公室里为她举办了订婚派对。她的未婚夫罗尔·P.沃舍沃特是一位丹麦公民，以前曾当过演员与模特，拿过商业经济学学位，是丹麦警察学院特殊专业的毕业生。这位准新郎还是一家证券经纪行及风险管理公司的联合所有人。

出席这次晚会的都是来自阿肯色、纽约市的人士，以及其他前美国小姐参选者（或许这是最令这位前总统开心的）。

即便到了今天，莱恩考勒·沙利文仍然尽力和亲密朋友克林顿总统保持联系。

"如果他到了我所在地方的附近，我会尽一切努力去看望他。当然，他的日程安排极其紧张。因此，要见到他也极困难。"沙利文声称，她经常"主动"联系这位前总统发表演说的欧洲会议组织者，这也是那些日子里她能够联系上他的方法。

克林顿与多位名媛的传闻也流传已久——埃莉诺·蒙代尔，前副总统的女儿；女演员吉娜·葛森及伊丽莎白·赫利；甚至还有歌星芭芭拉·史翠珊。一位为克林顿牵线搭桥同时为他工作的身边朋友，与我在华盛顿市一家低调、偏僻的餐馆里会面，而且只同意匿名接受采访。我滔滔不绝地说出一些名字并就各种传闻进行求证，从那些夸大的离奇传闻到那些得到克林顿小圈子里人士证实的多宗绯闻。他颇为体谅地为克林顿开脱："所有天才都有缺陷。伟大的艺术家都是瘾君子，不管是酒精还是毒品上瘾或什么其他的东西上瘾。他的瘾就是女人。"

前总统杰拉德·福特的妻子贝蒂因为创办贝蒂·福特中心而成了一名上瘾研究专家，她也曾得出过相同结论。"贝蒂和我就此谈了很多，"福特于 1998 年对传记作家托马斯·德·弗兰克表示 [德·弗兰克在 2007 年出版的《等我走后再写》（Write It When I'm Gone）的书里涵盖了与已故总统所进行的一系列谈话]，"他有病——他有瘾。他需要治疗。"

克林顿还找到了一个新朋友，这位朋友在他卸任总统后的生活中起到了极不寻常的作用，至少在一段时间里如此。罗纳德·伯克尔从父亲的杂货店里的送货童做起，逐渐发展为一名超市业里的亿万富翁。他被小报称为"亿万富翁派对男孩"，在克林顿卸任后与其建立起了亲密关系（他们首次相识于 1992 年）。两个人相互利用对方——伯克尔教克林顿如何赚钱，并将他列为伯克尔旗下多支投资公基金的付费顾问，与此同时，克林顿也让伯克尔有机会接触克林顿网络里的顶级名流、CEO 及政客。克林顿很高兴为伯克尔引见，而顺便也为自己带来——按《纽约时报》在 2006 年里一篇报道中指出的——"不需巨大努力便可赚取数千万美元的潜在机会，而且基本上没有任何风险"。

二人同乘伯克尔的私人飞机（波音 757）满世界飞，据《名利场》2008 年 7 月刊一篇文章的说法，这架飞机被助理们私下称为"空搞一号"。该杂志称伯克尔是"克林顿的单身汉密友、筹款人及商业伙伴"。

据多位消息人士表示，伯克尔对克林顿很是忠诚。尽管这对搭档在表面上有着众多相似之处——他们为同一代人，出身均不富裕，但伯克尔和克林顿的友谊，正如诸多克林顿生活中其他关系一样，注定不会长久。

除了伯克尔外，道格·班德在克林顿卸任后生活中的重要性无人能及，送水、代人说项、疏通，以及顾问，都由他来做。在《白宫风云》第三季中，查理·杨将担任剧中总统的亲随，面试官乔希·莱曼对他说，这个职位"传统上由一个年轻人担任，年龄在 20 到 25 岁，学业优秀，有强烈的个人责任感与周全判断力，形象端正"。

出演查理·杨的演员杜勒·希尔在钻研这个角色时向道格·班德求教，后者当时刚成为比尔·克林顿总统的亲随。班德于 1995 年大学毕业后直接进入白宫，担任不拿薪水的实习生，这位主修英文的大学生（副修伦理学，从后来事情发展看这可能是一种讽刺）曾经出任佛罗里达大学大学生联谊会主席。跟许多充满不切实际梦想的 20 岁左右的人不同，班德抵达华盛顿时没有表现出任何意识形态或行动计划，有的只是要待在大人物身边的抱负。当同为实习生的莫妮卡·莱温斯基邀请班德参加白宫国会舞会时，他欣然接受这一邀请。与其说他对莱温斯基感兴趣，倒不如说他对有机会混迹于这么多大人物、大角色身边感兴趣。

班德的实习期结束后，这位身材高大、有着一头乌黑头发、面色和善的佛罗里达人被白宫顾问办公室聘用了。他开始在乔治城法学院上夜校，而他的同事们认为他打算毕业后找份律师工作。不过班德的目标在于宫廷而非法庭。成功加入"白宫先遣组"令他欣喜若狂——该职位还在西翼拥有一间办公室，而不是在旧的行政办公大楼，跟顾问的办公室一样——而到了 2000 年，他就成了克林顿的亲随。

班德最终达成了目标：陪伴比尔·克林顿的左右。当克林顿任期结束后，高盛向他提供了一份在纽约的高薪工作，班德拒绝了。克林顿当时正在筹建威廉·J.克林顿基金会，班德对于该基金会有着宏大设想。

他们结伴上路。在接下来的十年中，克林顿与班德几乎形影不离。克林顿见这位年轻助理的次数远多于见自己妻子的次数。那些最熟悉克林顿行踪的人估计，这位前总统在离任后每年花在路上的时间大约为 320 天——这个数字如此之高，可以说他根本没有家。一家酒店接一家酒店，一次筹款活动接一次筹款活动，一个全球意识活动（为艾滋或气候变化或任何自由派事业）接着另一个活动。

他与班德一起访问了大约 125 个国家的 2000 个城市，会见各行业巨头与国家首脑。他们一起打牌到深夜，同乘罗纳德·伯克尔的飞机到处飞。克林顿曾说过，没有班德他"一天也没法过"。当克林顿基金会幕僚长玛吉·威廉斯试图在 2004 年开除不服从管理的班德时，克林顿表达了对班德的信任与依赖。尽管幕僚长不愿班德像自己一样掌管克林顿的行程、基金会员工及其数十亿美元的计划，不过有了克林顿的支持，班德继续留在了基金会里，威廉斯则离开了。克林顿的一位搭档向《新共和》表示："那一刻我懂了，这个家伙成功了，他永远也不会被搞掉。"

班德对克林顿的了解远超过他对世界上任何其他人的了解，也很可能比任何人都更了解克林顿。克林顿的那位搭档说："在他意识的某个地方，他将两人融合成一人，你会觉得如果他说了什么事情，那就是上头的意思……如果他打电话过来说：'我们需要在公寓里放些郁金香。'你会想，是总统想在公寓里放郁金香。"

那些克林顿圈子里看不惯班德的敌人认为，班德日益将自己视作与克林顿"平起平坐的人"——有资格在最奢华的餐馆里用餐、在最浮华的酒店里睡觉，而且随身带着大把的百元美钞。

卸任后的政治布局

早在离开白宫前，克林顿就开始规划离任后的生活方式。除非他的生活抱负就是打打高尔夫或画画花鸟，现代总统中可资他借鉴的卓越范例寥寥无几。乔治·H.W.布什明白自己在聚光灯下的生活已经结束，因此就心满意足地与妻子、家人过着平静的奢华生活。罗纳德·里根离任后曾做过数场演讲，不过他的健康状况不佳，因此除了退隐别无选择。杰拉德·福特则寄情于高尔夫球道，成功置身于新闻报道的追逐之外。

克林顿阅读那些离任后更活跃的前总统传记，其中最值得一提的是约翰·昆西·亚当斯与吉米·卡特。亚当斯离任后一直继续活跃于政坛：他是唯一一位在离任后才过上真正政治生活的前总统，离开白宫后他又担任众议员近20年。尽管克林顿夫妇均公开表达过他们的意愿，说比尔有朝一日或可能竞选其他公职，但这几乎没有任何真正可行性。就拿一点来说吧，现在需要考虑希拉里的生涯。比尔竞选可能会稀释这一品牌，分流她的资金、关注度以及支持。

尽管他不愿承认，但他最可借鉴的范例却是来自一个他并不喜欢的人：吉米·卡特。

撰写《流放中的克林顿》一书的作者卡罗尔·费尔森塔尔在书中写道："比尔·克林顿觉得吉米·卡特的例子毫无吸引力。对于克林顿来说，即便稍微想到卡特也会令他恼怒不已。他发自心底地厌恶这个人——卡特与克林顿之间有着长期、不愉快的过往，向来虔诚的卡特毫不掩饰他对克林顿与莫妮卡·莱温斯基幽会这一件事的反感。"

不过，卡特的例子或许是最有借鉴意义的，因为他跟克林顿一样，在年龄不大的情况下离任，而且是当代的一位民主党人。这位来自佐治亚州普莱恩斯的花生农场主离开白宫时年仅 56 岁，克林顿离开白宫时则为 54 岁。跟克林顿一样，卡特也认为他还有相当多的工作要继续做，而且愿意以前总统的身份将这些工作继续下去。因此克林顿对卡特中心进行了研究，这是一个建立于卡特的家乡佐治亚州的社会改良空想家组织，旨在改善人权，其活动主要面向国外。克林顿还研究了这位曾当过南方州长的民主党同仁离开白宫后所从事的外交与人权工作。

"（克林顿基金会）是一个杰出的战略典范。"前众议院议长、共和党人纽特·金里奇在一次采访中表示，克林顿已"基于其真诚与善意成功创造了一件隐身衣，因此不论他做什么，那肯定都是道德而且公正的"。

"卸任总统后的生活很精彩，因为他们必须避开那些极具争议性、极敏感的话题。"阿里·弗莱舍向我表示，"克林顿基金会可以专注于那些让他们感觉良好的活动，这让克林顿总统找回了状态。"

一位熟悉克林顿卸任总统后计划的人士并不掩饰言语中的讥讽之意。"看看盖茨基金会今天做到了多大的规模。"他举了个例子来说明自己的观点，"不过，你也得考虑这事的起因与发生的方式，不是吗？我是说，盖茨基金会一开始是为了矫正负面报道，当时微软身陷反垄断诉讼……卡特在某种程度上也是大体如此——作为对自己任总统期间不温不火表现的一种纠正。"

不过，卡特与克林顿的做法有很多不同。正像一位熟悉这些项目的合伙人向我表述的，"卡特总统做着500种不同的事情，而克林顿模式则是做少做精，范围更窄"。这些事项包括专注于全球发展与艾滋病。

此外与卡特不同的是，除了打造自己的名声外，克林顿还有另外一个重要动力：金钱，很多很多钱。缺钱对克林顿来说并不是什么新闻。他过去一直是个穷人，出生于阿肯色州霍普镇的一个单亲妈妈家庭里，父亲车子失控钻入一条沟渠溺亡几个月后才出生。克林顿的妈妈尽心竭力独自把他抚养大，时常需要他的祖父母帮助照看、抚养。据克林顿复述的家族史，克林顿的祖父干着两份工作：自己开着一家杂货店，晚上在当地一家锯木厂守夜。

克林顿"成长过程中无时无刻不感受到"沮丧感，以及相伴而来的困顿感与对金钱的不安感。这是一种将陪伴他一生的感受，而这种感受在他离开白宫之时表现尤其强烈。据称当时克林顿因为多宗法律调查而累计拖欠约1200万美元的律师费，包括与莫妮卡·莱温斯基的丑闻、保拉·琼斯性骚扰指控及"白水门"事件调查，再加上其他缠上身的丑闻。受到弹劾给总统及其家庭的财务带去沉重一击。

他认为，偿还这些欠款是他的职责，而且他的职责还包括确保自己永远也不会再次陷入这种财务困境。他离开白宫的最初几年对自己的健康极不自信，他也希望为家人早作筹划——远远超出生活之需的金钱，只为防止自己健康恶化及意外死亡。

他采用了一贯的做法：利用滔滔不绝的口才，将重要人物拉拢到一起，以实现一个多赢的结果。不过，现在他的首要专注点在于赚钱而非制定法律或达成政治目的。

一位前助理表示："不管身家有多少，他永远觉得不够，因为他曾经穷困过。"该助理反思说，将钱柜里装满钱是他自己弥补穷困童年的方式，也是克林顿陷入各种问题交易的原因。

1989 年，罗纳德·里根离开白宫后受到媒体的激烈抨击，原因在于他在去日本访问期间接受了 200 万美元的演讲费。《洛杉矶时报》更是提出"他迫不及待地要把八年总统任期变现"。他离任总统后的支持率暴跌。比尔·克林顿与里根没有可比性，他是为了建立自己的财务和政治帝国，而把公职服务变现的。离任后，克林顿再次降低了自己的行为标准，但他的这种行为只是偶尔受到媒体的追查。

这位前总统已赚取了逾 1 亿美元演讲费，有人估算他一年的收入有 1700 万美元（演讲的费用通常为 25 万美元）。2004 年，他的自传《我的生活》收到了 1500 万美元的预付款，尽管这本大部头有些自说自话，但书中也有激情与才华的展现。

和卡特一样，克林顿建立了多家致力于社会改良的基金会。首先是威廉·J.克林顿基金会，这家非营利机构成立于 2001 年，致力于解决包括"健康安全、经济放权、领导力发展与公民服务，以及种族、民族及宗教和解"问题。第二家是克林顿全球倡议（CGI），成立于 2005 年，其宗旨是"汇聚全球领袖，为全球最迫切问题找到并执行创新型解决方案"。

克林顿还在培育一个政治组织，为希拉里竞选做准备。一位克林顿的高级助理向我表示，跟那些偶尔为少数党内大佬候选人进行助选的前总统不同，比尔·克林顿自始至终参与到"数目众多的政治竞选"中，"他会为竞选州参议院席位与美国参议院、众议院席位，及进行其他活动的人们站台和筹款。克林顿初次竞选总统时的人脉网络，以及他竞选总统之前的那些人际关系，现在仍在维护。他为州里及地方候选人进行筹款，甚至时不时亲自介入竞选事宜，这些事他本来不必介入的，所以真是不同寻常"。

这位助理补充说："他了解这个国家里每一个国会选区。克林顿可以如数家珍地介绍每一个选区及选情。这是他毕其一生所思索、浸淫的领域。我觉得这纯粹是一种激情，找不出一个更好的词来描述它了。"

维持这些人际关系网络的活力，对于比尔·克林顿来说有着双重目的。其一，克林顿是一个天生的巡回演说家，他喜欢在一大帮热情喝彩的支持者面前发表演说。不过，另一个原因更具个人色彩。正如克林顿将要离任时他的一位高级助理向我所说的，"他觉得自己欠希拉里一个总统职位"。这个理想和女儿切尔西是真正让他们密不可分的因素。两人始终未排除重返白宫的选项，当时来看，这一机会可能会在 2004 年出现，而那时候乔治·W. 布什也会寻求连任。不过，想要成功，克林顿圈子首先需要克服一个问题。

第 **3** 章

希拉里的魅力

"克林顿当总统时，略有敌意的大众媒体将他刻画成可爱的南方白人，他很有魅力，是个擅长操纵别人的小混混，不过并不是特别聪明。而希拉里则是个死用功的讨厌家伙……恰恰相反，真相正好相反。"

——迈克尔·梅德韦德

为希拉里·克林顿摇旗呐喊的美国进步中心与媒体事物等组织并不是虚张声势，这是她反对小布什政府政策的喉舌组织，一直以来是她反击"庞大右翼阴谋"信念的基础。她在参议院里任职期间始终是一个坚定的自由派，投票支持加税次数超过 232 次；她反对小布什总统提名的保守派法官，包括最高法院大法官约翰·罗伯茨（首席大法官）与塞缪尔·阿利托，而且反对伊拉克战争（虽说她一开始支持发动这场战争）。在盖洛普民调中，她的支持率对于一位试图通过吸引独立选民谋求入主白宫的人来说是灾难性的。她的不支持率一直维持在 45% 左右。在独立选民群体中，她的表现稍好。在共和党中，她显然是他们眼中不受欢迎的政客，盖洛普民调显示她在该群体中的不支持率始终保持在 70% ～ 80%。如果希拉里曾有过谋求更高职位公职希望的话，她需要至少在部分程度上软化自己的冷淡、苛刻左翼极端分子的形象，同时争取少量中间偏右的选民。

从 2001 年迄今，克林顿运用系统而全面的努力打动了老大党领导人，但很少有人能了解克林顿是如何成功的，尤其是那些一度对他们持最严厉批评态度的人。这种策略带来的结果就是，克林顿夫妇都成功转变成超越党派之争的政治家，这是他们在白宫八年中一直努力追逐而不可得的结果。

希拉里难以与右翼相处，这相当于作茧自缚。她不仅大张旗鼓地对"庞大右翼阴谋"进行抨击，更是亲力亲为领导反击攻势。正如在弹劾调查中所揭示的，克林顿夫妇聘请私家侦探调查政敌的私生活。在某个时刻，他们在这些举措上的不诚实行为引来了新闻主管迈克·麦柯里的愤怒。"麦柯里在多个不同场合威胁说，如果他们一直让他蒙在鼓里的话就会辞职——有一次在年初，他们就是否使用私家侦探调查克林顿的敌人一事误导他，更晚些时候，拉夫（白宫顾问）拒绝告诉他斯塔尔是否向总统发出了出庭作证的传票。"《华盛顿邮报》记者彼得·贝克在报道中这样写道。

克林顿夫妇的运气不错，他们的对手实在太弱了。克林顿执政期间，那些想查明克林顿夫妇到底违反了多少条法律、投票弹劾、给总统定罪的著名共和党国会议员，很快就发现自己的政坛人望下滑、竞选失利或名誉扫地。年事已高、曾备受尊敬的亨利·海德过去是众议院司法委员会主席，因通奸败露而被逐出国会，他那响当当的名声就此蒙污。绯闻缠身的还有众议院主席纽特·金里奇，后来辞职；路易斯安那众议员鲍勃·利文斯顿接替了他的职位，后来又由丹·伯顿接替，这位印第安纳众议员在调查克林顿王朝时表现出一种沙威警长①般的执着。

而希拉里·克林顿拉拢参议院共和党同僚的手法则堪称精湛。在克林顿夫人还是第一夫人之时，我跟共和党内最难缠的人交谈过。不论公开还是非公开，也不管他们上过她多大的当，没有人愿意对希拉里·克林顿个人做出负面评价——只是说她的民主党盟友有时并不喜欢

---

① 《悲惨世界》中一直追捕冉·阿让的警长。

她。他们对希拉里的这种爱意——至少在私下谈话里——很可能说明他们更易受奉承与赞美之辞的影响，而非受她人格的感染。不过，这也说明了2016年共和党可能出现的挑战者很难对她构成威胁。希拉里·克林顿已收获了众多共和党同僚的赞美与支持，这些人或许会出于政治目的公开批评她，但私下里全都真心实意地喜欢她。这一切都始于美利坚合众国的参议院。

令许多观察家意外的是，对于那些新近在弹劾程序中投票把她丈夫赶下台的人来说，希拉里·克林顿似乎在讨好他们的时候最卖力。她为得克萨斯共和党参议员凯·贝利·哈奇森收养的儿童举办了一个婴儿洗礼会。她参加了一个主要由福音派右翼共和党信众参加的早餐祈祷，这些信众中包括堪萨斯的萨姆·布朗巴克，后者承认曾恨过她并请求她宽恕自己，这个场景令人难忘（她欣然宽恕了他）。

克林顿弹劾案的主要负责人之一，阿肯色州共和党众议员阿萨·哈钦森被乔治·W.布什提名为缉毒执法局局长。令他大感意外的是，希拉里投票支持他的任命。哈钦森对我讲，跟她共事"总是件开心事。在国土安全事项上她对我所做的尝试非常支持。而且我们保持着非常融洽的工作关系"。

"在弹劾案期间我对克林顿持强烈批评意见。"另一位共和党参议院同僚如是表示，为求尽可能诚实地评论，他要求匿名接受采访，"我虽然没有很过分，但还是批评了希拉里。她对此似乎毫无怨言。"

"从个人立场看——就人格而言——我认为她很受全世界各国领导人的尊敬。"前印第安纳州共和党众议员丹·伯顿是弹劾案中表现最凶狠的斗士，最近在一次采访中对我这样表示，"但这并不意味着我认为那些已经做出的决策都是正确的。"

"她在参议院里表现非常活跃，而且议题超越党派之争，出于显而易见的原因，她试图争取两党支持，不过也是以一种深思熟虑的方式进行。"佐治亚州共和党参议员约翰尼·艾萨克森在其参议院办公室里接受采访时称，"我记得，特别是在金融危机发展到最严重阶段，我们就问题资产救助计划（TARP）及其他事情进行立法，因为我此前在住房与减税方面有些经验，她多次找到我问了一些非常有见地的问题，而我因为有这方面经验恰好可以给出回答。她是个非常投入的参议员，是个好参议员。"

在其他共和党议员记忆中，她是一位精明而又不时开开玩笑的人。克林顿执政期间，前共和党全国委员会主席、后来出任乔治·W.布什政府退伍军人事务部部长的吉姆·尼科尔森，回忆了自己的部门试图关闭纽约卡南代瓜一所退伍医院时遇到的情况。这处设施位于希拉里初次竞选时常去拜访的区域，因此希拉里决心要游说他不关闭该医院。

二人在参议院议事厅外不远处的小鸳鸯座椅处会面，希拉里在参议院投票间隙继续为此努力。参议院的钟声响起，表示马上会有投票活动，所以参议员们陆续进了会议厅。

许多人经过这个小小的双人沙发，看到这个民主党人与克林顿执政时期的共和党主席之间表现出融洽密切关系，无不露出惊讶的神色。

"她就坐在这儿，我坐这儿。"尼科尔森回忆道，比画出非常小的间隙，"脸对脸，差不多挨在一起。"

有些共和党人诧异地看着这一幕走过，有些则停下来，不可思议地看着他们。

希拉里觉得有些好笑。她说："看来我给你惹了很多麻烦。"尼科尔森笑了笑。她就该案与这位退伍军人部长进行了顽强的缠斗，事实证明这种斗争非常有说服力而且有理有据。最终她的意见胜出。

多年后尼科尔森说："关闭该医院的政治意愿不足，因此我们达成了一项计划，将其改造成用于……我想应该是精神创伤研究中心。因此，这家医院继续运营。现在这处设施利用率不高，而且维持成本昂贵，不过倒是处可爱的设施。"

参议员琼·凯尔是一位来自亚利桑那州的坚定保守派，他提出了一份移民法案，想用联邦资金弥补因对非法移民进行救助所产生的支出。包括克林顿夫人在内的多位民主党在该议案上签名。不过，所有人都认为不会有民主党参议员会出席提案的新闻发布会，因为这次发布会是在共和党政策委员会办公室里举行的。作为参议院里比较具有党派性的组织，共和党政策委员会里面全是头脑精明的保守派人士，而且其存在使命就是挖民主党的墙脚。

因此，当希拉里·克林顿径直从正门走进来时，职员们一个个目瞪口呆。一位参议院助理回忆说："她基本上像是走进了死星。这里是对希拉里恨意的原始策源点。大家都惊得合不拢嘴。"克林顿夫人过来是向凯尔表示支持的，然后对镜头说了几句话。房里没有哪个人能想到她会过来，几乎所有人都把希拉里·克林顿当作民主党阵营里的头号公敌，可她就那么大摇大摆地出现在那里了。

克林顿夫人与一个参议员的关系特别密切，这个人就是鹰派的约翰·麦凯恩。麦凯恩在参议院办公室里的一次谈话中承认："希拉里和我的关系非常好。她这个人很聪明，极其聪明，而且她一进参议院便加入了军队服务委员会，因为她的履历中没有这方面的经验，因此她特意来与我交好。"

"他尊重她。"麦凯恩的长期顾问迈克·墨菲称说。墨菲也是共和党顾问,曾是克林顿夫妇的另一个共和党敌人。"而且麦凯恩与希拉里的喜欢是相互的,他们相处融洽。他尊重她。她为人很坚强,她代表了麦凯恩喜欢的一切优秀品质。她爱搞笑,她很聪明,而且她尊重麦凯恩。"

几乎是出于必然,希拉里参议员同样与另一个她丈夫弹劾案中的负责人林赛·格雷厄姆成了好友,几乎是莫逆之交,在麦凯恩眼中他们俩简直成了伯特和厄尼的翻版①。一位共和党同僚回忆称,格雷厄姆对自己这位新结交的名流朋友有些狂热。"我记得他总是说,'呃,希拉里这样说过'或'希拉里那样说过'。"

令麦凯恩欣喜若狂的是,克林顿夫人同样也获得了务实与强硬的名声。这种形象令她在整个共和党团队里都很受欢迎。她投票支持阿富汗战争以及伊拉克战争,甚至在 2005 年末拒绝支持立即从伊拉克撤军的政策,这一立场使得自由派网站 MoveOn.org 主管指责她"在右翼噪音机器面前畏缩不前"。不过希拉里的战争立场似乎是出于政治考虑而非信仰。奥巴马政府的国防部长罗伯特·盖茨在 2014 年披露说,希拉里曾向他坦白称其于 2007 年反对向伊拉克增兵是着眼于总统竞选的举措,这成了轰动一时的新闻。盖茨写道:"希拉里向总统表示,她反对向伊拉克增兵是出于政治考虑,因为当时她与他正在预选中争取爱荷华州。"

在努力与敌人交朋友的过程中,希拉里参议员从她那拒人于千里

---

① 动画片《芝麻街》中的两个主角。

之外的公众形象中受益匪浅。共和党人原本以为她是来自查帕瓜的超级大坏蛋库伊拉·德维尔①，但事实恰恰相反，她以其渊博的知识、敏捷的反应及偶尔搞点恶作剧的表现出乎所有人的意料。她的个人品质并不容易在公开场合表现出来——诸如演说及新闻发布会——但这些品质在一对一的会面中是一种被低估的优势。

迈克尔·梅德韦德是保守电台谈话节目主持人，同时还是比尔与希拉里·克林顿的耶鲁法学院校友，在为本书所做的采访中表达了类似观点。"克林顿当总统时，略有敌意的大众媒体将他刻画成可爱的南方白人，他很有魅力，是个擅长操纵别人的小混混，不过并不是特别聪明。而希拉里则是个死用功的讨厌家伙……恰恰相反，真相正好相反。"他对我说，"而且我认为，所有在法学院认识他们的人都会这么说：比尔远不如希拉里受人喜欢；希拉里深受大家喜爱。事实上，迄今为止，我发现没有人——事实上没有人不喜欢她，大家都觉得她为人热心，有同情心，明显是个好人，一个与人为善的人，不是只想着自己，不会洋洋自得，一个脚踏实地的人，一个好朋友。"

尽管两人都不喜欢这种比较，不过梅德韦德还是将希拉里比作拉什·林博②。"她是很优秀的人。我有幸了解希拉里·克林顿与拉什·林博，两人最醒目的共同之处在于，私下里他们远比批评者所认为的要更和善。拉什也是一个非常和善的人，而且也是一个好人，是一个值得信赖、忠于朋友的人。"

在竞选参议员而践行的"聆听之旅"中，希拉里竭力尝试聆听并了解政敌的观点。迈克尔·诺瓦克是一个保守民主党人，一个深孚众

---

① 动画片《斑点狗》中的大反派。
② 美国保守派广播脱口秀主持人。其节目在 600 多家电台联播，影响力很大。

望的天主教作家，出席过"文艺复兴周末"活动，这是一个在南卡罗莱纳州希尔顿海德岛举办的年度活动，克林顿夫妇都出席，许多政策专家济济一堂，在那里探讨时事。诺瓦克回忆说，克林顿夫人刻意将他跟另一个保守民主党同僚本·瓦滕伯格安排在旁边，瓦滕伯格以前是一名演讲稿撰稿人。"我觉得这颇为异常，那么大一帮人中，她单单挑中房间里最保守的两个民主党人（坐她旁边）。"他说，"本来我断定，她的思想——如果不是行动的话——要比我们两人认为或民主党及她自己认为的更为偏左。"

化敌为友的能力

对于某些评论家而言，希拉里不同寻常的四处交好行为中有心理因素的作用。正如前加利福尼亚众议员吉姆·罗根在我们的采访中指出的，"他们对敌人的思念之情远甚于对自己朋友的思念"。罗根是比尔·克林顿弹劾案中的负责人之一。对于比尔·克林顿来说，这一说法实在是一针见血，他在离任后的这些年里展开的自己的魅力攻势便是明证。

2013 年，在纳尔逊·曼德拉的葬礼上，克林顿声称自己能够宽恕敌人是受到这位南非前总统的影响。正如曼德拉宽恕了那些在种族隔离时期压迫并囚禁自己的人，克林顿也能宽恕自己的敌人。大家所未注意到的话外之音是，他将自己和这位名声卓著的南非斗士相提并论，而将共和党人比作种族主义者。

不管曼德拉是不是真的与克林顿的言外之意有什么关系——或这位前总统只是随口一说，大家所知道的是，从诸多说法看来，克林顿是一个典型的自恋症患者，始终渴望得到别人的支持与赞美。

一位前高级助理讲述了克林顿年轻时做参议院实习生时的经历，大约是在他为参议员富布赖特工作的那段时间。"每天早上他大约要冲三至四次澡，因为他想尽可能多地遇见其他实习生。"这位助理对我讲道。这是见到白宫实习生中所有其他青年才俊的方式，而他确信自己终将成就大事业。在乔治城的一位克林顿的前室友回忆称，克林顿一般在周日要参加两到三次不同的礼拜以结识更多人。这位克林顿前助理对我讲："我不知道你的大学经历是怎样的，但那样简直疯了。"

克林顿希望得到敌人们的关注、爱以及支持的想法特别殷切。正如一位克林顿知交告诉过我的，"如果你想要克林顿关注你，那么假装你不再爱他就行了"。

前民主党参议员乔·利伯曼向我讲了2000年自己被选为艾尔·戈尔的副总统竞选搭档后的"令人着迷"的经历。利伯曼曾公开强烈谴责克林顿在莫妮卡·莱温斯基丑闻案中的行为，因其抨击总统"蓄意欺骗全国"的言论赢得媒体广泛报道。利伯曼在批评中毫不留情，评论称"总统与一个年纪仅有自己一半大的雇员发生婚外关系，而且就在离椭圆形办公室不远处的工作场所里。这类行为不仅仅是不合适的，还是不道德的。这种行为是有害的，因为它向大量美国家庭传递了一个'这么做也可以'的信息——尤其是向我们的孩子们——这一点跟娱乐文化传递的负面信息影响同样大"。

这次演讲过后不久，这位康涅狄格州参议员接到比尔·克林顿亲自打来的电话。大家都知道克林顿是个暴脾气，不过这次却一反常态。"乔，我要说，我赞同你讲的每一个字。"利伯曼说克林顿的原话如此。

"这有点道歉的感觉。"利伯曼对我讲，"他说自己正在接受两位而不是一位牧师的心灵辅导。"

一位克林顿知交说，有一名高级助理从政府部门离职另谋高就，数月后，当有更高级职位空出来时，克林顿联系自己的这位前助理，要他回来。这位助理礼貌地回绝了，对总统说他很喜欢自己的新工作。按这位知交的说法，"克林顿纠缠不休，纠缠，纠缠，纠缠，再纠缠，最终让他回来了。当这个家伙回来后，克林顿就把他晾在一边不再理他了。这就好比在大学里追女孩子，你一定要追到她，一定要追到她，一定要追到她，你最终追到手后心里想：'耶，我不需要她。毕竟，我真的想要她吗？'不过克林顿对所有人都这样"。

把克林顿的心理放一边，他结交共和党人的行为中有明显的自利成分，这一事实显而易见。对于一名过度执迷于民调的人，克林顿相信如果对自己抨击最猛烈的人都能够说他的好话，则公众也很可能感同身受。据跟我谈过话的很多人讲，在卸任总统后的生活中，克林顿利用这种魅力只为实现唯一一个目标：争取并改变自己与希拉里最强大敌人的立场。这是克林顿少有人知的方面，他过度执迷于打造自己的政治遗产。在这种努力过程中，他愿意结交任何一位共和党人。

他与理查德·梅隆·斯凯夫的和睦关系是一个特别突出的例子。斯凯夫是一位亿万富翁，在克林顿执政期间资助了大多数针对克林顿的抨击行为。有了斯凯夫的支持，保守派杂志《美国观察家》启动了一项长达数年的扳倒克林顿的计划。正是《美国观察家》揭发了保拉·琼斯性骚扰事件。由于克林顿于 1993 年将《防范对妇女施暴法》签署为法律，琼斯的指控使得克林顿的另一项性轻浮行为浮出水面，进而引出了莫妮卡·莱温斯基丑闻，并最终导致针对他的历史性弹劾。

斯凯夫是这些灾难性攻击背后的金主。然而,当斯凯夫生病时,一位斯凯夫身边的人士告诉我,克林顿通过电话、谈话及书信与他和好。我拿到一封带有总统印鉴及其姓名威廉·杰斐逊·克林顿抬头的信,这位前总统在信中写道:

理查德·M.斯凯夫

牛津中心一号

3900 套间

格兰特街 301

宾夕法尼亚匹兹堡 15219

亲爱的迪克:

听闻你身体不适,我深感同情。我希望你能感受到我为你的康复而祈祷。坚持住——我将为你加油。

真诚的

比尔

据斯凯夫的一位朋友讲,斯凯夫深受感动。这一举措是否能让这位共和党金主针对 2016 年竞选发动的攻击更为缓和,尚不得而知。不过有一点倒可以肯定,那就是斯凯夫现在对克林顿的感情要比 20 世纪 90 年代热情得多,这对克林顿夫妇而言有百利而无一弊。

纽特·金里奇在谈到这位从前的大敌时说:"我跟他一年通一次话,无所不谈。上一次他打电话给我时我们聊的是'财政悬崖',以及我们能够采取哪些举措解决这一问题,还有其他诸如此类的问题。"金里奇现在对克林顿夫妇二人的看法也已缓和或者是被缓和了,他甚至能说几句赞美之辞,所用语气则是他早年任众议院议长时期从未有过的。据这位前议长的一位助理说，克林顿总统甚至给金里奇去过电话——当金里奇母亲于 2003 年过世时，克林顿给他打去电话慰问，并说自己在他居丧期间为他祈祷。

金里奇有一次说克林顿的白宫"和杰瑞·斯普林格秀①差不多一样"，并称对克林顿的弹劾举措"完全是维护法制以及美国司法体系的生存之需。这是宪法规定，也是理查德·尼克松必须辞职的原因所在"。在担任众议院议长之际他曾发过誓，"只要我还当议长，我的每次发言都会提到这一话题"——他指的是莱温斯基性丑闻。时至今日，这位前议长更愿意为克林顿夫妇的行为做辩护。他说："首先，你对他们过的生活毫无概念，我们谁也不知道。他们维系了自己的婚姻。他们与女儿的关系似乎也不错。"

金里奇甚至不排除希拉里·克林顿将成为一名合格总统的可能性。当我向他提出这个问题时他回答道："谁知道呢？那得看你拿什么进行比较，她是一个处事有方的人，一个聪明、经验极丰富、非常干练的自由派。她比奥巴马更保守些，而且比所有共和党人的思想更自由。她就是那样的人，那就是她一生坚持的品行。"他还暗示说，她将成为一位雷厉风行的总统，"我的意思是，部分原因在于她懂得这么多，她在政坛里混了这么多年，为人们做了这么多好事。她将比奥巴马更能超越两党派别意识，因为她已在政坛里混了这么久了"。

作为一名出身于得克萨斯的美国参议员，菲尔·格拉姆是克林顿政策的最活跃抨击者。这位强硬的保守派几乎单枪匹马地中止了希拉里·克林顿的医疗保健改革计划，发誓称要通过该法律，只有踩着"我

---

① 著名脱口秀节目，内容劲爆，常常涉及婚外情。他往往把当事人请到现场，制造冲突，同时让另外一方当事人先躲在幕后，关键时刻再冲出来，有时候几方当事人会在现场大打出手。

冰冷、僵死的政治尸体"。他对比尔·克林顿的多项丑闻提出严厉指责，并无保留地投票支持对他进行弹劾。事实上，格拉姆的前同僚将其列为最有激情、最有效批评克林顿政府的反对者。

不过时过境迁，如今菲尔·格拉姆一提到克林顿夫妇时就笑容满面。他称这位前总统是一位与罗纳德·里根"齐名的沟通大师"，"我觉得他是一个善于交际的人。我觉得他有办法让那些未必与自己相洽之人产生亲切感。"在我们的采访中，这位前参议员脱口而出："我一直对他准备之充分、反应之敏捷印象深刻"。

是什么导致了这一态度上的改变？比尔·克林顿运用自己最娴熟的手法——讨好与奉承——来改变政敌的看法。他深知微不足道、毫无成本的姿态所能带来的好处。显然，格拉姆已是克林顿的终生拥趸，其中一个主要原因是，"只要我们共同参加一个活动，或他在观众席里看到我，"目前在纽约市财政领域工作的格拉姆对我讲，"（克林顿）一定会特意走过来对我嘘寒问暖"。

克林顿还与特伦特·洛特保持着密切的私交，来自密西西比的特伦特·洛特曾是参议员及参议院多数党领袖。"他现在跟我还有沟通。"数年后洛特在出席哈德逊工会的一次公共活动时承认，"你要知道，当时他患过心脏病，我真的很担心。我怕这病会夺走他的生命。我给他打了电话表达我的关切。"

洛特继续说："要知道，我自己也有过小灾小难——我以前一直想退出政坛，体面地离开多数党领袖的位置。但你知道，我下台时十分狼狈，许多朋友，包括当时的总统乔治·布什都在拆我的台，尽管这个台是我早就应该自己拆掉的。不过我离开时并没有怨言，也没有闷闷不乐，我挺过来了。我并没有就此气馁，我继续做好自己的工作。

四年后，我又回到了领导职位，再次成为多数党党鞭。你猜谁最早给我打来祝贺电话的？是比尔·克林顿。他说：呃，我猜我得给你起个'东山再起小子'的绰号了。"

令洛特狼狈下台的那些话，似乎并未伤害他与克林顿总统的关系。当时他表达自己对斯特罗姆·瑟蒙德的支持——来自南卡罗莱纳的民主党参议员斯特罗姆在 1948 年以"南方民主党"分离主义纲领竞选总统。洛特说："当斯特罗姆·瑟蒙德竞选总统的时候，我们投了他一票。我们为他感到自豪。如果这个国家的其他地区也追随我们的脚步，我们也就不会有过去这些年里的问题了。"正是这些言论导致他失去参议院多数党领袖之职。

当洛特说起克林顿称他为"东山再起小子"的轶事时，听众们哄堂大笑。后来，他为自己在弹劾案中的角色做了半心半意的辩护，声称并不曾"真正要"投票赶克林顿下台，暗示他的角色只是表达人民的意愿，没有想与克林顿为敌作对。

他说："我觉得我们处理得很好，而且我跟比尔·克林顿谈过此事。当然，在弹劾程序中谈话并不多，不过弹劾程序一结束，"他说着耸了耸肩，"我们就回归正常工作——为我们的国家多做贡献。"

曾任阿肯色州州长的迈克·哈克比也说过类似的话，哈克比在克林顿任总统期间常与他共事。"克林顿一般对州长们极为殷勤，而对我尤其殷勤。如果我有什么事打电话去跟他商量，通常我会在一小时内收到回电。"哈克比在一次采访中向我表示，"布什当政时你不可能得到那种关照。"

跟格拉姆一样，哈克比也容易受克林顿小善意的影响。他给我讲了他与妻子对多伦多的一次访问。哈克比夫人注意到比尔·克林顿在城里有一个签名售书活动，提议去看看他。"呃，当然，那里有条长长的人龙，而且现场不允许拍照，也不能谈话，你拿着书去签好名就得离开。"哈克比说，"于是她就去排队，顺次前进，当他抬头看见她时从座位上站起身来说：'珍妮特，你来这里干什么？'呃，这打乱了整个活动，他给了她一个熊抱，然后谈了一分钟。你能够想象到所有在场的人都目瞪口呆，你要知道，他们会想：'这个扰乱整个活动的人是谁？'我敢说，如果他们知道这个人是共和党州长妻子的话，他们会昏倒的，不过这就是比尔·克林顿。他就是能做出这种事的人。"

跟希拉里的做法如出一辙，那些弹劾克林顿的人也不会被排除在他的结交范围之外。克林顿与吉姆·罗根——弹劾案负责人——曾有过多次亲密的书信来往。在我们的谈话中，罗根谢绝公布这些信件的请求，不过却承认"我们之间的来往已有多年。这是一种非常友好的关系"。

"他是否曾试图争取过我？"现任阿肯色州州长阿萨·哈钦森说，"我们见一次面他就争取一次。我的意思是说，这就是他的作战方式。他一直试图搭建这些关系，而且一般情况下他都成功了。"

"克林顿总统握住人手时总是有些太近，让人不舒服，但他不会放手。"犹他州共和党众议员杰森·查费兹说着笑了笑。他是在胡玛·阿贝丁与安东尼·韦纳的婚礼招待会上遇见前总统的（这一活动是在克林顿的华盛顿寓所举办的）。

"我觉得自己最钦佩克林顿总统的一个方面是他很成熟，不会对雷·拉胡德这样的人心抱恨意。"拉胡德在为本书所做的一次采访中表示。拉胡德是一名来自伊利诺伊州的共和党众议员，后来出任奥巴马政府的交通部长，他说自己在美国国会时曾投票支持弹劾克林顿。"对于比尔·克林顿来说，作为一名曾在他的弹劾案时任职的共和党人，对我生恨并故意冷落是再自然不过的事了。他是一个思想成熟的成年人，因此我们之间的关系不错。"

克林顿甚至与当政时的头号"妖怪"达成了某种和解，至少在比尔和希拉里眼中如此，这人就是调查白水案的前特别检察官肯尼思·斯塔尔。斯塔尔是个说话细声细语却颇有想法的人，克林顿自己曾就其动机对他进行过非难；克林顿向福克斯新闻网记者表示，斯塔尔所领导的对他的调查有违正直。"在阿肯色州……斯塔尔领导的调查发生了一些令人无法原谅的事情，这样的事情有许多许多。因此，不，我不同意调查建立在荣誉与正直的基础上。"克林顿在 2010 年公开表示，"我信赖这种司法体系，我也信赖媒体会进行公正报道，但我没料到他们其实另有所图。我同意接受调查是犯了一个弥天大错，不过我知道自己没做错任何事情，而他们却一直没完没了。这是一场噩梦。我认为，经过这次调查，我们永远不必再度经历这种情形了。这件事的唯一结果就是摧毁了整个系统。我认为永远不会再出现类似事件了。"正如克林顿对助理们及偶尔对记者们明确表示的，他对斯塔尔深恶痛绝。

目前担任得克萨斯州贝勒大学校长的斯塔尔说，尽管自从对克林顿总统进行调查以来还未遇到过他，不过会跟他见面的，而且会很开心地跟他见面。"你会跟他抽支烟吗？"斯塔尔哈哈一笑说，有人曾这么问过他，"抽袋和平烟。我来自西部，我身上有印第安血统。我受的教育要求我那样讲话——为和解的可能性留有余地。"他解释说。

斯塔尔说他对克林顿夫妇重新崛起并不感到意外。"我们……都很健忘，而且他也有可爱之处。"斯塔尔这样描述自己从前的强硬对手，"如果他不可爱，那么他的麻烦就大了。"如果克林顿能够讨好斯塔尔，而斯塔尔曾公开对其进行过猛烈抨击，那么谁还能在他的魅力攻势面前全身而退呢？

"听着，"佐治亚州共和党参议员约翰尼·艾萨克森对我说，"如果他们要写一本关于魅力攻势方面的书，他应当出现在封面上。他可以用魅力软化任何人。"

事实上，大多数与他见过面的人都称比尔·克林顿是自己所见过最有魅力的人。"克林顿是我所见的最有才华的政客，当然也是我见过的最有魅力的人。"ABC 新闻频道负责报道克林顿白宫事宜的布瑞特·休姆表示，"他为人随和，这是显而易见的，而且他还有种和善的气质。所有政客都在某种程度上具有这种品质，但这种品质在他身上尤其突出。对他进行报道是件有趣的事，因为他可以口若悬河地讲，在各种事项的方方面面都能讲得很深入。"

"在一对一的情况下，当你跟他待在一起时，你的整个世界似乎突然间消失了——我不知道其他人是不是这么说过——不过他真的是有点把你锁定的感觉。"一位长期服务于他的前助理表示。

事实上，这是我从几乎每一个跟克林顿总统有过交往人口中常听到的一句话——通常从那些对他不太熟悉的人口中听到。当他的目光与你的目光相接的那一瞬间，就在那一瞬间，你就成了全世界最重要的人——或至少在某一刻成为全世界最重要的人了。人们将这种体验表述为令人心醉神迷的感觉。即便那些曾经怒斥过比尔·克林顿的人也不例外。

"他确实长着全世界最了不起的一双眼睛。"迈克尔·梅德韦德说，"即便你知道他在取悦你，但当他看着你的时候，你会以为自己是这个世界上仅存的一个人，而此刻他正在听你讲，用心聆听。"

　　吉姆·尼科尔森回忆起他刚出任共和党全国委员会主席不久时发生的一件事，美国最知名的天主教神父安德鲁·格里利[①]在电视上公开反对小布什发动伊拉克战争。神父甚至更进一步，宣称一个善良的天主教徒成为共和党人是一种"致命罪愆"。可以想见，这一宣言引发了全国性公开强烈抗议，尤其是忠诚于老大党的天主教徒们，愤怒的电话与传真淹没了共和党全国委员会总部，要求共和党给予回应。

　　尼科尔森讲了这件事及他对该事件的反应，而小布什团队显然基本对此漠不关心。"他们压根不知道这个格里利是谁，他们根本分不清格里利与施姆利的区别。"尼科尔森说着笑了笑，"他们根本不关注这件事。不过比尔·克林顿关注。"（简言之，尼科尔森基本上决定不采取任何行动，以免陷入与受媒体宠爱的天主教徒展开"骂战"的境地。）

　　反观克林顿，他不但知道格里利神父是什么人，也很了解他所写的数十本小说，甚至熟悉其书名与小说中的角色。尼科尔森注意到，其中许多小说都有种"迷恋淫欲"的风味（格里利被称为"担任圣职人员中思想最肮脏的一个"）。他小说中的角色常为平民，通常牵涉到大量性行为描写。例如，有一个红衣主教的角色违背了单身誓言，有了情妇。克林顿似乎已读过他的全部小说。"每一本都读过！"尼科尔森一脸震惊地说。

　　"这让我彻底感到震惊。"尼科尔森回忆说，这给他留下深刻印象，"他怎么会有时间读这么多书？而且他不但全部读过，还能记得书里的全部情节。我觉得他记得自己做过的一切；这么看来，他可能记得

[①] 牧师、社会学家、小说家、教授，专栏作家，2013 年去世。

自己见过的每一个人。"

迈克尔·梅德韦德向我表示，尼科尔森注意到的是克林顿"魅力"的真正秘密：这位前总统对"人们、对人脸细节有疯狂、超常的记忆力"。

梅德韦德讲了一个叫温妮·卢埃林的女性的故事，她在纽约肖托夸开了一家名为温斯利招待所的包早餐旅馆。许多年前，当克林顿还是阿肯色州长之时，他前往纽约西城发表演讲，当时就住在温妮的招待所。

演讲结束回到招待所后，温妮后来发现房间里一片狼藉。"房间里明显有狂欢的迹象。"一位熟悉该事情的消息人士称，"地上有破碎的玻璃，液体溅得到处都是。地面四处散落着纸片、烟灰以及雪茄。这位州长显然不是一个人在这里过的夜。"

温妮从来没见过被搞得这么乱的房间。她感到沮丧，希望自己再也不必看到这个人。然而，当天下午她接到一个电话。

"嗨，温妮，我是克林顿州长。"电话另一端的声音说，"我犯了个小小的错误，希望你可以帮我一个大忙。"温妮以为克林顿打算为自己在房间里的疯狂怪诞举动道歉，但是，他说，"我在那里丢了些文件，而且这些文件真的、真的对我很重要。"

"州长先生，您丢在这里的可不止文件，"温妮回答道，"而我已经把所有东西都清理干净了。"

克林顿仍然毫无歉意或羞愧感，追着问："呃，你能去垃圾桶找回这些文件吗？因为我在上面记了筹款电话。"

温妮于是去垃圾桶，找回了这些文件，回到电话边。"好了，我找到电话号码了，"她说，"要我把这些文件寄给你吗？"

"不，不。"克林顿回答说，"只要在电话上把号码及信息报给我就行了。"

"你要记下来吗？"

"我不需要写下来。我会记住的。"

她给他念了大约二十组号码，而他把一切都记在心里。每一个数字。"谢谢你，温妮。"他用一种沙哑的单调声音说，"你简直太棒了。我爱你，我永远也不会忘记你的。"然后他挂上了电话。

在比尔·克林顿第一次入住温妮·卢埃林的肖托夸招待所多年后，他重返该城再次发表演说，不过这次是以总统的身份来的。一想起克林顿将自己房间搞得一团糟而毫无歉意、接着还要她帮忙，温妮仍然心意难平。

不过，她抵不住好奇心太大，就前去参加克林顿在自己小城里发表的演说。

演说结束后，克林顿走到平台隔离线边，温妮就站在那里，也许就是站在第四或第五排的样子。他突然看见了她。

"嗨，温妮！温妮！"他大声叫道，双眼盯着她的眼睛，"天哪，看到你真高兴。我告诉过你，我永远也不会忘记你的。"

这就是比尔·克林顿的本质。脸皮厚、才华横溢、干练、令人反感，由于没有一个现成的词能概括他的特质，暂时说他是个登峰造极的魅惑大师吧。跟温妮·卢埃林一样，在华盛顿里并不是所有人都买克林顿魅力的账。有人认为克林顿是一位热心肠、可爱真诚的人，也有许多人看到的是一个精于算计甚至冷酷无情的家伙。

"我初次遇见他时，根本没有什么魅力可言。"一家新闻网资深记者回忆说，他要求匿名接受采访以便畅所欲言，"从他眼中我看到的全是冷酷。"

比尔·理查森仍对与前总统关系恶化而心有余悸，他向我讲了他的看法："他与所有人的关系主要就是基于他自己，而不是另一方。"理查森称克林顿是一个"认为地球围绕着他转的"自大狂。

确实，人们很容易高估比尔·克林顿的传奇魅惑力与说服力，而相比之下希拉里则被低估了。不过比尔在讨好别人方面也并不总能够做到无可挑剔。在某些人看来他是个自私、可悲而且渴求关注的家伙。

比如说，克林顿年轻时非常崇拜 J. 威廉·富布赖特。富布赖特是一位来自阿肯色州、颇有权势的美国参议员。这种崇拜表现得极明显，以至于他的法学院同学仍然记得年轻克林顿的这种执迷。"我不记得有谁能像比尔·克林顿那样公开谈论自己的政途规划。"一位耶鲁法学院同学回忆称，"他希望接收 J. 威廉·富布赖特的政治遗产，而且他也早就在筹划竞选事宜。显然，作为一名候选人他是颇有抱负的，在当时这被认为有点不同寻常而且野心太大。"

克林顿在自传《我的生活》中 50 次提及富布赖特，这位前总统在 1968 年为富布赖特当过司机，他以此为荣。克林顿在自传中反思："当我们在那些灼热的乡间道路上驱车接连访问一个又一个城市，我会尝试让富布赖特开口谈话。这些谈话给我留下非常美好的回忆。"

但是，威廉·富布赖特对他的记忆却不怎么样，在他眼中年轻的克林顿是个没有深度的家伙。克林顿回忆称："为他开车极大缩短了我的奋斗历程"。而富布赖特事后向家人讲："我们会去某个地方，我会跟他一起驱车前往，等我从车里出来的时候，他早已下了车忙着向人们作自我介绍，从来都没提到过我，每次都是这样。"

富布赖特向亲友们说："这个家伙实在不可思议。"当富布赖特于1995年过世时，时任总统的克林顿在他的葬礼上致辞，据在场人士讲，他不愿离开葬礼现场，即使在助理们催促他离场时也岿然不动。最终，吊唁的人群渐渐离去，只剩下富布赖特的家人——再加上比尔·克林顿。当富布赖特家族决定在葬礼结束后拍个合照时，克林顿仍然不识相地赖在那里。"你得非常仔细地看照片才能看到他。"一位与富布赖特有过交往的人士如是称，"不过比尔·克林顿就在后排，他的脸夹在两个人的肩膀中间。"

"希拉里与高中时代的朋友还保持着联系，而比尔则没有多少这类朋友。我想，事实上，根本就没有。"迈克尔·梅德韦德表示，"显然，比尔生命中最令他动情的关系非宠物犬巴迪莫数。"

在克林顿灿烂的笑容后面，隐藏着始终挥之不去的阴暗面，表现为拉起黑脸、长篇大论地训斥，及动不动就勃然大怒。"听着，你读过关于他主政白宫期间的记载，他偶尔会大发脾气。"布瑞特·休姆说，"这是他个性的一部分。我觉得他某些方面的情感发育不完全。我认为，他在感受愧疚与耻辱方面的能力是有局限的。我觉得他的身体欲求很强烈，应该说是主导性的，不过他的确会偶尔发狂。"

一位前主流媒体新闻记者对我说，媒体时常提起克林顿夫妇在白宫里大吵大闹、扔台灯，这些事情"确实发生过"。

"他是个坏脾气，有一半时间都在吼。"一位前助理在采访中表示，"人们并不怎么真正谈论这件事，这一点很有趣，不过他的确如此。"

从这些行为中可以看出克林顿总统是个与众不同的人。比尔·克林顿基本上是一个供公开而非私下消遣的人物。他的魅惑力在对方对他了解甚少的情况下最有效。

他的生活主要是围绕着政治展开的，他只做那些能让他站在聚光灯下并能收获一些美誉的事。"他做过大量筹款、访问，几乎就像是（民主党国会竞选委员会）主席般四处奔波，管理各处竞选。"一位克林顿前新闻秘书这样表示。

在他卸任总统的最初数年中，克林顿建立了克林顿全球倡议组织，将私营领域与公共领域领导人聚拢起来，探讨诸如第三世界发展或贫穷等重大问题。这个组织更广为人知的名字是CGI，按一位消息人士的说法，该组织的起因是克林顿对全球精英群聚于瑞士达沃斯参加冗长活动感到不满。他认为自己能够以全球倡议组织做好同样的事情，所不同的是自己的效率会更高。

克林顿利用自己的知名度在论坛上聚拢名流，比如比尔·盖茨、沃伦·巴菲特以及卢旺达领导人，在这种场合他可以运用自己的魅力说服他们，恭维他们，不管他有什么突发奇想都会跟大家随意闲聊。这位前总统举办各种活动，聚拢各大公司首席执行官以及主要对冲基金投资者。据说他在取悦可口可乐公司首席执行官穆泰康（Muhtar Kent）时特别成功，还有陶氏化学的利伟诚（Andrew Liveris）。克林顿政府的一位前官员称："他还在企业与商业领域开发了一套非常出色的网络。"当然，这话说得不错——网络，而非友谊。

正如一些助理在谈论自己的这位前老板时所说的，人们很难对此感到高兴。这只是填充比尔·克林顿生活中永远无法填补的空洞的另一种尝试而已，只不过在这里表现为关注。"这是一个大型活动，有许多人出席。"这位前助理说，"他们谈这谈那，以及其他什么事情。

不过只是闲聊而已，别无他用。"

人们一般认为克林顿是位无可挑剔的魅惑者，但事实上，他是那种对人们的关注及支持有着永无休止需求的人，尤其是对那些不喜欢他的人来说，这种对关注与支持的无尽需求有时会产生适得其反的戏剧性效果。

克林顿的笑话

"两位老年犹太人走在街道上……" 2003 年，面对包括部分知名共和党人的一群人，总想取悦于人的这位前总统讲了他最喜爱的一个笑话。当时，克林顿与顾问道格·班德、歌手乔恩·邦·乔维、马里兰州州长罗伯特·埃尔利希，以及其他资金雄厚的名流和当时东道主——经营汽车配件的亿万富翁弗兰克·斯特罗纳克，在巴尔的摩皮姆利科赛马场的赛马公会出席普瑞尼斯赛马活动。

一心想要成为万事通的克林顿向记者们提出了自己预测的赛事冠军——纽约培育的"搞笑杀手"。他说，自己做出这一选择是"向纽约出来的资浅参议员致敬"。

克林顿走向坐满共和党人的桌子时，他禁不住要讲些奉承话。在这张桌子前坐的包括塔克·卡尔森及其父亲——美国前大使理查德·卡尔森。他该怎么做呢？这好办，既然他的听众是些共和党人，那么克林顿显然认为讲一些反犹故事完全应景，而且会大受欢迎。

他开始讲起了自己的笑话，桌前坐的所有人都满怀疑窦：他讲这些干吗？大家认为这位前总统肯定不会在不熟悉的人面前讲什么反犹故事。然而，这就是他要做的事。

克林顿故事中的"两个老年犹太人"经过一家天主教教堂，看到一块大标牌，上面写着："皈依天主教，我们会付您 100 美元。"其中一位名叫亚伯的犹太人说道："呃，看来是笔相当不错的买卖。给我 100 美元，让我干什么都行。"他叫朋友在外面等着，说如果他拿到了钱，朋友会得到一半。

克林顿讲述亚伯进入教堂，见到了各位神父，了解了教堂的礼仪。神父对他说："天主保佑你，你现在已经成了天主教徒。"

亚伯拿到 100 美元然后走出教堂，他的朋友正在那里等他。朋友说："嗨！看看新皈依的天主教徒出来了。你拿到我的钱了吗？"

亚伯摇了摇头。克林顿总结道："你们这些犹太人，眼里就只有钱吧？"

这位前总统哈哈大笑，其他人的脸上则稍微有点笑意。没有谁想冒犯他。因此克林顿又讲了一个情节复杂的反同性恋笑话，其中涉及一位住在阿肯色小棚屋里的隐士。一位在场人士说："这个笑话实在怪异。"他无法回忆起这个故事的具体情节。据熟悉克林顿的人讲，长期以来，这位前总统似乎一直表现出对同性恋的厌恶之情。有一次前总统看到一位男性熟人，诙谐地恭维他打了一条粉红色的领带。这位熟人回答说："谢谢，总统先生，我是为您打了这条领带。"克林顿沉默了一好长一段时间，他显得一脸疲惫，接着就勃然大怒。据一位参与过这次谈话的人回忆，这句具有同性恋意味的俏皮话"令克林顿甚为紧张"。

　　在当天下午的赛场里，道格·班德在与陌生人交往的表现也好不到哪里去。"大家知道，有这么一个模特。"他说，"新闻里说克林顿和她上床了。"他看上去很不高兴，"其实那个人是我。"（班德吹嘘的模特是娜奥米·坎贝尔，数年后《华盛顿邮报》报道称两人有过关系。）

　　在班德夸夸其谈的同时，克林顿走回到那张桌子旁讲了另一个尴尬的故事。

　　"大家还记得我跟珍妮弗·弗洛沃斯①之间的那些麻烦。"克林顿向一脸震惊的客人讲道，当然，大家都还记得，"在丑闻被揭露出来的那一天，我们当时正在开会，詹姆斯·卡维尔跑进来告诉我们说，珍妮弗·弗洛沃斯在开新闻发布会，正在抖搂所有关于我的事情。"

　　克林顿继续说："卡维尔进来后说，她在讲你干的那些坏事，全是令人震惊的事。还声称她与你有染，诸如此类的事。"一桌子人听着克林顿讲这些事情，心里却对他讲这个故事的意图一头雾水。"嗯，斯特凡诺普洛斯瘫倒在地板上。"克林顿说，他说的是他的前助理、现在为 ABC 新闻网名人的乔治·斯特凡诺普洛斯。"乔治坐地板上，像个胎儿一样蜷缩起来，接着就哭起来，'完了，完了，我们全完了。你要把我们全毁了，把这一切全毁了。'于是卡维尔上去踢了他一脚。"

　　大家好奇地看着，克林顿兴致来了，惟妙惟肖地模仿卡维尔那闻名遐迩的阿卡迪亚拉长调子的说话方式。"卡维尔说道：'起来，别再这样恶心人了。你到底犯了什么病？'"

　　按克林顿的说法，斯特凡诺普洛斯爬起身来。"不过还在抽泣着，已经完全惊慌失措。"克林顿向这帮人讲，"而卡维尔说：'我们会

---

　　① 模特、演员，曾和克林顿有过性关系并曾控告克林顿。

熬过去的，我们将迎头解决这一问题，我们将尽一切努力。'"

克林顿笑了笑，结束了故事。这帮陌生人对克林顿特意以这种方式数落自己的前助理感到震惊。不过，有些人则推测其行事动机——克林顿仍然对斯特凡诺普洛斯撰写的那本传记感到气愤。

"他整了乔治·斯特凡诺普洛斯。"一位客人回忆说，"故事里的他像个没用的小女孩。克林顿就用了这个单词，说他甚至哭得像个小女孩。"

克林顿讲的笑话与言论的放肆程度也许与他当天行为的肆无忌惮程度不相上下。当天至少有两个人证实克林顿与一位女性的故事，多年来报纸及杂志一直将他与该女性联系在一起——加拿大政客比琳达·斯特罗纳克①，也是当天的东道主弗兰克·斯特罗纳克的女儿。

2003 年 6 月，《温哥华太阳报》在报道中称"时年 36 岁的斯特罗纳克与时年 57 岁的克林顿至少还共同出现在三个不同的场合，包括去年 7 月他到多伦多出席纪念摇滚传奇人物杰伊·霍金斯的私人晚宴活动。在过去半年里两人已在巴尔的摩的民主党州长大会以及加利福尼亚民主党筹款活动上一起进餐"。不过该报纸评论称，克林顿及斯特罗纳克的发言人均坚持称二人并无恋情。

2008 年，在希拉里决定角逐白宫之际，《名利场》同样暗示克林顿与多名女性存在可疑关系，特别点名指出女演员吉娜·葛森②与斯特罗纳克。《纽约时报》在 2006 年一篇以《克林顿夫妇：婚姻与公众生活间的微妙之舞》为题的报道中同样暗示克林顿与斯特罗纳克的关系，

① 加拿大政治家、商人、慈善家，担任过多家企业的高管和加拿大国会下议院议员。
② 美国女演员，20 世纪 80 年代出道，1995 年以《艳舞女郎》成名。

这篇报道就差没公开指责这位前总统通奸了。《纽约时报》在该篇报道中写道："纽约多位知名民主党人在采访中主动讲到，去年一份小报报道克林顿先生与包括加拿大政客比琳达·斯特罗纳克在内的一帮人用餐，并拍下后来凌晨一点离开曼哈顿中城 B.L.T. 牛排餐厅的照片，他们对此深感担忧。"

克林顿圈内人认为他们首次见面时间是在 2002 年，当时斯特罗纳克与一名叫约翰·奥拉夫·科斯的挪威速滑运动员结婚。在克林顿与斯特罗纳克关系早已在精英社会圈子里传得沸沸扬扬之际，克林顿接下来的举动往好里说似乎也算得上是考虑不周。据前大使卡尔森的说法，克林顿跟斯特罗纳克开车离开现场。按一位在场人士的描述，斯特罗纳克是位标致的女性，身穿紧身短裙，露出的乳沟"有一尺深"。

说回赛马比赛的那天，比琳达压根没告诉她父亲要与克林顿一起外出，按卡尔森的说法，"她父亲有些张皇失措，四处寻找她，她不在场令他很失落"。不过两人刚好在第一场比赛开始前返回。

这样的行为压根儿谈不上有魅力可言。事实上，正如《纽约时报》所警示的，这一行为显示出克林顿在阻碍妻子政治抱负方面的强烈偏好："很难预测选民将如何看待克林顿夫人竞选总统这件事，克林顿的顾问们称，他们也很难预测克林顿在第三度问鼎白宫过程中的行为。"

"克林顿先生在公众场合出现的时候甚少不带女伴，"《纽约时报》在该文中继续写道，"而他带的女伴很少是他的妻子。"颇具讽刺意味的是，大约在同一时刻，希拉里·克林顿正在参议院就同性恋婚姻立法展开辩论，捍卫婚姻制度。

"我认为，婚姻不仅是一条纽带，更是一个男人与一个女人之间的一种神圣羁绊。在我的生命中，我也曾捍卫过自己的婚姻，为婚姻挺身而出，我相信艰苦工作必有回报，并满怀信心地应对婚姻中遇到的挑战。"2004 年 7 月 13 日，希拉里在参议院讨论宪法的婚姻修正案时表示支持婚姻保护法。

"因此，谁要说那些对修宪修正案表示担忧的人就是对婚姻的神圣性缺乏责任感，我一定会冲他发火。"

希拉里还得再等等

2004 年大选揭晓之际，比尔·克林顿仍然在使出浑身解数讨好共和党人，他做得很卖力，甚至于将自己执政时对商业的友好态度和艾森豪威尔政府相提并论。许多自由派民主党人也相信了他的说辞，因而适得其反，他们开始采取行动，反对克林顿夫妇与大企业及华尔街之间的亲密关系。

作为左翼候选人参选的佛蒙特州长霍华德·迪恩批评克林顿夫妇是"民主党内的共和党一翼"，只是语言颇为含蓄。据当时的新闻报道，这些抨击令比尔·克林顿勃然大怒。尽管迪恩并未赢得当年民主党提名，但自由派支持者们渴望再有其他候选人挺身而出，挑战"克林顿民主党派"这个体制性存在。

支持率不温不火而又无可奈何的希拉里决定不在 2004 大选中与在任总统小布什对决。事实上，这完全不是她做的主——克林顿恳求约翰·克里[①]挑选希拉里·克林顿为竞选搭档，不过遭到了断然拒绝。

---

① 2004 年民主党的总统候选人，败给小布什，后来在奥巴马政府内接替希拉里·克林顿任国务卿。

"我认为她考虑过这一可能性，"克林顿一位前助理在一次采访中向我表示，"不过她觉得胜算实在不大。他们认为自己实在不该挑战一位在任总统，因为挑战一名在任总统要困难得多。"

决定性的意见似乎来自切尔西·克林顿。根据已公开的报道，前第一女儿督促自己的母亲践行对纽约州选民的承诺，即，如果他们投票选她做美国参议员，她就要完整地做满一届。如果她认真权衡过是否要参选的话，那么这个意见就严严实实地关上了她参选的大门。

此外，比尔早已在克林顿家族的魅力攻势中展开了一项重要的辅助项目，一个具有丰厚利润潜力的项目。他试图将布什家族——或许是他最卓著的政敌——转化成自己的新盟友，而他也取得了历史性的成功，一劳永逸地改变了克林顿家族的政治前程。

第 4 章

取悦布什家族

"出于自身考虑，布什家族的人认为让克林顿与自己的父亲交好是个明智的举动。他们的想法是正确的。不过结果可能成就希拉里·克林顿的总统梦。"

——纽特·金里奇

如果克林顿希望修复自己的形象，从而改善希拉里的形象，那么对名声最响的敌手表现出极大的善意就是个非凡的开端。

2004 年 12 月 26 日接近凌晨 1 点时分，六层楼高的海啸扑向印尼、斯里兰卡、泰国以及大约十余个其他国家的海滩。这次海啸是由震级为 9.0 的海源性地震引发，造成大量死亡及严重破坏。逾 20 万人罹难，数百万人无家可归。幸存者急需医疗救助，而长期重建成本高到几乎难以想象。与此同时，国际社会需要采取一些紧急措施来抵御饥荒与疾病传播。

全球各国政府与个人公民迅速反应，纷纷慷慨解囊，承诺提供巨额援助——包括美国承诺援助的 3.5 亿美元。不过问题是，该如何分发这些救助资金呢？如何减少浪费并确保资金发放能够起到最大作用？而且，由于由海啸所造成的巨大破坏，重建将需约 100 亿美元，如何筹措到足够资金来解决问题呢？

乔治·W.布什给出的答案是，让老布什与自己的前任克林顿负责这一工作。他们有这种魅力，在筹资方面有着卓越表现，而且两人都不会因有了这项新工作打乱其原来的生活。两人立即答应了小布什的请求，同意领导这一救济工作。两人在 2005 年 2 月先后在泰国、印尼、斯里兰卡及马尔代夫待了四天，马尔代夫在海啸中失去了 62% 的国内生产总值。在这一次行程中，克林顿不仅发现了对受灾地区提供援助的机会，同时还发现了一个改善自己家庭政治前途的机会。

"与赫伯特·沃克·布什一起工作令克林顿获益良多。"密切观察两人数十年的约翰·麦凯恩如是表示，"布什 41① 始终有着无可指摘的名声。我指的是他在第二次世界大战中的服役，大家了解他的种种功绩。"克林顿与他接触有百益而无一害。

老布什的心理并不复杂。尽管他后来试图将自己打造成一个地道的得克萨斯人，但老布什出身于康涅狄格南方新英格兰的一个贵族家庭，成长于一个充斥着乡村俱乐部、预科学校的地方，信奉权力越大责任越重的理念。老布什的外祖父建立了沃克杯高尔夫球赛，而其父亲普莱斯考特则是一位美国参议员。他们的乡村俱乐部推崇优雅、良好仪态以及善意举动，并推崇"勿以善小而不为"的理念。

这位老人"是最后一位伟大的绅士"，一位对老布什崇拜有加的前助理对我说。

"我们都爱布什 41。"约翰·麦凯恩充满敬意地说，"他和杰拉德·福特都是政治上的失意者，但在我看来却是在入主白宫的人中最友善的两位。"

母亲教导老布什行事要知止有度、工作热忱，同时他易受优雅举动与恭维话的感动。康涅狄格州的格林尼治是个厌恶意识形态等宏观概念的地方。在这里，那些堂而皇之的大理念在小小善意及得体表达

---

① 指老布什，因其是美国第 41 任总统而得名，这个称呼也用于区分老布什和小布什。

的敬意面前相形见绌。

比尔·克林顿用最彬彬有礼的辩论取悦老布什。与这对从前的对手同乘空军一号波音 757 飞往韩国的时候，他们争辩应该由哪一位前总统睡在唯一的那张床上。老布什那贵族气的礼貌是他身上最接近于意识形态的品质，他坚持克林顿应该睡这张床。克林顿坚决不同意这一安排。被克林顿的无私表现所打动，老布什事后说："他的这一举动对我意味重大。"

事实上，克林顿这一举动的牺牲并不怎么大。据一位助理事后对我讲，克林顿当晚与老布什的幕僚长打了一个通宵的扑克。

克林顿的"乖儿子"形象持续了旅程的每一站。克林顿会毕恭毕敬地在飞机舷梯边恭候年逾八旬的老布什缓缓走下舷梯。克林顿了解具有骑士风范的老布什所遵循的准则，而且也会处处遵守这一准则——小小善举、言语机智以及表达敬意的姿态等不成文的规则，这一准则传承自普莱斯考特·布什及其妻子桃乐茜·沃克·布什，再传及布什王朝的继承者们。

老布什被克林顿的举动感动了。事后他赞不绝口地向总统纪年编撰者休·西第表示："我原以为自己已经了解他了；不过，直到完成这次旅行，我才发现自己原来实在不怎么了解他……他对我非常体贴。"

说实在的，克林顿在海啸救援之旅中并不是总能够表现得规规矩矩。他迎合老布什品位的话讲得太多，而且他总是迟到——这种行为在老布什的观念里是个名副其实的禁忌。他还勾搭上了莱尼·米勒，克林顿见到这位红头发的白宫助理就忍不住对她说："看到你就想到我的第一任女友。"这句话被人们解读为他在向女孩搭讪，而不是拿二者进行简单的比较。在克林顿与乔治·H．W．布什进行这次南亚之旅前，很多人毫不掩饰对他的蔑视——或许应该说是大多数共和党人，不过经历此次南亚之旅后，以前的两位敌人携手出现在许多人罹难及遭受到严重破坏的区域，这些照片与视频资料见诸新闻后，克林顿的支持率开始攀升。

2005 年，克林顿跟这个以前曾称他为"笨蛋"的人一起去看超级碗比赛，这对从前的敌人还一起去打高尔夫。老布什的幕僚长在老布什休斯敦办公室向一位访客讲述了一个故事：克林顿当年 3 月做了后续心脏手术时，老布什对此"非常、非常担心"。该访客并不了解比尔·克林顿，但幕僚长坚持说："他并不是作秀。我是说，他当时踱来踱去，这就好像是自己的家人去动手术一样。"

克林顿仿佛成了布什家族的新成员，并到老布什的缅因州肯尼邦克港围地避暑。他甚至模仿老布什的习惯写起了信——至少是以他自己的独特方式写信。克林顿送给老布什一张漫画，卡通画描绘了小布什反对同性恋的演讲，下一帧卡通画则是克林顿与布什 41 手握手坐在一张沙发里。克林顿在这张卡通图片上写道："乔治，也许我们该让它凉下来了。"

下一任教皇

2005 年教皇约翰·保罗二世已经 85 岁，这位具有历史性意义的教皇的生命已接近尾声。在任圣职的岁月中，他促进了冷战的结束，是 20 世纪最有影响力的人物之一。他躲过了两次行刺企图，跟癌症及其他疾病做斗争，经过多年的抗争，他的生命至此走到了尽头。

2005 年初，蓄着整齐八字胡的吉姆·尼科尔森结束了身为美国驻梵蒂冈大使的职责，他是在 2001 年被乔治·W. 布什任命为驻梵蒂冈大使的。这位低调的大使毕业于西点军校，在越南战争期间立下彪炳军功，曾被召回华盛顿担任布什的老兵事务部部长。

但在离开梵蒂冈前，尼科尔森最后去教皇宫殿拜访虚弱的教皇。教皇的私人府邸坐落在梵蒂冈的宫殿里，这座宫殿始建于 1589 年，其中包括一系列供教皇以及其他行政人员居住及办公之用的房间。

"这确实是一次私人拜访。"尼科尔森动情地对我说，"是为了感谢我在这里所做的一切。"他们在装饰有柔和绿色高背椅的起居室见面时，罗马教皇呼吸困难。受帕金森症困扰的教皇说话声音几乎低不可闻，差不多是耳语。尼科尔森将成为了解这位传奇教皇的最后一位美国大使。

2005 年 4 月 2 日，教皇在会见尼科尔森的那个房间里溘然长逝。向来熟知天主教徒选票的影响力（这一现象令诸如卡尔·罗孚等布什政治顾问着魔），同时也是向教皇在冷战中的贡献表达敬意，小布什总统决定亲自参加教皇的葬礼。作为最近一位美国驻梵蒂冈大使，尼科尔森是陪伴小布什的不二之选，他与第一夫人、著作丰富的天主教作家迈克尔·诺瓦克以及小布什的两位前任（比尔·克林顿与乔治·H.W.布什）一同前往。吉米·卡特决定不随代表团搭乘空军一号前往。这对大家都好，因为布什家族与克林顿都对这位佐治亚人没有多少好感。

对于虔诚的天主教徒尼科尔森来说，这次行程无疑令他百感交集。几乎完全出于偶然，这次飞行让尼科尔森与自己过去的政敌比尔·克林顿初次遭遇。

从 1997 年到 2001 年，在克林顿起伏不定的整个第二任总统任期期间，尼科尔森一直任共和党全国委员会主席。在那段时间里，这位卡罗拉多州律师是在广播与电视上抨击克林顿政府的共和党主力。而这位性格随和的西部人也乐此不疲。在 2000 年大选临近之时，尼科尔森抨击的目标不仅局限于克林顿，更延伸到他可能的继任者——副总统艾尔·戈尔。

在尼克尔森的授意下，戈尔－利伯曼的田纳西纳什维尔竞选中心的街对面竖立起一块巨型广告牌，这件事引发了一次著名的遭遇战。该广告牌上画有戈尔拥抱克林顿的巨幅画面，图片上方写着戈尔称克林顿为"有史以来最伟大的总统"的言论。2000 年，在克林顿个人支持率处于历史最低点之际，莫妮卡·莱温斯基丑闻则继续打压戈尔的政治前途。事实证明，这一广告牌成为戈尔竞选团队职员的眼中钉，他们每次驱车上班时都会迎面看见这块巨型广告牌。这块广告牌也让脾气暴躁的副总统大为光火，他感到既恼火又尴尬，希望与克林顿拉开距离。"莱温斯基事件令（戈尔）心烦意乱而且为此非常生气。"乔·利伯曼在一次采访中对我表示，"不仅因为他不赞同这种做法，更因为他觉得这会损及自己的竞选。"这块广告牌只不过是提醒人们记得这桩丑闻，不过它可能也敲响了戈尔个人前途的丧钟。

"（戈尔）试图运用自己在田纳西的影响力将该广告牌拆下。"我最近去华盛顿特区市中心的律师事务拜访尼科尔森，他如是回忆说，"户外广告公司说他们承受了巨大压力。"最终尼科尔森让步了，因为他知道拆除广告牌将带来新一轮的宣传热潮，从而进一步激怒戈尔竞选团队。除了骚扰戈尔外，尼科尔森还在不同时期指责克林顿不诚实、腐败、无耻、追求"报复型政治遗产"，以及"依靠毁灭对手上台"。

到了 2005 年春，在呼啸飞往罗马的空军一号上，尼科尔森与克林顿面对面相见了。对于那些从未登上过这架总统专机的人们而言，它看上去似乎是一座庞大的空中堡垒。尽管很大，不过还没大到不想见谁就看不见的地步。克林顿与尼科尔森就这样"偶遇"了，在狭窄、铺有茶色地毯的走廊里"偶遇"了。

"啊哈，尼科尔森，我一直期待跟你见面。"这位前总统说。他比此前执政期间显得更有精神。他久未修剪的头发几乎全白了。

"你好，总统先生。"尼科尔森回答。

"在四年的时间里，你除了骂我就没干过别的。"克林顿一边说一边低声笑了笑，他还记得 1999 年与希拉里度暑假的情形，"我们每次打开电话或收音机，总能听到你在痛斥我。"

尼科尔森显然并不是一个喜怒形于色的人，他泰然自若地接受了克林顿的奚落："那是我的工作，总统先生。"

"我知道。"克林顿笑着回答，就好像在说"那就是政治，一切都是政治游戏的一部分"。始终渴望建立人脉的克林顿提到了一位两人都熟悉的丹佛好友，"莱昂斯总是跟我说你是个好人。"

"听他这么说我很开心。"尼科尔森回答。

"不管怎么样，"克林顿补充说，身子向这位前大使倾了倾，"你告诉我下一任教皇会是谁，就算补偿我了。"

"哦，总统先生，"尼科尔森说，稍侧了侧头，"圣灵还没跟我沟通过。"事实上，这种说法并不完全正确。

尼科尔森的确在这件事上有自己的想法，而且是非常详细的想法。

作为职责之一部分，每一位大使都会就所在国家的国家元首的可能继任者做定期评估。而作为一位经验丰富的政治工作人员兼虔诚的天主教徒，尼科尔森对教皇继任背后的政治与权谋有着敏锐的感觉。不过他觉得没有必要把这些秘密与比尔·克林顿分享。

"噢，得了吧。"克林顿继续追问。

"抱歉。"尼科尔森回答说。不久后，两人各自走开——至少暂时如此。

数小时后，尼科尔森与克林顿坐在一个高级官员隔间里，现任总统小布什与前总统老布什都在座，还有几个高级顾问。

克林顿与两个布什相谈甚欢，似乎在不经意间，克林顿转头向自己的继任者说："乔治，叫尼科尔森告诉大家谁会成为下一任教皇。"

乔治·W.布什以其惯常直来直去、有话直说的行事方式，马上就让自己的前特命全权公使回答这个问题。"你对此有什么看法吗？"他问尼科尔森。

"是的，我的确有，总统先生。"他回答道，给出了直接坦率的答复。

"那么，你是怎么看的呢？"

"我觉得继任者将是红衣主教约瑟夫·拉辛格。"

"真的吗？"克林顿插话说，他的语气显示出他的意外——以及怀疑，"肯定不会是拉辛格，他是个德国人。他们永远也不会挑选一个德国人来做教皇的。"

这位大使坚持己见，声称这是他从自己的听闻中推导出来的最合理猜测。

"不对，"克林顿说，似乎在权衡自己心目中的可能性，"你为什么这么想呢？"

"因为他是枢机主教团团长[①]。他德高望重，是个名望颇高的神学家。他曾做过信仰守护者，出任过罗马教廷信仰宣传审理官。他的名望波及全世界，备受尊崇。他并不打算争取教皇一职，他想去巴伐利亚，弹弹琴，读点书，散散步，做些祈祷。他还将主持我们今天早上飞去参加的种种仪式。"

克林顿脸上仍然带着怀疑的神色。不过这个房间里的谈话又转到其他事情上，然后这位前总统从房间里消失了。

"当时我真没想到。"尼科尔森现在回忆说，但他很快就知道了克林顿的去向。

前总统沿着总统专机的走廊踱下去，似乎是出于偶然，不久他就出现在飞机后部为新闻媒体预留的小隔间里。搭乘空军一号的记者为了这点狭窄的空间可是花了大价钱的，这里的通信设备极简陋，而且也少有真正的新闻发生——不过他们在这里却可以采访到位高权重的官员，这是有钱也买不到的机会。而在这次旅程上，他们是幸运的。克林顿虚情假意地欢迎他们，满足他们的虚荣心（以及他自己的虚荣心），并参与到自己最喜欢的消遣活动中：聊政治闲话。当谈话转到教皇约翰·保罗二世的继任者时，克林顿带着一副消息灵通人士的神情夸夸其谈。

---

① 枢机主教团简称枢机团或枢机院，是天主教会最高宗教机构，负责选举教宗。

"我觉得会是拉辛格。"克林顿预测道，摆出一副这是他自己经过深思熟虑得出结论的样子，"一个德国人。他非常有来头。"

记者们手忙脚乱地记录着。毫无疑问，许多人再度被比尔·克林顿的传奇性政治敏感折服。而且当这一预测很快便得到证实时，他们的印象当然会更加深刻。

尼科尔森一边向我复述这个故事一边摇头叹息。"这是克林顿的典型做法。"他说。不久克林顿就回到了代表团中间，他们将共同度过接下来的两天半时间。

当然，克林顿最喜欢的是聊天。"他一直在讲，"一位同机乘客说，"他简直把人说得烦死。"

"他会讲很多故事。"一位跟克林顿熟识的人告诉我，"有些故事我都听过四、五百遍了，不过事实就是如此。我认为这是人们喜新厌旧的原因所在。刚开始半年有点好玩，不过然后，你懂的……"

"他会就各种话题滔滔不绝地讲，不让别人插话。"尼科尔森说，"有时候我们的谈话触发了他一个念头，他会谈一点与这个念头相关的事情，比如他的相关经历，或者某个他认识的人，或其他什么东西……他会一直揪住这个话题不放，即使其他话题可能还在继续。这一点让我觉得很奇怪。比如说，他坐在那里，而你我在谈论共和党全国委员会的事，如果他想到了什么其他的事情，他就会谈起来。"

小布什政府里的一位官员说，克林顿谈得太多，而两位布什则兴趣索然。"你会看到'达布雅'①慢慢走神了。"该官员表示。

---

① 小布什的外号。小布什有得克萨斯口音，因而将 W 发音为"dubya"，而且小布什姓名中也有个 W。

克林顿与布什家族的关系——也包括与布什王朝的整体关系——在重建克林顿"品牌"方面起到了关键作用。事实上，这或许是比尔·克林顿抱负最远大、私人回报最丰厚的成就，这一成就不但花费了克林顿十年时间，也在事实上展现了克林顿在赢得朋友并影响别人方面大师级的功力。尽管这段关系表面看来其乐融融，但事实上这位阿肯色州人还有一个陡坡要爬过。

克林顿家族与布什家族的恩怨情仇

1992 年 11 月 3 日，在经历了一场经济危机与三方角逐总统的竞选后，阿肯色州长比尔·克林顿以 43% 对 37% 击败乔治·H．W．布什（第三方候选人 H．罗斯·佩罗获得 19% 的选票）当选。这场竞选失利被人们看作是对老布什总统的指责，也让他非常尴尬——仅仅在一年以前，他还因为将科威特从伊拉克独裁者萨达姆·侯赛因手中解脱出来而赢得广泛赞誉。在当时，这一失利还被看做布什家族政治前途终结的一个标志。多年后，在回顾自己父亲竞选失利时，乔治·沃克·布什心中并无恨意。"爸爸的家教使得他成了一个输得起的玩家。"小布什在其畅销自传《抉择时刻》一书中写道，"他没有指责任何人，他心中并无怨恨。"正如小布什在书中所写，他父亲在当晚致电克林顿，大方地祝贺其获胜。按乔治·W．布什的说法，这开启了"美国政治史上一段极不寻常的友谊"。

"很多人没有意识到的是，我们之间从未真正有过敌意。"老乔治·布什有一次向采访者表示，"你要参加竞选，有敌意是可以理解的。

不过我却始终跟他有着比较愉快的私交……因此，我们的私交没有受到影响，不过，这却出乎其他所有人的意料。"

尽管现在已有大量证据显示老乔治·布什已不再对 1992 年大选耿耿于怀，并与比尔·克林顿成为亲密朋友，但就二人关系"阳光明媚"的说法——即两人在 1992 年大选硝烟散尽之时便开始对彼此表示欣赏——却与事实不符。真正的故事更复杂、更有趣也更耐人寻味。

对于竞争意识极强的布什家族来说，1992 年大选失利是件很痛苦的事，这是可以理解的。事实上，这种失利带来的痛苦程度之大甚至于改变了历史。在此后十年的大多数时间里，家人用尽各种言语辱骂这个击败了他们族长的家伙。特别是乔治·W·布什，据说他对父亲被人击败一事怒不可遏——"更好的人却失败了。"他在大选揭晓之日愤愤不平地说。他还强烈谴责媒体的偏袒，在这方面他并不孤单，他的母亲芭芭拉回忆说，自己在日记中"一遍又一遍地写比尔·克林顿根本毫无机会"，她确信"美国人民永远也不会投票选他"。

1992 年休斯敦大选夜，当布什家族大多数人聚在一起观看大选结果之际，老布什夫人却在另一个房间里读一本爱情小说，似乎拒绝考虑失利的可能性。

"我们看到了一个好人，一个伟大的领袖，被歪曲的事实、含沙射影的攻击及捏造的事实搞下台。"老布什的女儿桃乐茜（昵称"多罗"）如此说，她甚至拿克林顿与理查德·尼克松作比较。

乔治·H·W·布什显然认同这一看法。一位老布什的传记作家说，老布什认为克林顿是一个"逃避"征兵的"滑头"。"我还记得跟布什总统进行的多次谈话，他对克林顿在竞选中领先一事深表怀疑，"共和党主席里克·邦德回忆说，"他会说：'选民怎么可能支持一个如此缺乏诚信的人呢？’”

在马里兰的总统休假地戴维营，郁郁不乐的老布什对来访的科林·鲍威尔报怨。鲍威尔时任参谋长联席会议主席。

“科林，这让我很伤心，”老布什对他讲，“这真的很让我伤心。我永远也想不到他们会挑选他当总统。”

“我知道这的确很令人伤心，”鲍威尔回答，“肯定的。”

脾气有些暴躁、气量有些小的乔治·W.布什特意于1997年在他父亲的总统图书馆开馆典礼上说，他的父亲“离任时的诚信毫无瑕疵”。这句话显然意有所指，是为了贬抑比尔·克林顿。克林顿当时也在场，而且也明确无误地理解了小布什提及诚信的言外之意。“当然，”克林顿事后说，“他永远也不能原谅我在竞选中击败了他父亲。”

乔治·W.布什对克林顿的敌意一直延续到2000年总统竞选成功以后。此前，当克林顿嘲讽时任州长的小布什竞选总统的资格时，小布什说：“我还能差到哪里去？我曾经任过得克萨斯州长。我爸爸当过总统。我拥有一支棒球队……他们一帮兄弟（指民主党）在台上站了八年时间了，接下来的八年得交给我们了。”布什家族似乎仍然怒气冲冲。例如，老布什警告记者们说，对他儿子进行攻击可能会促使他向美国人说出自己对克林顿“作为人类一员及一个人”的真实想法。

一位克林顿前高级助理觉得布什与克林顿关系变化无常。“老乔治·布什，他恨我们。”他对我讲，“W竞选（总统）的原因就是要洗刷自己父亲输给那个败类——比尔·克林顿的耻辱。”

事实上，相当多人以及来自共和党的布什同僚都赞同该说法。比如，在 1999 年，当乔治·W·布什启动总统竞选之际，加利福尼亚众议员詹姆斯·罗根在自己的摇摆州面临严峻的连任竞选形势，而部分原因就在于罗根在比尔·克林顿弹劾案中扮演了名声很响、争议颇大的负责人角色。

知道时任得克萨斯州长的小布什当时正在考虑问鼎白宫事宜，罗根与一小帮同僚共同为他背书。在 1999 年全年，小布什去过华盛顿几次，会见了多位顾问与筹款人——包括罗根与其他一些先下手为强的热心拥护者。

罗根向我回忆了与小布什的一次不同寻常的相遇，当时他在国会图书馆的一个私人会议室拜访小布什。"当时有一大帮众议员在那里——而且，你要知道，我只是众议院里 435 位成员之一。"现在已经是加利福尼亚法官的罗根在电话里对我讲，"不过（小布什）抓住我的手臂叫我'吉米'，而且他说话时用的是那种得克萨斯腔，'你要知道，吉米。我了解你的选区。格伦代尔、帕萨迪纳、伯班克。'他如数家珍地报出了我选区里的城市。"

"我知道他们不会放过你的。"小布什向这位身处困境的众议员讲，"我要你知道：我会去那里为你助阵。我会到那里去为你助选。我会到那里帮你筹款。"

罗根吃了一惊。"你要知道，他现在是总统候选人，或即将成为一名总统候选人，他竟然花时间来了解我的选区，知道我有困难。"他说，"我大约说了些类似'我真的很感动'之类的话。"

听到这话，小布什脸上现出一副"刚毅"的神色，他抓住这位众议员的手，把他拉到身边，低声说："你为我父亲报了仇。"

投票弹劾比尔·克林顿，为乔治·H·W·布什的政治失利报仇，这两件事是怎么画上等号的，罗根说"这一点我永远也搞不明白"。

"我从来就没将二者关联起来，直到小布什说了这些话，然后我就想：噢，耶，好的，确实，是这样，这是他了解我选区的原因所在。我对他有些价值。那些击败他老爸的家伙都是他的敌人，他端着火炮时刻盯着这些人。"最终，小布什并未真正到场帮助罗根。在11月选举前的摇摆选情中，小布什竞选团队觉得弹劾案过于敏感，故而不愿让他为罗根站台。数日后，这位在任众议员被民主党人亚当·希夫击败。等到布什家族重返白宫之时，他们对那些曾经击败自己的人有了更多的宽容，两大著名家族的世仇关系有了新走向。决意改善这一段关系的似乎是比尔·克林顿。这位离任总统是共和党所仇视的角色，也是许多左翼疲于应付的家伙，不过他感受到了两大家族联手能带来的雄厚潜力。

这一关系开始缓慢解冻的开端是2000年12月，当时美国最高法院终结了佛罗里达重新计票诉讼，从而在事实上裁定小布什在总统选举中胜出。仅仅数天之后，当选总统小布什带着他的过渡政府团队前往华盛顿，"礼节性拜访"克林顿及被他刚刚勉强击败的那个人。

当布什家族抵达马萨诸塞大道上的副总统官邸时，"艾尔·戈尔对他态度差得要命。"小布什一位高级助理回忆说。对于戈尔一家而言，坐落于美国海军天文台的家距离白宫仅有2.5英里，距离总统之位仅差佛罗里达的25张选举人票。直到一天或两天以前，这里还是小布什支持者们进行24小时抗议的场地，他们身上还穿着印有"伤心-窝囊废"（Sore-Loserman）①的T恤，并冲着戈尔的卧室喊："滚出切尼的

① 利用戈尔-利伯曼（Gore-Lieberman）竞选人名字首字母进行的文字游戏。

房子！"

这是即将执政的布什政府首次启用总统车队。小布什安保团队的一位新成员为小布什打开车门，并注视着当选总统及其妻子劳拉下车，走上台阶，穿过白色走廊，然后进入戈尔的官邸。不久——远远短于小布什助理们的预期——小布什从该官邸里出来，严肃的脸上满是怒气。

"好了，我们走。"他说。

"他们进去好像只有三十秒钟的样子。"一位助理说这件事情的时候一脸不可思议的神情（关于这一次尴尬的会面，小布什的顾问卡尔·罗孚事后称其为"紧张而又冷淡"，不过事实上更接近于 15 分钟）。

"戈尔是个混球。"小布什的一位高级新闻助理表示，"他不是那种有能力在那个最高层起领导作用的人，因为他是个混球。"

由于情况的独特性，小布什与戈尔的会面几乎注定是紧张而敷衍的。几分钟后小布什一家在白宫和克林顿夫妇会面，相比之下，这两次会面真是有天壤之别。

"他们受到非常热烈的欢迎。"小布什一位助理事后回忆。按卡尔·罗孚的描述，克林顿"表现得放松、甚至有些风趣"，克林顿用牛排招待了小布什，而希拉里则领着劳拉参观了家庭生活区域。克林顿滔滔不绝地说着些迎合之辞，甚至恭维小布什一位助理的领带打得好。现任与下任总统一起用餐，用时 90 分钟。其间，克林顿口若悬河地谈论经济，就朝鲜问题提供建议，而且还按小布什的请求向继任者讲述如何演讲（他说，关键在于时间的拿捏）。

至此戈尔与克林顿几乎形成了鲜明对比，这使得克林顿的修好行为更为顺遂。正如一位前参议员所说："你会产生一种感受：克林顿表现出对小布什的喜爱远胜于他曾经对艾尔·戈尔的喜爱。"一个并不怎么秘密的真相是：克林顿夫妇根本不为戈尔的失利伤心。在他们眼中，戈尔不具备做总统的气质，而共和党人当政使得希拉里2004年问鼎白宫的潜在可能性更大了。

等到希拉里表明自己不会挑战布什家族之际，克林顿与小布什的关系才真正开始。

或许，克林顿与小布什关系的首次破冰也发生在白宫里。2004年6月14日，数百名客人齐聚在宾夕法尼亚大道1600号，参加克林顿总统官方画像揭幕仪式。

该年为选举年。小布什将于当年11月全力迎战约翰·克里，而民主党在众多领域与小布什针锋相对，尤其是伊拉克战争。确实，这场竞选可能成为一场快刀斩乱麻的选战，但也可能发展成一场恶战。小布什本可重提克林顿总统的弹劾案，而作为精明政客的克林顿本可掉转刀头，给本已不怎么受欢迎的小布什补上一刀。

希拉里·克林顿的老友兰尼·戴维斯[①]就此做出解释："在2004年春季，小布什因为他攻打伊拉克的政策，因为他的减税政策，以及许多触怒自由派民主党人的政策，种种我不能认同的政策，遭遇了强烈的厌恶、可憎的抨击，这种憎恶之情是如此之强烈，让我想起针对比尔·克林顿的仇恨宣传最盛的那段日子，只不过这一次仇恨的对象是乔治·布什。"事实上，上面列出的可能性都没有发生。小布什总

---

① 克林顿家族的老朋友、律师兼政治顾问。

统与克林顿总统的助理、家人所见到的完全是另一番景象。"克林顿总统与参议员克林顿夫人，欢迎回家。"小布什以这样的话开场，话里洋溢着真挚的热情。克林顿看上去颇受感动，说了一堆感谢的话，微微低下脑袋轻轻点了点头。

小布什对出席仪式的客人们表达真诚谢意，接着便欢迎克林顿来到他的家里——小布什与各位前总统的家。"你或许知道，我的父亲与我决定叫彼此的任期编号。"小布什说，"他是 41，我是 43……向 42 号致敬是我极大的荣幸。我们很高兴你来到这里，42 号。"①

白宫东厅里的恭维话还在继续。"在八年的时间里，很显然，比尔·克林顿热爱总统这项工作。他让这间房屋里充满了能量与欢乐。他是个有热情、有善意的人，他做事令人心悦诚服，能够行之有效地推动事业，正是这些品质将他送上了公共服务的舞台。"这个姿态的意义或许被低估了，不过却意味深长。"比尔·克林顿被打动了。我可以看到坐在我正前方的他。当小布什总统结束致辞时，全场观众站起身来向小布什总统致以长时间的鼓掌。"戴维斯说，他曾在克林顿执政时期的白宫任职，也是乔治·W. 布什的好友。

"噢，我的天哪。"看到这一情形时戴维斯在想，"乔治·布什已经证明了长久以来我对他以及对他政治观点的看法：当一个人超越了仇恨与极化，人们就能看到布什总统身上的人性之善、举止之优雅。"

比尔·克林顿将在巨幅画像揭幕后登台对小布什的善意投桃报李。这幅肖像是画在油画布上的，约 46 英寸宽、58 英寸长，据画家西弥·诺克斯的说法，这幅画捕捉到了前总统克林顿"站在椭圆形办公室办公

---

① 老布什是美国第 41 任总统，克林顿是第 42 任，小布什是第 43 任。

桌后面"的形象。诺克斯是首位获得为总统创作肖像殊荣的黑人画家。"他是个出色的人。"诺克斯向全国公共广播表示。按该艺术家的解释，这幅肖像传神地捕捉到了画像上的总统与观者之间的眼神接触——刻画了克林顿最出色的沟通能力、号召力与才华。

"总统先生，我今天来到这里百感交集，而且这些感受又进一步被你刚才亲切大度的话语所印证。你让我感受到自己就像是泡菜迈上了历史舞台。"42号对43号说。

克林顿下一个巩固布什－克林顿联盟公众形象的机遇起源于一次四级飓风，2005年8月29日，一个时速达每小时145英里的飓风袭击墨西哥湾沿岸。和南亚海啸一样，乔治·W.布什再次请求自己的父亲与克林顿一起参与灾后救援。

"卡特里娜"飓风是70年来夺去美国人生命最多的一次自然灾害。住在墨西哥湾地区的人全部受灾，很多人因此倾家荡产。在新奥尔良的部分地区，尤其是在超级穹顶体育馆里，环境极端恶劣，令生活在现代文明舒适生活中的人难以想象。而美国其他地区则被新闻中同胞们的凄惨景象惊呆了。有人洗劫被遗弃的商店，在被洪水淹没家园的屋顶上苦苦等待救援，或是在会议中心里向记者们讨要水喝。显然记者比联邦应急管理署更早找到了这些灾民。

"卡特里娜"是美国历史上造成损失最为严重的一次自然灾害，而且发生于乔治·W.布什第二届任期之初。在救援行动缓慢开始后——更确切地说像冰山般缓慢——小布什发誓要不惜一切代价重建新奥尔良及墨西哥湾沿岸的其他地区。他最先做的是要求两位前任前往该地区进行考察，为灾区筹款并加以合理使用。

克林顿与老布什录制了公共服务通告，联合接受采访并呼吁大家捐款。从女童子军到亿万富翁寄出的支票如雪片般抵达老布什及克林顿在休斯敦及哈莱姆的办公室。大多数人捐款的收款人是两位前总统为"卡特里娜"救援设立的非营利基金会，不过有些支票则直接寄给两位前总统。两位总统最广为人知的话——"读我的唇语"与"我跟那个女人没发生关系"都是谎言，但此刻两位前总统却受到伸出援手的美国人的广泛信赖，他们直接向老布什与克林顿寄送现金。两人合计筹集到了 1.3 亿美元。

比尔·克林顿的新密友为了小布什的政治前途，努力做通自己家人的思想工作。从方方面面讲，布什家族内部最有威望的就是这位年长的家长。克林顿似乎发自心底地对这位老人感兴趣，这一点对于布什家族意味良多。而有了克林顿这个盟友，老布什也能继续在布什家族中担当家长、英雄与偶像。

克林顿的讨好对象不仅限于布什家族，更延伸至其关键助理。小布什的顾问卡尔·罗孚在自传中回忆了克林顿特意用热情洋溢的辞藻称赞"激情四射的保守派"——这是一种间接夸奖罗孚本人的方式。因为罗孚的策划不利，导致共和党在 2006 年国会选举中败给了民主党，罗孚经受了党内的猛烈抨击。罗孚记得克林顿对他说："尽管没有人信任你，但你和梅尔曼（共和党全国委员会主席）组织的 72 小时突击组实在是天才之举。要不是因为你，我们赢得的票数是现在的两倍。"

"他很有吸引力，非常有风度，渴望了解最新的政治八卦，有很多有趣的真知灼见。"罗孚在一次采访中向我表示，然后，这位小布什的策略师开始惟妙惟肖地模仿克林顿说话，"'你运作的竞选实在是令人不可思议。这简直神了，你对付约翰·克里的手法简直不可思议。你是个天才。我告诉你，你做得棒极了。你实在是不同凡响。'"

小布什执政时期饱受争议的国防部长唐纳德·拉姆斯菲尔德也是克林顿的取悦对象之一。在伊拉克战争结束后，小布什政府受到阿布格莱布虐囚丑闻困扰，比尔·克林顿甚至向拉姆斯菲尔德——民主党的头号敌人表达慰问之情。在自传中，拉姆斯菲尔德讲了自己在2004年5月29日参观华盛顿第二次世界大战纪念馆时遇到比尔·克林顿的故事。"部长先生，"这位前总统说道，"任何思维正常的人都不会认为你跟那晚发生在伊拉克的虐囚事件有关联。"

拉姆斯菲尔德被这种姿态打动，尽管参议员克林顿夫人、政府的民主党敌人，甚至连比尔·克林顿本人向新闻界传达的是一种完全不同的说法。

小布什总统的政治顾问皮特·魏纳说："我能感觉到克林顿对W的钦佩之情。"在白宫这样一个最重视忠诚的地方，这番话意味深长。对于小布什政府的许多批评人士来说，很难相信比尔·克林顿真正钦佩乔治·W.布什，不过真正重要的是布什家族——以及小布什总统——认为他钦佩小布什。

等到小布什总统任期将要结束时，比尔·克林顿已成为白宫午餐的常客，两人互相交换些战争故事、闲话及牢骚话。这些从未在官方日程表中披露出来，不过当克林顿到华盛顿特区看望希拉里、公干或发表演讲时，这位全世界最著名的民主党人会抽空去看望全世界最著名的共和党人。这种行为比报道出来的次数要多得多，而事实上了解小布什与克林顿之间如此频繁共进午餐情况的人又如此之少，因此很难得出确切数字。

一位前新闻主管助理对我讲："他们相处非常融洽，喜欢分享想法、一起探讨问题。"

他们两人在面对新闻界时都有一种受挫感，小布什认为他们对自己有敌意，而克林顿则认为他们偏向奥巴马而敌视希拉里。"那只猫根本没资格。"小布什有一次怒气冲冲地说。

"布什总统确实认为媒体在竞选过程中对希拉里·克林顿过于冷酷，"一位高级助理说，"当然，克林顿竞选团队也这么认为。因此我觉得（克林顿）前来拜访就是想聊聊政治。他们二人都觉得媒体很难缠。"

从前敌对的两大家族如今看上去相处得其乐融融。他们一起摆姿势照相，共同发表演讲，毫不吝啬地相互恭维。几年前，当布什家族在肯尼迪中心庆祝第 41 任总统生日的仪式结束后一起照相时，相片中共有 27 位布什家人——外加比尔·克林顿。

对于许多密切观察比尔·克林顿的人来说，老布什是他未曾有过父爱的替代（克林顿亲生父亲老威廉·布莱斯在自己儿子出生前不久死于一场车祸，而他的继父老罗杰·克林顿是个爱施虐的酒鬼）。

密切观察布什、克林顿互动情况的一位小布什政府前新闻助理说，克林顿"有点脆弱"，"仿佛他一会儿就会在你桌子对面坐下随口说：'天哪，我是不是性格有缺陷。'……我确实认为，如果仔细分析一下这段关系，一个值得深思的现象是布什家族一直以来都在收养孤儿，这意味着这是一个庞大而富有活力的家庭，这是我们许多人所缺少却渴望拥有的家庭"。

不过，有迹象表明，布什、克林顿之间的爱意从深层看是相当表面化的。乔治·H．W．布什对克林顿的喜爱从各种方面看均属真诚，不过没有谁能确定克林顿对他的感情是否同样真诚，或者布什家族里其他人对克林顿是否同样真诚。许多人暗示称，二者关系与其说是真情，不如说是公关。

与布什家族相识已久约翰·麦凯恩就是诸多抱怀疑眼光之人中的一个。"我不确定他们的关系有那么亲密。" 2013 年他在华盛顿的办公室里这样说道。

"这一关系的亲密程度被严重夸大了，这是很有趣的现象。"一位接近比尔·克林顿的消息人士称，"我是说，他们相互探望、聊天，你知道，也许就是一年三次什么的。根本不是整天粘在一起。不过，是的，我认为这种关系对双方而言都有巨大好处，这是毫无疑问的。"

当然，在布什家里真正掌握权柄的不是具有绅士风度的乔治·H.W.布什，而是他的妻子芭芭拉。作为家族里最强硬而且也许是最精明的成员，芭芭拉·布什是一个出身于大富之家的新英格兰人，是一位非常有主见且性格棱角分明的女性。作为一个出了名的爱记仇的人，她因里根在执政时期"冷落"布什家族而瞧不上南茜·里根，此事远近皆知。成为第一夫人之后，她特意在一帮对她颇为支持的记者们面前嘲讽里根夫人的时装品位。2001 年，仍然对自己丈夫输给了一个"小人"而耿耿于怀的芭芭拉又抛出了莫妮卡·莱温斯基的旧事。"克林顿撒了谎。"她以其惯常直来直去的风格说，"一个男人可能忘记车停在哪里，或自己家住哪里，但他永远也不会忘记给他口交的女人，不管这种经验多么糟糕。"

老布什夫人也搭上了克林顿、老布什二人"秀恩爱"的顺风车，至少表现给公众的是这样。她向采访者们表示，她喜欢克林顿，针对克林顿说自己是布什家族"养子"的说法，她也没有明确否认。2012 年接受《游行》杂志采访时，芭芭拉·布什滔滔不绝地回顾了对克林顿先生的看法。"他人很好，"老布什夫人说，"体贴……是个好人。"

"我竟然喜欢他，这个事实让我感到意外，这是实话。"芭芭拉·布什补充说，"我真的很喜欢他。"

私下里，其他人听到的是另一种说法。"我认为她根本没有喜欢过他，一秒钟都没有。"一位布什家观察人士说。据多位消息人士的说法（包括一位克林顿前助理和一位与布什家族过从甚密的人），芭芭拉·布什不仅不喜欢比尔·克林顿，还很鄙视他。"克林顿怎么称呼芭芭拉·布什？"一位消息人士问，"他的第二母亲？这简直疯了。讽刺的是，她痛恨他。"

有人听到老布什夫人向华盛顿一位密友谈论，说她坚信克林顿根本不配跟他们来往。"她仍然认为他跟他们不是同一阶层的人。"

不过，比尔与希拉里似乎常常互相拆台，也许这是二人分饰好警察／坏警察的聪明策略，因为尽管比尔在卖力取悦布什家族，而他的妻子则采取完全不同的策略，在参议院里大肆抨击小布什。在其整个参议院任期内，她以尖锐甚至是夸张语言批评小布什政策。"从来没有哪一个政府，"她以其典型的批评口吻宣称，"这样执迷于巩固并滥用权力实现自己的目的。"她在演讲中声称这个政府"毫无廉耻之心"，"从未了解真相"，而且"拿国家安全玩政治把戏"。她无休止的抨击使得乔治·W·布什怒火万丈，2008 年他对着助理们咆哮："等她那个肥屁股坐上那把椅子，看她怎么做。"

这种效果便是类似于克林顿夫妇的买一送一——比尔扮红脸，取得布什家族的帮助，改善他自己的形象；而希拉里则扮白脸，通过抨击他们眼中的恶棍来夯实自由派基础。

有证据表明，希拉里·克林顿对小布什的抨击几乎丝毫无助于她得到布什家族的好感，而她丈夫却在这方面做得如鱼得水。（在 2012 年的一次采访中，芭芭拉·布什冷淡地说："我们基本没和她相处过。"）

芭芭拉·布什的怀疑态度感染了她那头脑颇灵活的儿子杰布——那个她希望当选总统的儿子。

"比尔一直以来对我们的父亲特别和善。"小布什曾如是说，"如果有人对我们父亲好，那么他就取得了我们的好感。"这句话暗示克林顿这种费心劳神的行为有自利的动机。而前佛罗里达州州长杰布·布什说："克林顿总统的顾问们已盘算明白了这一点，从人格与诚信角度看，人伴贤良品自高。因此我能够看清克林顿总统的动机。"

2013 年，在一份写给家人但被泄露给公众的电邮中，杰布写道，他父亲"帮助（克林顿）恢复了本已卑污不堪的名声"，而且"对比尔·克林顿的帮助比他自己所做的一切更有用"。目前尚不清楚杰布认为这是一件好事还是坏事，但许多共和党人显然觉得这样很不好。一位曾出任政府官员的共和党人称："他们帮助他实现了合法化。他们将他从左翼形象转变为中间派形象。而从此时起，他便不再回头。"

不管是不是出于敷衍，布什－克林顿"搭档"现在已赢得主流媒体的支持与赞誉。这意味着该关系已证明布什与克林顿"双品牌"对两人都极为有利，因此这一关系很可能不会在近期终结，尽管 2016 年大选马上就要开始。事实上，乔治·W·布什与比尔·克林顿已开始共同进行全国巡回演讲（据报数量颇多）。

2013 年秋季，希拉里·克林顿与前第一夫人劳拉·布什共同出任美国—阿富汗妇女理事会名誉联合主席，劳拉自身的政治意识、理念始终与民主党很契合。这项活动由乔治城女性、和平及安全研究所主办，希拉里·克林顿自任其联合名誉主席——而执行董事则由梅拉妮·弗维尔担任，她也是美国首任全球女性事务大使。

"布什家族的政治生涯中，最具破坏性的一件事便是拯救了比尔与希拉里·克林顿的政治生命，并赋予他们一种跨越党派之争的形象。"纽特·金里奇在我们的采访中表示，鉴于左派对小布什避之唯恐不及，而右派对克林顿夫妇则亦全无好感，全美两大最著名政治家族之间公开展示其超越党派之争的形象，对他们自身有百利而无一弊。"出于自身考虑，布什家族的人认为，让克林顿与自己父亲联手是个高明的做法。"这位前议长如此表示，"他们的想法没错，但后果可能会让希拉里·克林顿入主白宫。"要不是克林顿夫妇低估了一位阅历不长但抱负不短的黑人参议员的话，这一情况或许已经成为现实了。

第 5 章

死亡挑战者

"我就是搞不明白。你能跟我说说这个家伙是什么来头吗?"

——希拉里·克林顿,2008年

命运在向希拉里·罗德姆·克林顿招手。她一直在静候自己机会的到来，她跟丈夫共同经历过荣辱兴衰，尤其是最不如意的日子——那些最可憎的、被羞辱的时刻。她曾经做过政治风云人物的配偶，一个愿意暂时屈尊以换取未来机会的仪式性的角色。她已任满一期纽约参议员，并不费吹灰之力便获得连任。现在她的机会来了。

这一时机对于这位全国最知名的民主党人来说简直完美。美国的两党制度一般像钟摆一样来回摆动，共和党执政后，接下来便是民主党上台，接着再如此往复。这不需要由高价聘请的政治顾问来判断——尽管她已聘请了大量这样的政治顾问——经历了乔治·W.布什两届不受待见的政府后，接下来马上受宠而赢得 2008 大选的将是民主党。而且民主党也需要她，这是自然的——至少她是这么认为的。他们在上一次总统大选中推出了僵化的自由派精英艾尔·戈尔与约翰·克里而导致选举失利。现在他们有了选出一位女性总统、创造历史的机会。

据政治专家们的看法，虽说华盛顿政客多如过江之鲫，但希拉里入主白宫已成势不可挡之态。正如 2006 年一位"著名民主党政工人员"向《纽约时报》所表述的："我确实认为她必将获得提名，基本不会有别的可能。这么说吧，她将是有史以来最有实力的非在任总统候选人。”专栏作家鲍勃·赫伯特在文章中引用了该政工人员的说法：“许多（政治）策略师与党内大佬们——不是所有人都这么想，但有很多人——认为克林顿夫人获得民主党内提名已是板上钉钉的事了。”

熟悉选情的人都认为，没有什么潜在对手可以挑战希拉里参议员。希拉里的对手包括：在参议院里玩得风生水起的乔·拜登，出身于微型小州特拉华州，平时说话颠三倒四。竞选伊始，他便发表了一些具有种族敏感性的言论，因此不得不向对手巴拉克·奥巴马道歉。克里斯·多德，出身于政治倾向自由的小州康涅狄格，他的影响基本上没有超出国会议事厅的范围。约翰·爱德华兹，克里的副总统竞选搭档，是个没有多少影响力的帅哥，他参加总统竞选的次数或许有点多了。丹尼斯·库西尼奇，他很清楚自己不会当选，不过他希望借由参选推动选举向左转，从而确保民主党内立场最自由的派别在选举中能够发出自己的声音。比尔·理查森，他以比尔·克林顿为“楷模”，虽然缺乏这位前总统的智慧与魅力，但在玩弄女性方面不相上下。还有巴拉克·奥巴马，来自伊利诺伊州能言善辩的参议员，他登上全国性政治舞台仅数年时间，截至当时他从政生涯中最著名的时刻就是在 2004 年民主党大会上发表的一次演说。人们一般认为，他参选的目的在于提升自己的知名度，以便为未来真正意义上的总统竞选打下基础。

这些人都不构成威胁，至少希拉里圈子里是这么认为的。他们都对民主党内对她及其丈夫深深的恨意视而不见，忽略霍华德·迪恩等人发出的警告信号。尽管希拉里忙于在参议院里结交共和党人，但与她意识形态最一致的人的不满情绪却在潜滋暗长。所有这一切的影响很快就将在这位候选总统的身上体现出来。

2007 年 1 月 20 日，距离预期的总统宣誓就职还有两年的时间，她宣布参选。希拉里选择在华盛顿特区的家里，独坐金色沙发里宣布参选，并把视频公布在竞选网站上。面对着镜头，这位百万富翁将自己刻画成中产阶级的斗士，向观众们讲："我出生于美国中部的一个中产之家，我们坚信自己能够成就美国梦。我现在仍然相信这一梦想。我花费了毕生精力致力于为实现这一梦想——不论是为女性的基本权利还是儿童的基本保健、捍卫我们的社会保障或是保护我们的士兵——而奋斗。"

她在谈话中沿用了马克·佩恩制定的指导方针，佩恩曾在比尔·克林顿执政时期担任其民调专家达六年之久。在这段时间里，他成了总统身边最著名也是最具影响力的顾问。2000 年，《华盛顿邮报》在一篇新闻分析中总结称，历史上没有哪位民调专家能够像佩恩一样"如此深入地介入总统执政的决策过程中"。从 2000 年起，佩恩便将自己的服务对象从克林顿公司的一位 CEO 转移到另一位 CEO 身上，在希拉里两次成功竞选参议员过程中，他担任首席民调专家。极少有人能够像他那样跟克林顿夫妇的关系都很密切，而据说他也曾夸耀过自己的成功。"这是令其他高级职员们羡慕与猜忌的源泉。"《名利场》在报道中称。

佩恩认为，克林顿夫人竞选应当团结他所谓的"无形美国人"的选民联盟，一个包括女性与中产阶级在内的联盟。希拉里是一位经验丰富的候选人，一个强硬而又有政策头脑的"民主党的玛格丽特·撒切尔"。这一策略看来是成功的，至少在竞选初期是这样的。在 2007 年的大多数时间里，她在所有民调中均以两位数的优势领先其他候选人。比如，当年 10 月份发布的一份盖洛普民调显示，她以 50% 的支持率领先于奥巴马的 21%。在同时发布的一份报告中，盖洛普首席民调专家们指出："克林顿夫人在几乎所有主要潜在民主党预选选民亚群体中均处于遥遥领先地位。民调中对她支持率最高的群体为女性、非白人群体、低收入家庭、接受正规教育程度较低的人群以及南方人。"

　　民调所未能发现的是民主党票仓选民潜滋暗长的不满情绪。首先挣脱克林顿家族钳制的是好莱坞百万富翁们——这很合乎逻辑，因为与其他人相比，他们更有能量，财力也更雄厚，可以摆脱克林顿夫妇的钳制而无须担心受到报复。好莱坞大亨、克林顿捐助人大卫·格芬①是最早叛离克林顿夫妇的人之一。脾气暴躁的克林顿死敌、《纽约时报》专栏作家陶曼玲在一篇报道中发表了大卫·格芬对克林顿夫妇绘声绘色、声色俱厉的抨击。按陶曼玲的原话，格芬抨击希拉里的竞选"铺张过度、宣传过度"。克林顿家族谎话连篇的时代还没有被彻底忘掉。"所有政客都没真话，"他说，"不过他们把谎言说得这么轻松自在，实在令人困惑。"

　　一位向民主党大笔捐助的人向我解释（他同样也要求匿名发表意见），她与她的朋友们认为克林顿总统背叛了自己。他们觉得冷战结束到 2001 年的"9·11"之前是美国的最佳时机，而克林顿浪费了这个机会。那是数十年来出现的第一个相对和平的时期，市场繁荣——互联网经济刚刚起飞，就业出现爆炸式增长，而且民众对未来很有信心。而在这个大好形势下出任总统的正是比尔·克林顿，一个颇有才华、口才出众的南方人，他的自由派联盟希望他能够利用这个机会成就大事业——全民医保及传承后世的自由主义。他们希望他能够为民主党成就一番伟业，就像罗纳德·里根为共和党所做的那样。

　　相反，他将这一切都挥霍掉了。就因为他没办法管住自己的裤子——

　　① 美国最成功的影视、音乐和娱乐业老板之一，梦工厂公司创始人之一。

跟实习生鬼混被人抓到把柄；就因为他没办法持之以恒地统率白宫，而且还因为他辜负了大家的期望，没有发挥出众多支持者在他身上看到的潜质。而希拉里呢，在最终开始征程之际也未能兑现自己的承诺。那些合力将她推到领导位上的人只能挑选另一位船长来执掌这艘大船。在爱荷华州的凄风苦雨中，他们发现了奥巴马。

不听话的记者

不管出于什么原因，循规蹈矩的爱荷华人从来就不曾真正喜欢过克林顿夫妇。莱温斯基性丑闻及克林顿夫妇的其他私生活上的不检点行为同样无助于引发人们对他们的好感。跟克林顿夫人在全国性民调中遥遥领先的形势不同，希拉里在该州与经营多年的约翰·爱德华兹陷入苦苦缠斗，此外还有自信满满的巴拉克·奥巴马虎视眈眈。2007年年中，两人在部分民调中均领先于希拉里。由于担心"煮熟的鸭子飞了"，希拉里竞选中的一位高级助理迈克·亨利建议她完全避开该州。他写了一份备忘录，建议希拉里不要理会爱荷华州，这一消息被一位竞争对手泄露给了《纽约时报》，使得希拉里在该州的选情更加岌岌可危。

2008年1月3日，巴拉克·奥巴马在这样一个白人选民占90%以上的州里获胜，这一结果令人震惊，显示出全国已做好将一名黑人候选人选进白宫的准备（正如民调所预示的，克林顿夫人在该州选举以第三位的排名落败，令其倍感羞辱）。

奥巴马在爱荷华州预选中获胜，人们似乎看到了首位黑人总统的可能——那些急不可耐要跟克林顿夫妇分道扬镳的人几乎瞬间就转投奥巴马阵营了。突然间希拉里发现选情出现了翻天覆地的变化。她在预选第二站新罕布什尔州曾经的大幅领先优势一夜之间土崩瓦解。在投票前夜的民调中，部分民调显示她落后奥巴马最多达 10 个百分点。正如 CNN 所报道的："与上一次圣诞节后爱荷华州预选前 CNN／WMUR 对新罕布什尔州所做民调相比，这是一个惊人的逆转，当时希拉里对奥巴马的票差为二比一。"在这样的背景下，希拉里·克林顿离自己的政治坟墓仅咫尺之遥——更确切地说，只差一场选举了。

她的顾问们清楚，如果连续第二次输给一位政治新手，她将永远也不可能从失利的阴影中恢复。如果奥巴马赢得这两场初期竞选，而且还很可能在黑人选民占较大比重的下一站——南卡罗莱纳州赢得第三次胜利，然后选举便没有悬念了。几乎旬日之间她就铁定出局了——她的资金将耗尽，她的背书人将尽数消失。她将成为自己丈夫永远也不必成为的人：一个失败者。而即使在全国性舞台上最尴尬的时刻，她的丈夫也没有被看作一名失败者。令这一失败刺激更加难以忍受的是，最终一击将来自新罕布什尔州，而正是这同一批选民在 1992 年总统竞选中让她丈夫的政途起死回生，当年他正苦苦抵御通奸与逃避征兵的指控。对希拉里而言，更糟糕的是，CNN 的民调专家称奥巴马在女性选民中的支持率与克林顿夫人持平，"这是她在民调中一直领先的选民团体"。

因此她做出了全国性政治人物永远也想不到的反应：她当着数十家电视直播镜头哭了起来。不管是不是故意，这一刻触动了正在离她而去、对她已生倦怠之情选民的恻隐之心。一位头发灰白的精明女性——民调关注的各群体正是这么刻画她的，此刻的表现显示她毕竟还是有人情味的。

到那时为止，克林顿夫人一直是以统驭民主党全局的女王身份进行竞选的。她处事循规蹈矩，被人前呼后拥、呵护备至，做事又照本宣科。这即是说，她自竞选一开始便选错了立场。

她 2008 年的竞选表现换来了两党政治专家异口同声的抨击。"她始终是个问题不断的候选人。"共和党策略家麦克·墨菲向我表示，"她的 2008 年竞选表现并不抢眼。她把事情搞砸了，有点像是拱手把自己的领先优势让给了奥巴马。"

"事实上，我认为她即席发挥时的表现要远远优于照本宣科的效果。"记者鲍勃·施鲁姆说，"其中部分原因在于这种脚本本身就是彻头彻尾错误的。她是在一个变革的年代中倡导守旧的候选人……新罕布什尔州预选开始前，当她哭泣时，人们说：'天哪，她哭了。这可真糟糕。'我觉得选民们喜欢这一点，他们说：'我看见了她真实的一面。'"

希拉里在新罕布什尔州颠覆了民调，以 2.5 个百分点的优势击败巴拉克·奥巴马，再度绝境逢生。美国历史上最惊心动魄的政坛翻盘行动就这样执着前行、前进、攀登，总统宝座仍然在希拉里伸手可及的地方。她能够卷土重来的关键在于女性群体，这一发现令华盛顿记者们感到震惊不已，是女性们在最后一分钟改变立场转投克林顿夫人一票，让她扭转了原本 13 个点的劣势。"在上一周里，我倾听了大家的意见，在这一过程中我找到了属于自己的声音。"希拉里在曼彻斯特对着兴高采烈的听众讲，"我认为我们都讲出了肺腑之言，而且我也很高兴你们做出了回应。现在就让我们一起将东山再起的精神赋予美国吧，就像新罕布什尔刚刚馈赠给我的那样。"

自从参加竞选以来，希拉里·克林顿首次回归到竞选正轨上。不过她首先得超越巴拉克·奥巴马——仅仅三年前，希拉里还曾经帮助那个家伙当选美国参议员。

面对奥巴马的横空崛起，向来对政治动向把握不够敏锐的希拉里有些愤懑，但更多的是内心的困惑。在新罕布什尔州逆转取胜后不久举办的一次私人宴会上，她坦率地说出了自己的感受："我实在搞不懂。"她走腔走调地模仿了奥巴马的风格，不过只是表达出了他拿傲慢当真诚的特质，并嘲弄他言之无物的巧妙措辞："我们代表着我们期待已久的变革。"那是刚步出校门的大学生可能会讲的话，却不适合竞争这块土地上最高公职的严肃候选人。事实上，这听来跟1969年希拉里·罗德姆在威尔斯利学院的讲话有诸多相同之处。讲到其中的愚蠢之处，她扮了个厌恶的鬼脸。

希拉里·克林顿的支持者们知道一些其他民主党人（可能是有意）忽略的事情：作为一个政客，奥巴马的政治才能被大大高估了。而作为一个人，他显得有些孤傲。事实上，希拉里自己的公众漫画形象——傲慢、沉闷、冷冰冰——跟朋友们的真实感受大相径庭。不过，这些形容词却能够恰如其分地形容奥巴马，而且非常贴切。

在新罕布什尔州预选前的数天里，选民们见识了奥巴马的真性情。当主持人问及为何选民们更喜欢奥巴马时，希拉里的竞争对手本可以说些好玩而又得体的俏皮话，但奥巴马只是虚与委蛇地讲了些套话。"你是个非常讨人喜欢的人，希拉里。"他面无表情地说。这是里克·拉齐奥的翻版——又一个态度傲慢的男人，希拉里竞选团队揪住这一点在新罕布什尔州大做文章。

一般而言，以女性身份竞选更易失败。希拉里的竞选理念是，这个国家会因为首位女总统的理念而聚拢在她的身边——一位最终入主椭圆形办公室的当代埃莉诺·罗斯福。不过，事实恰恰相反，他们选择创造另外一种历史。

"我实在搞不明白。"她又说了一遍，仿佛真的搞不懂，"你能讲讲这个家伙到底有什么能耐吗？"

"恕我不敬，夫人。"参与宴会的一位朋友回答说，"相当部分的原因是：他不是你。"

这句回答令希拉里参议员怒不可遏，很大原因可能在于这句话讲出了真相。

奥巴马是民主党内对克林顿夫妇——尤其是对她丈夫——那种暗流涌动不满情绪的直接受益者。这种不满情绪并未随着她在参议院的多年任职或他四处发表演讲、为一个又一个民主党人助选而有所消减。

许多高层民主党人认为，在上一个克林顿时代已经被利用、被欺骗，被弄得不尴不尬，因此对他们心生怨念。他们厌倦了克林顿利用詹姆斯·卡维尔及特瑞·麦克奥利弗等心腹对人施展的恐吓策略，一旦他们没能做到为克林顿守口如瓶的话，这些心腹就在公开场合或私下里对他们不遗余力地攻讦。克林顿对待不再具有利用价值的朋友很傲慢，这种做法让他们厌恶。比如说，现在斯特凡诺普洛斯已经不被克林顿放在眼里。艾尔·戈尔也是如此，他曾忠心耿耿地为克林顿服务了八年，不过他曾因为莱温斯基性丑闻挑战克林顿，另外根据多位助理及报纸报道的说法，他和克林顿发生过一场火药味十足的争执，两人对彼此都恼怒万分。

政治新闻界的大多数人也都希望看到新面孔。长久以来，他们一直受到第一家庭新闻管理人员的粗暴对待，甚至遭到威胁，要取消他们报道克林顿夫妇的资格。如果他们不遵守克林顿圈子制定的所谓公平竞争规则，他们的职业生涯只能就此止步。这方面一个绝佳例子就是电视评论员大卫·舒斯特，他口不择言地污蔑克林顿家族里的掌上明珠——他们宠爱呵护的女儿切尔西。舒斯特与克林顿家族的过节此前从来没有完完整整地报道出来，不过，这个故事证明克林顿家族可以惩罚不得他们欢心的媒体人。

随着 2008 年竞选的进行，丹佛成为每个候选人的必争之地，克林顿竞选团队祭出了自己的秘密武器——此前一直遮遮掩掩的切尔西·克林顿——试图扭转战局。她当然是在白宫长大的，不过此前一直在报道禁区规则的庇护下，媒体与其他华盛顿人大体上恪守这一规则。几乎所有人都还记得约翰·麦凯恩言论所引发的骚动，这个经常"语不惊人死不休"的政客在一次私人筹款活动开玩笑称："为什么切尔西·克林顿长得这么丑？因为她爸爸是珍妮特·雷诺①。"这位参议员事后迅速道歉才平息这一事件。

这种禁止报道的政策延续到切尔西成年后，即便她进入政治舞台后大多数记者们仍然视其为禁区。比如，在 2008 年，她的使命是向预选州超级代表们——那些尚未宣布在民主党大会上支持哪位候选人的代表们，理论上他们能够左右提名进程——拉票，要他们支持其母亲。

"嗨，先别急着决定，我们想让你观望一下。"切尔西向超级代表们说。对于这位前第一女儿出来拉票的行为，代表们感到意外，也有些震惊。

舒斯特当时是 MSNBC 的替补主持人兼政治评论员。时年 41 岁的

---

① 美国首位女性司法部长，1993 年至 2001 年在任。

他颇为上镜，在广播领域里浸淫了近20年。舒斯特希望就切尔西介入竞选的情况为自由派有线新闻网做一个专题。毕竟，这个题材比较新颖，而且他认为此事非常有新闻价值，他想了解她到底在电话里向这些超级代表们讲了些什么内容。

于是他就自己去问她了。在南卡罗莱纳州的一次竞选活动中，舒斯特瞅准机会将切尔西拉到一边。

"嗨，想聊一聊吗？"舒斯特问她，"我能就你跟这些超级代表的互动问几个问题吗？"

不出意外，切尔西谢绝了。"不了，关于这个话题我真的不想说什么。"像舒斯特这样经验丰富的记者已经习惯听到这样的拒绝——在政治性新闻中，政客们更喜欢自己向新闻界提供故事，以便掌控新闻方向，他们通常不喜欢被冷不丁地问及"有什么目的"这类问题。

这次相遇仅仅数秒之久，场面敷衍而且毫无意义。至少在舒斯特看来是这样的。不过第二天舒斯特接到克林顿竞选阵营打来的一通电话。

"别打切尔西的主意。"希拉里·克林顿的新闻主任霍华德·沃尔弗森粗鲁地警告他。

"你说什么？"舒斯特问。

"她是不能碰的。"沃尔弗森回答说，"你要知道，她报道不得——你不能直接过去就跟她交谈。"

当时，大多数报道克林顿夫人竞选的记者们都已对强硬的沃尔弗森的做派有所准备，这个对克林顿夫人忠心耿耿的家伙可能会来硬的。分别为希拉里·克林顿2000年参议员及2006竞选连任服务的沃尔弗森，这次在希拉里 2008 年白宫竞选团队担任新闻主管。在竞选的开始阶段，沃尔弗森在这场中规中矩的竞选中担任中规中矩的角色，但随着希拉里在 2008 年初接二连三地败给奥巴马，沃尔弗森的竞选风格也日渐变得剑走偏锋。4 月，他抛出了奥巴马与美国恐怖分子比尔·艾瑞斯有关系的话题。在保护切尔西·克林顿方面，他也绝不姑息。

"听着，"舒斯特回忆自己曾对沃尔弗森说，"她完全有能力为自己辩护，而且她也礼貌地说了'不'，她的确是这么说的。这很正常。如果她打算置评，那很正常，不过你们这些人跳出来对我横加指责……她已经 27 岁了。"

"好吧，不过她是总统的女儿。你得放尊重些。"沃尔弗森说完挂掉了电话。这通电话真是打得怪异、挂得迅速。

几年后，回首这次相遇时，舒斯特仍然记得自己当时的想法："哇！"此前从未有人如此声色俱厉地警告他不得接触一个竞选代理人——在竞选过程中公开为候选人拉票的人。

不过舒斯特是个忙人，而且竞选正处于紧张时期，因此他也就淡忘了这件事。这通电话的重要性以及不得谈论切尔西的隐含警告意味也被他忽略了。

几天后，也即 2008 年 2 月 7 日，舒斯特来到昙花一现的《塔克秀》节目，为主持人塔克·卡尔森那代班。在做这期节目前，舒斯特在翻看自己的一些视频片段，这时一位 MSNBC 高管漠不关心地问了一句："呃，你出差怎么样？有什么料吗？"

"喔，这趟还行。"舒斯特回答说，"不过当我打算找切尔西聊一聊时，却被克林顿夫人竞选团队阻拦，真是匪夷所思，我只不过想问问她是否愿意谈一谈她给超级代表打电话的事。"

"你这话什么意思？"该 MSNBC 高管追问道。

"是这样的，你知道的，切尔西已经心平气和地说了'不'，她不打算谈，但第二天我就接到了一个脾气暴躁的希拉里竞选团队职员打来的电话，叫我滚得离她远远的，说她是碰不得的。"

这位主管马上说了句反驳的话："喔，这么说来，他们是让她出来拉客了。"

"这个词形容这件事很恰当。"舒斯特说。他们把她派出来，又不让媒体碰她，这样他们就不必解释其所作所为——好处全让他们占了，同时却不必承担一丁点不利。"拉客"这个短语就这样深深地印在了他的脑海里。

当晚在舒斯特的节目中，来宾包括电台谈话秀主持人比尔·普莱斯以及前 CNN 记者鲍勃·弗兰肯。切尔西争取超级代表一事是舒斯特节目中的一个单元，他对普莱斯说："比尔，在我看来，切尔西完全不必给名人们打电话，说什么支持我老妈，而且她给这些超级代表打过电话，有些不大得体。"

"嗨，她这是在为她妈妈工作。"普莱斯说，"这有什么不得体的？在上一次大选中，小布什的双胞胎女儿也为他们老爸拉过选票。我觉得这很棒。我认为她成长于一个政治家庭，她身体里流淌着政治的血液，她爱自己的妈妈，她认为她将成为一位伟大的总统——"

"不过这难道不像是切尔西在以某种怪异的方式拉客吗？"舒斯特问道，借用了 MSNBC 行政人员早先提到的那个词。

普莱斯说事情不是这样的，然后就对切尔西的做法进行辩护。镜头外，可以听到鲍勃·弗兰肯的大笑声。

简言之，这不过是一出常见的电视新闻秀而已：有人说些蠢话，有人用无意义的话回复。但克林顿竞选阵营却不这么看。在那个夜晚，舒斯特便开始陆续接到希拉里竞选阵营里发来的电邮。部分电邮质问："你真的指责切尔西·克林顿被派出去拉客吗？"舒斯特与沃尔弗森及希拉里的发言人菲利普·莱内斯迅速展开了措辞强硬的电邮往来。

对政治非常敏感的 NBC 政治分析师查克·托德看到这些邮件里的唇枪舌剑，友好地向他提了个醒。跟所有其他在华盛顿特区的记者一样，他深谙克林顿夫妇的能量。他熟知其中的各种掌故，也曾感受到他们偶尔排挤造成的痛楚。"你要小心，"他建议说，"因为他们会利用这件事来对付你。"

第二天一早，正当他为 MSNBC 早间时段播出的节目《早安乔》做准备时，该新闻网总裁菲尔·格里芬过来跟舒斯特打招呼。自不待言，这种会面是不同寻常的。

菲尔·格里芬对舒斯特说："我开始接到大量投诉，你知道的，关于你就切尔西所说的一些话。"

舒斯特简直无法相信自己的耳朵。当然，或许"拉客"这个词听上去有些粗鄙，但没有谁——至少年龄低于 40 岁的人——会认为他说切尔西·克林顿的父母真的让她卖淫。舒斯特认为他们知道自己说这些话的确切含义。

"你能直接在《早安乔》这个节目中道歉吗？"格里芬问，这其实并不是在征求他的意见，"现在就道个歉，把这件事了结了。"

　　在《早安乔》节目中，舒斯特找了个合适的时机。"我能在这节目里处理内务吗？"舒斯特问，"大家已经知道昨天我们在《观察》中有一个女性特辑。切尔西·克林顿给他们去过电话。是这样的，昨晚在《塔克秀》上我们放了这一段，然后在节目中我说了切尔西的很多好话。"

　　这是进入道歉的一段引言，不过这段引言有些迂回曲折。他说，在前一晚他说过大家都为切尔西感到"骄傲"，迈克·哈克比赞扬了克林顿夫妇抚养她的方式，而且"所有人，我们在场的人都爱切尔西·克林顿"。

　　至此，大卫·舒斯特让大家如堕五里雾中的吹捧切尔西·克林顿，《早安乔》的观众可能已经原谅他了。如果他们前一晚没有听到他嘴里的"放出去拉客"这句话的话，他们肯定会认为舒斯特在早间节目上吹捧克林顿夫妇的女儿完全莫名其妙。不过，接下来舒斯特才真正进入正题。

　　"不过我们也谈论了一个事实，切尔西·克林顿在给这些超级代表们打电话，这一点他们的竞选团队也承认。"

　　仍然想为前一晚言论进行辩护的舒斯特补充说，切尔西打的那些电话"或有政治上的不得体之处"。

　　最终，道歉——或者说是类似道歉的言论——姗姗来迟。"是这样的，昨晚，我用过一个短语，也即某种俚语来描述她在这件事里的做法。我不认为人们会照字面意思去理解，不过有些人会，在某种程度上人们觉得我的话对切尔西·克林顿的行为有贬抑之意，对于人们在某种程度上认为我有贬抑之意一事，我表示歉意。我应当预见到人们可能会有这种理解的。对于这一点，我很抱歉。"

他继续说着道歉的话，不过并非完全真心实意。舒斯特将自己说过的"派出去拉客"这句话前面加了很多对切尔西的赞扬话语，并为自己的实际意思进行辩护，最后还说了些"如果我的话冒犯了什么人，我感到抱歉"之类的话。

这次在电视上道歉不久，舒斯特便收到来自克林顿竞选团队里一位朋友的电话，令他记忆深刻。"我得给你提个醒，克林顿竞选团队将对你展开暴风骤雨般的攻击。"警告来得太晚了，舒斯特得到警报称这是希拉里竞选团队需要的一场战斗——确实，他们认为这正是他们所需要的战争。

在整个竞选过程中，希拉里竞选团队面临的问题很简单：那就是自由派基础选民与巴拉克·奥巴马更投缘。比起希拉里·克林顿来说，这个新人更有潜力，也更有能力实现自由派的梦想，而这种根深蒂固的自由派失望感在自由派新闻网 MSNBC 得到强烈渲染。一位当时在 MSNBC 工作的人表示："希拉里竞选团队对 MSNBC 的报道很是恼火，认为他们的报道不公平。"令他们愤怒的另一个主要源头是克里斯·马修斯，这个能言善辩的强硬派节目主持人在节目中巧舌如簧地夸赞巴拉克·奥巴马，并用一些性别歧视性词语评价希拉里·克林顿，称其为"女魔头""以折磨病人为乐的护士长拉契特①""耍女巫派头""反男性"，以及"盛气凌人"，这些只是马修斯攻击她的少数几个词语而已，类似的精选词汇还有很多。

一位 MSNBC 工作人员认为，希拉里竞选团队甚至发动了一场写信投诉马修斯的运动，因为他说许多人长期以来一直认为："她之所

---

① 《飞越疯人院》中的护士长。

以当选美国参议员、她之所以能够成为一名总统候选人、她之所以能够领跑竞选的原因就在于她丈夫把一切都搞得乌七八糟的。"不过撼动马修斯比较困难，因为他已是一个有着深厚根基的人物，是这家收视率低迷新闻网硕果仅存的门面角色之一。

一位 MSNBC 的前雇员说："克里斯在内部遇到一些麻烦，但我觉得 MSNBC 不会取消克里斯的节目。"

舒斯特道歉的当天早上，希拉里竞选团队给 NBC 新闻网总裁史蒂夫·卡布斯发了一封言辞激烈的信。2 月 26 日将有一场总统预选辩论，作为 NBC 新闻集团子公司的 MSNBC 是该场辩论的主办方。据卡布斯收到的信里说，作为对舒斯特言论的抗议，希拉里当时正考虑退出下一场辩论。

整个 NBC 新闻网开始陷入恐慌状态。"公司的财务状况当时也很危险。"一位熟悉当时情形的消息人士说。MSNBC 的收视率低迷，而且其努力几乎始终是竹篮打水——除了那几个举办辩论的夜晚。"辩论为该新闻网带来数百万美元的收入，"该消息人士说，"也会极大程度提振公司的收视情况。"如果希拉里退出辩论，辩论就办不成，而"MSNBC 无法承担失去一场辩论的财务后果"。

片刻后，舒斯特被叫进了会议室，里面坐着菲尔·格里芬、史蒂夫·卡布斯以及其他几个人，还有 MSNBC 通讯副总裁杰瑞米·盖恩斯。企业高管们达成的共识就是"我们得对这件事采取点行动"。正如一位 MSNBC 工作人员所言，大家都"抓狂"了。

舒斯特试图做一些抵抗。"你们怎么就看不清这里的政治呢？"他向这些企业大佬们发问，"希拉里竞选团队试图拉拢女性选票，试图将希拉里打造成一个值得同情的角色。"希拉里竞选团队希望将大卫·舒斯特塑造成诋毁希拉里的男性代表，而希拉里可是有可能成为美国首位女总统的人物。

格里芬、卡布斯及公司其他一些高管都明白其中的政治道理，不过这已经无关紧要了。这已经不是是非之争了，一切均取决于 2 月 26日的那场辩论能否如期举行。

于是舒斯特又尝试了一个方法，他向老板们解释希拉里的举动只不过是虚张声势。舒斯特恳求他们说："希拉里对这场辩论的需要远胜于巴拉克·奥巴马。"奥巴马当时领跑竞选却不擅长辩论，而辩论则是希拉里扭转局面的最佳机会，"希拉里根本不可能退出这场辩论。"

"那不重要。"一位高管回应说，"我的意思是，我们甚至无法承担希拉里不参加这场辩论的小小可能性。"

对此，舒斯特并不认同，不过他知道自己是在孤军奋战。希望找个退路的他问道："你们希望我做什么？你们希望我直接向希拉里道歉吗？向切尔西道歉吗？"

"是啊，为什么不这样做呢？"一位 MSNBC 高管说，"这将是一个良好的开始。"

舒斯特说做就做。"霍华德。"他给霍华德·沃尔弗森打电话说，"很抱歉搞出这么多麻烦。我希望直接向希拉里·克林顿道歉。你能把我的电话转给在竞选路上的胡玛吗？这样我就能够跟克林顿夫人通话并直接向她道歉了。"

当时已是众议员安东尼·韦纳妻子的胡玛是希拉里的私人助理，片刻不离总统候选人左右。

"我们没法让你直接给她打电话。"沃尔弗森回答道。

"好吧。呃，算了。"舒斯特说，"那我能发一封道歉信吗？"

沃尔弗森让步了，不过只是稍稍让了点步而已。"如果你打算给胡玛发电邮，这是她的邮箱地址。"

不久舒斯特便给胡玛发了一封道歉信，希望道歉信能够转到希拉里手中。据希拉里的助理们的说法，希拉里在听到舒斯特对切尔西的评论后哭了一场。舒斯特希望这种直接道歉能够让自己恢复正常生活。

但事实却不是这样。

事实上，他的道歉没有得到承认。一小时后，霍华德·沃尔弗森与记者们进行了一次电话新闻发布会。"这件事里最恶劣的是，"他误导记者们说，舒斯特"仍未向希拉里与切尔西·克林顿道歉"。

"狗娘养的！"当舒斯特听到沃尔弗森电话新闻发布会的风声时心里想，"是他不给我道歉的机会！"

舒斯特没参加这次电话新闻发布会，但当美联社致电询问他有什么反应行动时，他才知道这个消息。美联社记者对舒斯特说："霍华德·沃尔弗森刚因为你不道歉而发飙呢。"

"他疯了！"舒斯特说。沃尔弗森在电话新闻发布会上的声明，从技术角度看当然是正确的。从保拉·琼斯到肯·斯塔尔，再到舒斯特，他们都是用过就扔的超市小票和替罪羊。舒斯特见识了克林顿夫妇的巨大影响，而他自己就像是看着一辆大巴疾驰而来（由克林顿夫妇驾驶）、要从自己身上碾过的行人一般无助。

与此同时，正如当时 MSNBC 的一位工作人员所解释的，"NBC

被吓慌了神。希拉里竞选团队控制了一切"。

据熟悉当时情形的一位消息人士讲，克林顿夫妇给 NBC 母公司通用电气董事会打去电话，声称："太令人气愤了，NBC 新闻与 MSNBC 是怎么处理这事的，我们必须做点什么！"不久，通用电气董事会主席杰弗里·伊梅尔特就给杰夫·朱克与史蒂夫·卡布斯去了电话，朱克时任 NBC 环球公司董事长兼 CEO。伊梅尔特说："你们在那里搞什么鬼？为什么我的董事们都在谈论一个记者，你的记者为什么要说切尔西是个妓女？"

尽管舒斯特是一位自由派人士，但他曾为福克斯电视网工作过，并报道过"白水门"事件与莱温斯基性丑闻，在当时还曾与肯·斯塔尔办公室有过密切来往——舒斯特认为，克林顿夫妇在毁灭他的时候获得莫大愉悦。他们决定跟他为敌的决策有点像《爱国者游戏》一片中帕迪·奥尼尔决定反击爱尔兰共和军的女战友一样。哈里森·福特出演的杰克·雷恩在剧中说："奥尼尔晚上能够睡得着。事实上他很可能从这种反讽中获得快乐。她不是爱尔兰人，她是个英格兰人。"

当周周五下午，史蒂夫·卡布斯、菲尔·格里芬与杰瑞米·盖恩斯对舒斯特讲，他必须接受为期两周的停职处理。"我们需要这场辩论。"卡布斯说，他当时是 NBC 新闻的总裁。

"只能让你去压住手雷。"盖恩斯补充说。

"如果 NBC 在这件事上退缩，"舒斯特问，他已经意识到争论是非的时机已经过去，"别人会怎么看我们？"

他们对他的疑问不屑一顾："这个不用你操心。"

他们不愿跟他讨论。早在舒斯特步入房间之前，把舒斯特当作牺牲的羔羊献给克林顿公司祭台的决策便已完成了。他们能够为自己的记者所争取到的最好条件就是，答应在停职期间还支付他薪水——前提是他保守秘密。

舒斯特的同事们纷纷过来安慰他。塔克·卡尔森、帕特·布坎南、乔·斯卡伯勒，甚至克林顿的知己兰尼·戴维斯也为他辩护——当然是在私下里（戴维斯打了好几次电话向舒斯特保证，不管克林顿夫妇做了些什么，他仍然是舒斯特的朋友）。而 NBC 新闻帝国里最受尊重的记者提姆·拉瑟特直言不讳地告诉舒斯特："我知道这是怎么一回事。"拉瑟特以前也曾有过这种经历，只是后来他的影响力越来越大，政客们没办法继续再用这种手法对付他，他安慰舒斯特说："过一段时间之后，我们一块喝酒，这一切都会成为笑话和谈资。"（在两人有机会一起把酒言欢之前，拉瑟特突然过世。）

正如查克·托德所警告的，希拉里竞选团队与舒斯特之间的邮件往来，被希拉里竞选团队泄露给《政客》以及由克林顿盟友大卫·布罗克经营的媒体事务等组织，这引发了自由派人士的忧虑。

大约过了两周后，大卫·舒斯特重回电视主持岗位，不过他感到经过此事之后，他再也无法完全恢复到以前在这家新闻网的地位了。

舒斯特认为，以前他曾经被视为"是个直性子，说话不留余地"的政治评论员，不过在与管理层争执及诋毁希拉里·克林顿声望之后，这一切都变了。"拉客"风波过后，舒斯特觉得自己的老板们认为他"是个有点头脑发热的愣头青"。

舒斯特是否能够更妥善地处理这件事值得推敲。如果他当时在《早安乔》节目中更真诚地道歉会有用吗？很有可能。如果他当时更加努力、更加迅速地直接向希拉里与切尔西道歉会有用吗？也许会有用。毕竟没有什么能够阻止他在电视上向他们表达自己的后悔之意。不过，谁也不知道如果舒斯特采取不同行动能够在多大程度上改变结果，因为大家无法确定克林顿夫妇的愤慨是发自内心还是出于政治考量。但有一点是明确的：当克林顿夫妇处于危境时，他们会死死抓住一切政治机遇，绝不会轻易松手。在大卫·舒斯特的案例中，短短数日内，他们便成功地封住了人们对切尔西的批评。

更重要的是，他们希望通过塑造希拉里与切尔西"受男性迫害"的形象来争取女性选民。而且，他们向媒体传达了一个信息：你们或许更钟爱奥巴马而嫌弃希拉里，不过你们得注意自己的言行，因为我们有毁灭你们的力量。

为了将这一信息传达出去，一位受到人民广泛喜爱的前总统、这个国度里最著名的参议员以及他们影响力巨大的朋友们联合起来，欺负一个相对默默无闻、没有高层人脉、没有领导撑腰的记者。在他们肆无忌惮地欺凌这个记者之际，新闻界与公众则无从知晓他多次试图道歉的真相。而在这一过程中，他们利用切尔西——不仅仅是游说超级代表，更用她将克林顿一家刻画为被媒体欺负的受害者——从而在公众心目中博取政治同情分。

当然，对舒斯特及 MSNBC 的最大打击莫过于抵制 MSNBC 举办的这场辩论。如果希拉里真的这么做的话，按《教父》里的话讲，就相当于"开战"了。不过惩罚舒斯特并不是克林顿夫妇的真正目的，他只不过是这场政治活动的附带损害而已。事实上希拉里在竞选中落后于自己的对手，因而她更需要这场辩论——而且她又比奥巴马更善于辩论——因此抵制这场辩论弊大于利（正如舒斯特对自己老板们解释的）。当时在 MSNBC 工作的一个职员说："他们的策略昭然若揭，而其说法根本站不住脚，我觉得，说它是黑手党战术都是对黑手党家族的侮辱。"

在舒斯特失言事件、他随后的道歉及对他停职处理过后，希拉里·克林顿前往 11 个州进行竞选，几乎过了一个月才又拿下一个州的预选胜利。如果她惩罚大卫·舒斯特是想赢得选民的话，可以说她的计划是失败的。

2006 年中期选举将近之时，曾在《大西洋月刊》杂志任职的勇敢记者乔希·格林开始为报道 2008 年大选进行筹划。格林向编辑们极力推荐一个关于克林顿夫妇的专题报道，得到批准后他就带着这个专题前往希拉里的参议院办公室：他将研究她在参议院里的完整任职历程（几乎是整整一届参议员任期），做出一份让其他记者望尘莫及、更有深度、更全面的报道。

既然无论如何这篇报道都要见报，希拉里竞选团队觉得如果他们在报道撰写期间给予合作的话，就能够对其施加影响。此外，从政治角度看，格林是个自由派记者，而在出任中间偏左刊物-《华盛顿月刊》编辑及在彻头彻尾自由派刊物《美国前景》任特约撰稿人期间，他就小布什总统执政中"令人沮丧的共和党讨论要点"及"恶心人的过山车式政策"撰写了大量文章。他以《大西洋月刊》记者身份接触希拉里参议员，对他的采访也不无帮助，这个刊物不像格林曾经就职过的其他刊物那么自由，同时从表面上看其报道将比较友善。

于是希拉里的参议院办公室职员们给格林大开绿灯。从大多数方面看，他们的做法没错：整体而言，该报道是一篇吹捧性的文章，详述了希拉里如何成功争取参议院里对她心存疑虑的共和党人及民主党人，并克服重重困难潜心于工作，深受同僚们的喜爱。

格林发现，克林顿夫人特别热衷于参加由共和党参议员们主导的参议院祈祷组活动，这些人在她丈夫执政的多年间一直坚定地反对其政策，有些人甚至一直对希拉里持批评态度。这篇文章中充斥着大量这种小花絮，全面刻画了希拉里在参议院里的活动。

不过，文章内容并不都让希拉里受用。"如今希拉里提不出什么宏大构想，没有改革蓝图——按她自己默认的说法，没有证据表明她在任职期间为推进伟大理想而表现出过人胆识。相反，她在参议院里的成绩是集腋成裘式的。她在参议院里真正的成就始终是修复希拉里·罗德姆·克林顿的政治形象与政治生涯。尽管她的实际成果令人印象深刻，但这却不足以赋予她问鼎总统的资格。虽说希拉里参议员谈起来滔滔不绝，但她却讲不出多少实质性的东西。"格林如是总结道。

正是这一结论触怒了希拉里竞选团队，作为报复，他们拒绝在他下一篇关于希拉里的报道中提供任何合作。

"今年夏初，参议员希拉里·罗德姆·克林顿的总统竞选团队获悉男性杂志《绅士季刊》（GQ）正在筹划一篇令该竞选团队痛恨的竞选报道：一篇关于希拉里圈子内斗的文章。"设在弗吉尼亚的行业刊物《政客》在数月后如是报道，"于是希拉里的助理们从好莱坞公关人员目录里找了一位跑腿的，向《绅士季刊》提供了一个没有选择余地的选择：枪毙这篇报道，要不然比尔·克林顿就拒绝登上该刊物计划中的封面名流报道。"

"尽管遭到内部抗议，《绅士季刊》编辑吉姆·纳尔逊还是满足了希拉里竞选团队的要求。据多位了解这次谈话的消息人士讲，这一要求是由比尔·克林顿的发言人杰伊·卡尔森传达出来的。"《政客》记者本·史密斯在报道中写道。

希拉里的喉舌

希拉里的部分政工人员站出来为希拉里辩护，并为她的候选人资格造势，其中最可靠的是詹姆斯·卡维尔，以及标榜政治中立的美国媒体事务网站。

克林顿的前发言人、后转任 CNN 评论员的卡维尔对奥巴马有过一句著名的谩骂，奥巴马直接做出了反击。"大家知道，詹姆斯·卡维尔以口若悬河但说话从不经过大脑而闻名。"奥巴马回应说，"我要专心为美国人民的福祉而奋斗，我认为美国人民不需要再看他 20 年的电视表演。"

从法律角度讲，美国媒体事务是一家免税组织，不得支持任何政治候选人。虽然如此，大卫·布罗克执掌的这个组织已成为一家几乎正式支持希拉里竞选的机构，不断地在新闻界"揭露"奥巴马的支持者们，并为希拉里引发争议的行为辩护。

比如，在 2007 年 12 月，因为 MSNBC 的克里斯·马修斯在整个竞选季明显偏爱奥巴马、冷落希拉里，美国媒体事务对其进行穷追猛打。该组织捍卫希拉里的决心如此之大，以至于检查了马修斯"9 月、10 月、11 月在 MSNBC 的《硬汉》上所说过的每一个评论性词语"，然后得出了马修斯"极端敌视希拉里·克林顿"的结论。2008 年 1 月 4 日，由于福克斯新闻频道的一名评论员所称希拉里"喋喋不休"令男人们反感，该组织为她进行辩护。接着，在 2008 年 3 月 11 日，关于人们指责她曾谴责奥巴马是穆斯林一事，该组织也为她辩护（在一次电视采访中她否认称他是个穆斯林，但狡诈地补充了一句，"至少我记得的情况是这样的"）。"人们常说新闻界报道希拉里时用不同的标准，现在情况果然如此。"该网站抱怨说，"两党内外，所有候选人的言论、只言片语都曾被人误解，但没有一个人的话像克林顿夫人那样被如此曲解和分析。"

保守网站"每日传讯"事后在报道中指出："该自由派信息沟通组织的（前）雇员们向本网站表示，作为广为人知的前第一夫人支持者，布罗克在 2008 年常与她的总统竞选团队联系，而且到 2010 年时还与克林顿长期顾问西德尼·布卢门撒尔定期电邮联系……事实上，从奥巴马于 2007 年 2 月 10 日宣布参加总统竞选以来直到 2008 年 1 月 30 日爱德华兹宣布退出竞选为止，媒体事务合计发布了 1199 篇关于希拉里的报道，而同期仅发布了 700 篇关于奥巴马的报道，仅有 378 篇报道提及爱德华兹。"

不过，事情总有例外。许多热心于报道奥巴马竞选的媒体这时也（暂时）有了报复克林顿夫妇十多年"欺凌"的机会，同时也看到了（暂时）摆脱其媒体团队粗暴对待的希望，似乎无不欣然落井下石。媒体及参议院民主党人的"变节"令克林顿夫妇深感受伤。不过，希拉里还有一个意外的麻烦，或更准确一点，还是那个困扰了她十多年的麻烦：她的丈夫。

第 6 章

失控的大选

"如果她成功当选总统，克林顿就郁闷了，他就成了因为一次口交而被弹劾的家伙。"

——某位高级助理谈比尔·克林顿的2008年"颠覆活动"

在希拉里遭遇意外苦战的时候，比尔·克林顿则不断制造麻烦，频频登上新闻头条。就拿一点来说吧，他与亿万富翁罗恩·伯克尔那复杂而又混乱的财务合作关系终于走到了尽头，双方不欢而散并搞得人尽皆知——这一新闻在希拉里预选战事正酣之际被披露出来。据说这位前总统向伯克尔索要 2000 万美元的"分手费"①。与此同时，他与伯克尔的关系又扯出了克林顿夫妇与数十家外国组织存在利益冲突的问题（如迪拜政府），这些外国组织均与伯克尔旗下基金有生意往来。

希拉里自己也存在着资金问题。她为 2008 年大选筹措了逾一亿美元的竞选资金，但到 1 月份时已全部花光，原因在于她的竞选组织将多兵少，而且意外遇到了奥巴马这个难缠的对手，其强劲势头出乎她的意料。到了 2 月份，她不得不从自己钱包里拿了 500 万贷给自己的竞选团队，而奥巴马则继续从捐献者筹集创纪录的竞选资金。幸运的是，

---

① 克林顿是伯克尔的尤开帕集团的高级顾问，为这家公司提供信誉担保、公关等服务，但不参与具体运营。由于希拉里参选，克林顿为了避免潜在的利益冲突而终止了和这家公司的商业合作。此外克林顿还抛售了其他可能存在利益冲突的股票。

她丈夫在离开白宫与希拉里开始竞选总统之前的这段时间里改善了他们的财务状况——有史以来她第一次能够从自己的钱柜里取钱来做事了。

希拉里在新罕布什尔的险胜意味着她将在预选中与奥巴马进行长时间的较量——希拉里坚信自己的团队与经验能够最终获胜，不过仅仅在数日后她的希望再度破灭，而且破灭在最不可能破灭的地方，由最意想不到的人所毁灭。克林顿这个能言善辩的南方白人，曾被不可思议地称为全美"首位黑人总统"①，却突然间似乎铁了心要疏远黑人选民。在南卡罗莱纳州这个接近半数民主党选民为黑人的州里，他竟然诡异地冒犯黑人选民。

根据《洛杉矶时报》及其他媒体当时的报道，希拉里竞选顾问马克·佩恩认为奥巴马几乎铁定将赢得南卡罗莱纳州，并打算放弃该州，但前总统克林顿否决了他的意见。《纽约时报》在报道中分析了希拉里顾问们的看法，声称希拉里"追求的是包括南卡罗莱纳州在内的全国性竞选策略，不过该州并不是左右总统提名的关键所在，因而其重要性有限。这一观点反映了希拉里竞选团队认为无法在南卡罗莱纳州击败奥巴马先生，长期以来，奥巴马先生一直拥有黑人选民的坚定支持，因此希拉里团队希望降低自己对该州的预期"。向来对自己竞选技能信心满满的克林顿决定亲自前往该州主导竞选事宜，发动一场政治专家所谓的"不怎么有魅力的魅力攻势"。按照评论员援引一位不愿具名的竞选助理的话说，"在早已决定休耕的田地里进行一场'单枪匹马'的堂吉诃德式翻耕"，而且无视希

---

① 克林顿一贯强调种族平等，在公开演讲和具体的法律措施中，他都坚持反种族歧视的主张，获得美国黑人群体的广泛支持，因而被美国黑人女作家托尼·莫里森称为"美国第一位黑人总统"。

拉里竞选助理们的劝阻。

事实上，据助理们的说法，比尔·克林顿认为自己妻子的竞选组织得一塌糊涂，那帮负责竞选的亲信毫无智慧、名不副实。这当然不是一个新奇的观点。按《华盛顿邮报》的观点，希拉里的2008年竞选"在管理上是个灾难"。这也是克林顿不愿听取他们建议的原因。克林顿油盐不进，并与希拉里竞选团队展开了传奇性的敌对行动。

在事后对2008年大选进行的剖析中，《名利场》探讨了希拉里竞选团队与比尔团队之间针锋相对的冲突——就像两个敌对的生意合伙人对推动企业发展的最佳途径有分歧。一位希拉里筹款人对该杂志表示："比尔·克林顿已经失控……即使在她赢得新罕布什尔的那夜也是如此。连希拉里也无法控制他。"绕开妻子后，比尔开始直接向佩恩及沃尔弗森等人提建议。他提议在希拉里竞选总部内创设一个他自己的团队，但因为遭到竞选团队里所有人的反对而罢休。

《名利场》的这篇报道激怒了克林顿夫妇，他们投入巨大精力试图找出消息来源。据一位内部人士的说法，其中的"主要消息来源"是一位默默无闻的克林顿圈里人，不过他现在为克林顿的对手工作了。

然而，在这位前总统动身前往南方之际，他的确同意了妻子竞选团队提出的一项要求：不带自己最新结识的女人同行。据约翰·海勒曼与马克·霍尔珀林在其劲爆的大选畅销书《变局》中所写，这位前总统至少和三个女性传出绯闻——比琳达·斯特罗纳克、朱莉·陶贝尔·麦克马洪及吉娜·葛森。

在妻子问鼎白宫选战正酣之际，这位前总统在婚姻之外与其他女性有染压根算不上奇怪。相反，平心而论，这正是克林顿总统在竞选周期里的典型独特表现。至少，比尔与希拉里维持着比较融洽的关系；而在共和党内拥有领先地位的候选人却难有同样表现，约翰·麦凯恩与其妻子辛迪两人就为捕风捉影的婚内不忠传闻而闹得沸沸扬扬。

捕风捉影的不忠传闻长期以来也同样深深困扰着美国前驻联合国大使及内阁部长、新墨西哥州州长比尔·理查森，他在 2008 年进行了一场与希拉里对阵的希望渺茫的选战。约翰·爱德华兹也曾有绯闻，他在妻子伊丽莎白因乳腺癌而奄奄一息的情况下与一位二流纪录片制片人闹出绯闻，这一故事在连续多个月的时间里占据媒体头条。

比尔·克林顿愿意暂时保持克制，在南卡罗莱纳州之行中不在记者面前张扬，希拉里助理们视之为（难得的）审慎之举。"有许多顾问都向他建言，说带着其他女人出行是个馊主意。"一位克林顿前助理对我这样讲，并忍不住笑出声来。对于克林顿夫人来说，不幸的是，这种审慎行为是他仅有的一次。

火冒三丈的比尔·克林顿严词抨击巴拉克·奥巴马，称其候选人资格是个虚无缥缈的神话，此后恶性循环便开始了。他对奥巴马的不屑早已是名声在外了。在一场攻击奥巴马判断力不佳及质疑其在伊拉克战争中立场的演讲中，克林顿抱怨说："得了吧。整件事在我看来就是一个最虚无缥缈的童话。"对于诸多记者们来说，克林顿的"童话论"不仅指奥巴马在伊拉克战争中的投票，同时还指他的候选人资格。

事实上，克林顿的助理们一开始根本没把奥巴马放在眼里。在第一场参议院竞选中，奥巴马交了好运。他最大的敌手是英俊的百万富翁、哈佛毕业生杰克·雷恩，曾放弃了一份高盛的高薪工作到芝加哥郊外的一所教区学校任教，但在遭遇前妻指责他曾带其前往性俱乐部后自乱阵脚，退出竞选，其妻子指控内容包括"一所装备有笼子、鞭子及其他从天花板上垂下来器具的怪异俱乐部"。雷恩的麻烦——比尔·克林顿根本不把这样的指责放在眼里——导致共和党匆忙用主张破除传统的阿兰·凯耶斯来替换他，这一替换造成灾难性后果。阿兰·凯耶斯最著名的事件是因为2000年总统竞选辩论被拒而进行的绝食抗议。凯耶斯甚至不是伊利诺伊州人，而且始终失言不断，最终仅获得27%的选票。

当选参议员后，奥巴马提了一些冠冕堂皇但内容空泛的说辞，不过这些言论得到华盛顿多数媒体的认可，这一点令人费解。他的运程好比一颗耀眼的超新星，在谋求竞选总统之前他甚至无须费心参议员连任的问题。"所有人都殷勤备至，"一位参议院同僚回忆说，"而他的表现像是说'管他呢'。"奥巴马从来就不用努力争取，一切似乎都是自然而然地落到他头上的，而当时他也把一度属于克林顿的民主党内溢美之词收入囊中。这比任何其他事情都更令比尔·克林顿火大。

在奥巴马不日即将获得南卡罗莱纳州胜利之际，克林顿却将他比作另一位毫无希望赢得提名的黑人候选人，这时问题进一步被激化。"杰西·杰克逊曾在1984与1988年拿下南卡罗莱纳州。"他接着补充说，"杰克逊的竞选组织得不错。而奥巴马的竞选组织得也不错。"

克林顿对负责报道这场竞选的记者们极为恼火，他那传奇式的魅力消失了。他曾在行程的某个时间冲着记者们喊："你们真可耻！"这一段视频在电视与YouTube上无休无止地被反复播放。他还指责奥巴马"对我打种族牌"。

克林顿引发的种族争议激怒了非裔美籍公职人员，他们更加坚定地支持奥巴马，并导致希拉里的支持率进一步下滑。

这场竞选看来凶多吉少。即使前亚特兰大市长安德鲁·杨为希拉里背书亦无济于事，他在电视直播采访中说"比尔跟巴拉克一样黑，他约会过的黑人女性比巴拉克还要多"，更是大帮倒忙。

只有道格·班德在现场为他助阵，就像他在过去十年中的大多数时间里所做的那样。当克林顿做心脏搭桥手术时，班德在他身边；当克林顿会见金正日谈判带回被朝鲜囚禁的两名美国女性时，班德在他身边；当克林顿与奥巴马总统打高尔夫时，班德是现场四人中的一位。在 2008 年党团会议中，克林顿摇晃着手指，在一位内华达州电视记者面前失去冷静："到你的电视台上去说：'我不在乎住房抵押贷款危机。我关心的只是确保部分选民过得比其他人轻松，而且到他们必须投票时……他们的每一票应当至少值其他人五票。'你就是这个意思！"半头谢顶的道格·班德出现在镜头画面中，站在他一生中唯一服侍过的主人身边，苍老的脸庞上显现出担忧的神情。班德也在南卡罗莱纳州助选，当媒体攻击自己的老板是个种族主义分子时，班德勃然大怒。

在这件事上，克林顿意想不到地获得了另一阵营的同情。老布什的一位高级助理回忆说，克林顿在南卡罗莱纳州被奥巴马称为种族主义分子那一天，他曾听到老布什总统说要给克林顿打电话，因为"没有人会在这一天给他打电话"。老布什显然在电话中安慰克林顿，说他知道克林顿不是种族主义分子，而且他仍然是克林顿的朋友。老布什说："在这样的日子里你最需要朋友们的电话，但有时他们却偏偏不打。"

等到比尔结束这次旅行时,他的妻子已经承受了致命性的伤害。"干掉我们的是南卡罗莱纳州。"一位前克林顿政府官员向《名利场》表示。在 CBS 举办的一次民调中,58% 的南卡罗莱纳州选民"称比尔·克林顿介入该州选举是促使他们将票投给奥巴马的重要原因。70% 的人认为希拉里·克林顿不公平地攻击过奥巴马。如果希拉里获得提名,仅有 77% 的人表示认可,这可算是对希拉里夫人的一个警示"。

从此以后,希拉里·克林顿的竞选似乎就从一个争议迂回到另一个争议中——其中部分争议是她自己造成的。尽管希拉里在 10 年参议院工作总努力消除"不诚实"的形象,但她在竞选过程中所做的许多虚假陈述还是导致了人们对她的不信任。比如她多年来一直宣称自己的名字取自探险家艾德蒙·希拉里爵士,但后来被人揭发事实并非如此 ①。她还声称跟奥巴马一样从一开始便反对 2003 年伊拉克战争,但实际上只有奥巴马始终如一地反对伊拉克战争。一位知名电视记者曾听到过一种说法,即希拉里声称曾冒着狙击手射击的危险抵达波斯尼亚。"不可能是与我同行的那次旅行。"这名记者这样想,但事实上希拉里说的是同一次旅行,正是由切尔西陪同希拉里出行并在机场受到欢迎的那次旅行。当然,那里没有什么狙击手。即便是在她试图讲真话、讲她心里所想的事情时,希拉里也会身陷麻烦之中,如她提及罗伯特·肯尼迪遇刺身亡一事来为自己坚持与奥巴马竞争的行为正名,这一说法引发舆论大哗,称她是在为他的死亡喝彩——也招致了米歇尔·奥巴马对她的恨意。

跟比尔不同,人们并不期望希拉里成为一名无可挑剔的表演者。

---

① 艾德蒙·希拉里是世界著名登山家,是最早登上珠穆朗玛峰的人之一。1995 年,希拉里·克林顿与其见面,称母亲为她取这个名字就是想让她像艾德蒙·希拉里一样勇攀人生高峰。不过,艾德蒙·希拉里是在 1953 年登上珠峰,而希拉里·克林顿出生于 1947 年。

不过 2008 竞选年中许多令人困惑的杂音却出自她丈夫之口。参议员奥巴马兴奋地评论说，有时候他拿不准到底是克林顿夫妇中的哪一位在跟自己竞争。而比尔·克林顿的愤怒抨击仍然在继续，令久经历练的记者们与竞选政工人员们大为不解，但此前他们一直钦佩他那鼓动听众的出色能力。数月后，克林顿仍然怒气冲冲地为自己将奥巴马比作杰西·杰克逊的言论辩护，声称："跟我打种族主义牌，还真有你的。我的办公室设在哈莱姆①，顺便说一句，哈莱姆的选民是支持希拉里的。" 他越说脾气越大，咆哮着说，"全世界有 140 万人依靠我们提供的全世界最廉价的抗艾滋药物生活，其中大多数是非洲、加勒比海地区、亚洲以及世界上其他地方的人们。"而他关于杰西·杰克逊的话则属"被奥巴马竞选阵营断章取义，出于政治目的加以曲解，他们试图在其他领域里制造仇恨"。

曾经对他持同情态度的 CBS 新闻网站发布了一篇名为《比尔·克林顿失落的政治遗产》的报道。在这篇报道中，作者评论称，克林顿的前劳动部长罗伯特·赖希曾谴责克林顿牵头发动一场"抹黑奥巴马的运动"，并在报道中援引参议院多数党领袖汤姆·达施勒的话，称比尔·克林顿的"举止有失总统身份"。

对于密切观察他的人来说，比尔·克林顿在这场竞选中身先士卒的行为显得越来越令人困惑。他的妻子当然更是这么想的。在耶鲁法学院读书时，看到自己未来丈夫能够说服已闭馆的博物馆让他们进去，希拉里感到不可思议。至于现在他何以如此蹩脚地做事，则一直是众人猜测的话题，同时也是业余心理学家们分析的一个话题。

---

① 哈莱姆是纽约的黑人聚居区。

　　有些助理则怀疑是因为克林顿在 2004 年与 2005 年进行了两次心脏手术，令他无法再跟上政治游戏的脚步。另外有些人，包括关系密切的搭档与长期服务于他的伙伴，则认为其中有更加邪恶的意图在起作用。

　　我跟克林顿的一位朋友探讨过这一话题，这个人曾跟他一起打过高尔夫，一起在白宫西翼共过事，跟大多数前克林顿助理一样，他要求匿名发表评论。

　　在提及南卡罗莱纳州的这桩竞选灾难时，他主动提出了一个想法："（希拉里）比所有人都清楚，不论比尔做什么，他都是蓄意而为。因此晚上躺在床上时，她心里必定会忍不住想：'那是真的吗，他是犯了错还是故意的？'"

　　这个问题显然也让这位前助理困惑不已。"想听听阴谋论吗？"他继续问，"马克·佩恩，他是希拉里的首席策略师，竟然不懂（预选）规则不是胜者得到整个州，而是按比例分配得票数？那个始终不离她左右的家伙，她的首席策略师竟然没有关于代表们以及他们如何汇总选票的选情简报——而且哈罗德·伊克斯也在竞选团队里？你没办法不去这样想。奥巴马竞选团队里的那些家伙跟这些代表们很熟，希拉里·克林顿怎么会不认识他们呢？这毫无道理……这要么是因为极度的傲慢，要么就是阴谋破坏。"

　　在克林顿圈子里树敌不少的佩恩首当其冲成为希拉里竞选灾难的替罪羊。"很多人希望……他离开。"一位克林顿的资深顾问向记者们表示，"我认为，大概各个阵营都认为这是马克的错。"一位"熟悉竞选情况的克林顿白宫元老"向《华盛顿邮报》表示："我认为没什么人支持马克。"2008 年 4 月 6 日，在连续多篇报道指责他管理失当后，佩恩辞去首席策略师的职务，这一举措让敌人们有了更多借题发挥的机会。

"即便在胜利时刻，佩恩也时刻被敌意包围，这说明希拉里竞选团队内部的关系一点就着。竞选团队的内耗与内斗，粉碎了一位几乎毫无悬念的民主党提名人的机会。"《华盛顿邮报》记者彼得·贝克与安妮·E．康布拉特在其揭露性报道中如是写道。贝克与康布拉特在报告中称，詹姆斯·卡维尔、哈罗德·伊克斯、拉姆·伊曼纽尔、约翰·波德斯塔、保罗·贝加拉和广告顾问曼迪·葛伦渥德都是佩恩的敌人。他们将长期留在希拉里圈子里，佩恩却只能出局。2013 年《华盛顿邮报》在一篇报道中将佩恩描述为"自大傲慢的坏蛋，在团队里种下了不和的种子"。希拉里竞选团队表明自己的态度，佩恩不会参与希拉里·克林顿的下一次竞选。

另一个在希拉里竞选征程中饱受指责的人则面临迥异的境遇。在谈到比尔·克林顿时，鲍勃·施鲁姆对我讲："我认为，对他自己来说，他是一位非常优秀的策略师。但对于别人来说，他并不总能够做一名出色的策略师。"

对于比尔在 2008 年的行为，有一种最简单的解释。比尔过去曾为希拉里·克林顿当选总统的前景深感矛盾，现在依然是这样。这位前三军统帅担心这种情况会影响历史对自己的评价。"如果她成功当选总统，克林顿就郁闷了。"一位前高级顾问如是说，她将成为美国历史上的首位女性总统，而"他就成了因为一次口交而被弹劾的家伙"。其他克林顿高级助理、那些熟悉克林顿想法的人也持同样看法。这位前总统对重返白宫感到"惧怕"，届时他将"被囚禁起来"——被排除在决策层外，而且无法满世界飞、随心所欲地做自己想做的事情。换句话说，他在南卡罗莱纳州及其他地方的怪异表现显示了他内心的矛盾：一方面感到内疚而希望帮助妻子，而另一方面则是要维持自己的利益。

奥巴马的计划

比尔并不是唯一给希拉里·克林顿造成惨重损失的人。等到她参加 2008 年总统大选之际，给她制造最多麻烦的已不是共和党人了。在她精心筹划的计划下，他们已得到安抚，在某些情况下，他们甚至为她在选战中表现出的强硬和果断喝彩。不，她的问题在于她自己党内的反战自由派不信任她。希拉里试图在 2007 年大卫·彼得雷乌斯将军的听证会上软化他们，当时她称该伊拉克驻军司令的证词需要"说服自己相信"，这相当于事实上称这位当代最受尊敬的军事思想家为骗子。但对于希拉里来说，这种举动影响不大，而且来得也太迟。

随着 2008 大选潜在候选人逐渐浮现，许多民主党人一下子就喜欢上了巴拉克·奥巴马。奥巴马在参议院里基本上用不着做多少事情，只需发表演讲就能被大家推崇备至。与希拉里相比，他出彩多了。

"他不会在会议中教导别人该做什么，"一位参议员表示，"而希拉里则可能觉得自己有本事教导别人该采取何种政治策略，或我们应该推进这项立法，我们应该同意这件事并为这件事奋斗。"许多民主党人都嫉妒她，对她有怨言，而在阅历浅得多的奥巴马面前，他们永远也不会有这种感受。

"我们都把奥巴马看作一个清新、没有历史包袱的候选人，而且他还不是希拉里帮派的人。"一位民主党参议员这样向共和党同僚解释自己支持奥巴马的原因。这种紧张态势不久便将深深刺痛希拉里·克林顿，而且是在她最意想不到的时刻。

参议员克林顿夫人办公室引发的一些最新争议，只会让民主党想起麻烦不断的克林顿执政时期。一位共和党参议员表示："他们已经厌倦为他们进行无休无止的辩护了。"

克林顿夫人赢得新罕布什尔预选不久，她的参议院同僚们就已经迫不及待地要浇一盆凉水了。奥巴马竞选团队公布了参议员的背书，这些人都和克林顿夫妇很熟——南达科他州的提姆·约翰逊、内布拉斯加州的本·纳尔逊以及马萨诸塞州的约翰·克里（据同僚们说克里仍然为背叛希拉里而心怀恐惧）。来自纽约州亦敌亦友的查克·舒默私下里鼓励奥巴马，同样采取这种做法的还有来自内华达州的参议院民主党领袖哈利·瑞德，不过他在公开声明中保持中立。

"他们嫉妒得发狂。"一位希拉里的助理向我讲，他口中的"他们"指的显然是那些"背信弃义"的民主党人，"民主党内有些人会说：'我们一起搞掉这个讨厌鬼。'如果你现在对州长们与参议员们搞一次调查——调查任何一位通过全州范围内选举当选公职的人，80%的人会对你讲应当由他们当总统，说他们具备当选总统的一切条件。难道不是这样吗？你难道不认为肯尼迪会讨厌希拉里吗？所有放弃（参选）的人都讨厌她。"

而为奥巴马背书者中弄得最沸沸扬扬的则非前克林顿圈内人比尔·理查森莫属，他于 2008 年 1 月退出总统竞选。

　　数十年来理查森与克林顿夫妇过从甚密，因此这位前总统拼命游说他。克林顿夫妇心里清楚，一个与克林顿内部圈子交往如此密切的人为奥巴马背书将给自己造成巨大尴尬，尤其是在许多民主党参议员已经背叛他们的情况下。克林顿似乎认为争取理查森将不费吹灰之力，便飞往新墨西哥州与自己的前内阁部长一起观看超级碗，在观看球赛过程中要他答应不为奥巴马背书，或至少保持中立。但理查森却不愿做出保证——他开玩笑说如果要在比尔·克林顿与奥巴马之间选的话他会毫不犹豫地选择比尔·克林顿，但他不会选希拉里，因为他觉得奥巴马比希拉里更适合出任该职。

　　两手空空地离开新墨西哥州后，克林顿又派了一位跟理查森一样具有拉丁血统的前内阁部长亨利·西斯内罗斯继续游说工作。

　　"他觉得我能说服你。"西斯内罗斯对理查森讲。

　　"他为什么会这么认为呢？"理查森问。

　　"我猜他认为我们讲的是同一种语言吧。"

　　"政治吗？"

　　"西班牙语。"

　　最终，理查森倒向奥巴马。据多位熟悉他的消息人士讲，他之所以有此举动的原因在于，他与许多知名民主党人拥有同样的观点：他相信奥巴马是独一无二、百年难遇的候选人。其次，他也不希望克林顿一家重返白宫——那意味着乱糟糟、口蜜腹剑、各种稀奇事不断的乱摊子。

　　一位克林顿助理事后向《纽约时报》表示，克林顿对理查森支持奥巴马这件事的态度"与其说愤怒倒不如说是达观"。当然，这种说法是不正确的。据说克林顿曾对助理与合伙人说他永远也不会原谅理查森的背叛。

理查森也不可避免地遭受到了克林顿团队的辱骂，尤其是来自两位克林顿主要财务受益人特瑞·麦克奥利弗与詹姆斯·卡维尔的尖刻评论。"理查森先生的背书大约发生在犹大以 30 个银币出卖耶稣的纪念日之际，因此我认为这一时机是非常恰当的，虽说不无讽刺意味。"卡维尔以其惯常的夸张语气向记者们表示。同情理查森的消息人士对我讲，对克林顿忠心耿耿的人反复向记者们讲理查森先生的坏话，而民主党内人士则在传播一些有关其私生活的谣言。理查森受到了来自克林顿阵营的一致攻讦，似乎时至今日他仍对此耿耿于怀——他们希望杀一儆百，借对他的攻击来吓退那些打算背叛克林顿阵营的人。

尽管理查森为奥巴马背书引起克林顿的暴怒及其团队的攻讦，但这并不是克林顿夫妇所遭遇的最致命打击。最致命打击来自民主党内卡米洛① 继承者们的举动。

首先是 JFK（J．F．肯尼迪）的女儿卡罗琳·肯尼迪，她为奥巴马背书引起群情激动，这一大胆举措令人联想起其父亲的做派。接着是她叔叔。尽管克林顿夫妇费尽心思、花费了数月时间劝他保持中立，但人称参议院内雄狮、如今已然疾病缠身的爱德华·M．肯尼迪依然出面支持奥巴马。

过去希拉里一直在参议院争取这位来自马萨诸塞州的资深参议员，

---

① 卡米洛原为英国传说中亚瑟王的宫殿所在之地，代指肯尼迪昌盛或兴盛时期，尤指 1961～1963 年间肯尼迪任美国总统时华盛顿特区的繁荣景象。

两个家族曾在科德角联欢。比尔多次给肯尼迪参议员打电话，想让他支持希拉里，或退一步说，宣布保持中立。

不知怎的，比尔·克林顿那曾经引以为傲的魅力此刻黯然失色。事实上，结果竟然适得其反。肯尼迪向记者们透露，他对比尔·克林顿对自己讲的一句话心生不快，即："要是在几年前，这个家伙（奥巴马）还得给我们拎包呢。"肯尼迪因此决定为奥巴马背书。这当然只是一个借口而已。肯尼迪家族最终有机会表达他们对克林顿夫妇的不满了。

1月28日，在华盛顿特区美国大学的一次演讲中，肯尼迪在演讲之初言不由衷地赞美了同僚希拉里参议员。不过，演讲的其余部分则露骨地抨击了奥巴马的竞选对手及其丈夫。

"我感觉到风头有变。"肯尼迪说，"从上任伊始，奥巴马就反对伊拉克战争。任何人也无法否认这一事实。" 按美联社的说法，这言论"显然是对前总统克林顿称奥巴马先前的反战立场是个'童话'的回应"。

肯尼迪也对克林顿夫妇历史悠久的丑闻史及攻讦性政治风格出言相讥。"有了巴拉克·奥巴马，"他说，"充斥着谎言与歪曲的政治终于翻篇了。"

因为有机会反击比尔，艾尔·戈尔很开心，他在预选中一直没有为希拉里背书。他在白宫期间早已对她知根知底，沸沸扬扬的预选结束后他最终决定为奥巴马背书。"这次竞选比以前所有竞选都更重要，因为美国对变革的需要之殷切前所未有。"戈尔在一次活动中宣布了自己对奥巴马的支持。

随着提名可能性离希拉里越来越远，希拉里竞选团队面临着她将永远也无法当选总统的可能。重返参议院将会是个糟糕的安慰选项。她孜孜以求的这份公职，令比尔·克林顿内心深感纠结，觉得自己欠她一个总统职位。也许机会从此一去不复返了。因此，比尔将一腔怒气不分青红皂白地发泄到奥巴马身上，向乔治·W.布什、向记者们、向竞选传记作家、向朋友们、向助理们以及大街上随便遇到的什么陌生人发泄。克林顿夫妇对竞选失利气愤难平，所以她死死抓住自己的选举代表不放，拒不承认自己的失利已经是板上钉钉。即使在奥巴马拿到足以获得提名的票数后，希拉里的竞选主席特瑞·麦克奥利弗仍然拒绝承认退出竞选的可能性，也拒绝让财务捐助者撤回对她的支持。

当巴拉克·奥巴马拿到在首轮丹佛民主党大会上获得提名所需的票数后，希拉里圈子里发生了一些匪夷所思的事情。在纽约的一次集会上，麦克奥利弗在介绍这位失利的候选人时称她为"美国的下一任总统"。她跟紧咬双唇的比尔一起在"没有攀不过的高山"口号中出场。比尔站在讲台中央，切尔西小心翼翼地把他拉到一边。希拉里当着数百名观众声称，她已在多场预选中赢得了多数选票，并且有资格继续这场竞选，但在外人看来早已完全没戏——正如奥巴马竞选团队所指出的，这种说法非常荒谬。

希拉里对奥巴马的恨意日深，她还认为奥巴马获胜是因为使用了肮脏的手段。事实上，这一指责没错。奥巴马曾说自己不会发动抹黑式竞选，同时又将这一标签成功地贴在希拉里身上。事实上，他与自己的竞选团队针对领先于自己的竞选对手悄无声息地发动了一场抹黑选战。奥巴马竞选工作人员定期拿一些统计数据、新闻故事以及一些指控，引起记者们的注意，但他们在进行这种具体操作时非常谨慎，严防这种污水溅到自己身上。在数月时间里，这种手法行之有效，直到他们的一次攻击活动曝光。一份备忘录落到了希拉里竞选团队手里，这份备忘录批评希拉里收受来自印度裔人的竞选捐助，并将希拉里称为"遮普省邦①参议员"。被抓个现行的巴拉克·奥巴马暴跳如雷，将幕僚痛斥一番，声称自己的团队在他不知情的情况下犯了一个"愚蠢的错误"。

据朋友们讲，比尔·克林顿深信奥巴马竞选团队也在敏感的种族问题上煽风点火。他新结交的朋友乔治·W.布什私下给他打了电话，为他在种族问题上遭受的"不公平"攻击表示安慰。不过却极少有人回忆起比尔离开州长官邸时，阿肯色州是唯一没有通过民权法案的州，也没有人记得这位年轻的州长是如何与种族隔离分子一起欢庆竞选胜利的情形，更没有人记得年轻州长是如何在竞选中运用一些含有种族歧视意味的语言的。到了2008年，这一切都无关紧要了。比尔·克林顿认定，如果有人胆敢质疑自己在民权问题上的真诚性，那一定就是在伤害他的感情。在他陷入自怨自艾的癫狂之际，他不愿轻易让步。一位民主党策略师表示："我觉得他很受伤……他曾被称作美国的第一任黑人总统，而且与黑人社会有着深厚的联系，很可能非常深厚。"

克林顿夫妇曾命令道格·班德再拟一份敌人名单，这一次将把那些在2008年背叛克林顿夫妇的人列入。在2014年，当一本名为《HRC：国家机密与希拉里·克林顿的重生》的书里披露了这一份名单时，一时引发媒体热议。该书声称，克林顿夫妇按对其背叛情节的轻重，将人名从一到七依次排列。事实上，存在这样一份名单早就不是什么新

---

① 印度西北地区的地名。

闻了。《纽约时报》早在 2008 年就报道过了，并在报道中指出，名单包括比尔·理查森、南卡罗莱纳州众议员詹姆斯·克里伯恩、奥巴马的顾问大卫·阿克塞尔罗德、密苏里州参议员克莱尔·麦卡斯基尔、"肯尼迪家族的多位成员"，以及许多不出名的众议员。

特瑞·麦克奥利弗向《纽约时报》含蓄地确认了这一份名单的存在。"克林顿夫妇每周接到数百个求助请求。"他说，"很显然，你会投桃报李的人一定是曾为你出过力的人。"

据这些报道称，也有些媒体"敌人"。这一名单包括马特·德拉吉，正是他披露了莱温斯基性丑闻并在后面数年里报道了一些令克林顿寝食难安的新闻；《名利场》那篇触怒克林顿夫妇报道的主笔托德·波德姆；还有诸如基思·奥尔贝曼与克里斯·马修斯等奥巴马的"拉拉队长"。

尽职尽责的助理班德将这份名单存在自己的黑莓手机里备用，一旦有众议员或其他寻求帮助的人上门时便可以随时拉出这份名单加以核对。而这份名单在后来的多年中被班德用得日益顺手。

2008 年 6 月 7 日，在华盛顿特区的一场新闻发布会上，希拉里最终承认大势已去。比尔到场却明显不在状态，他仍然希望希拉里继续将竞选进行下去，坚持到痛苦的结局为止。对于与希拉里团队组队竞选，奥巴马的竞选团队不怎么热心，因而克林顿的观点获得了一些人的支持。例如，多位与其关系密切的朋友对我讲，他们的女儿切尔西对奥巴马充满鄙视。一位助理说："她讨厌他。"

数周来，克林顿夫妇一直闷闷不乐，在电视上，比尔拒绝就奥巴马能否成为一位称职的总统发表评论。希拉里在私下或在公开场合里表示，在提名大会中将她的名字与奥巴马的名字并列是一种"净化"。

一个名为众志成城（PUMA）的组织站出来支持希拉里继续与奥巴马对阵，这种做法在丹佛民主党大会上给奥巴马制造了无穷无尽的麻烦。有人在运作恢复佛罗里达州与密歇根州代表资格，这两州因为违反民主党全国委员会规则而被取消资格，而这两州的选票本来是全部归希拉里的。自由派人士指责克林顿夫妇运用尼克松式的肮脏手段、企图窃取这次大会成果。事实上，许多此类举措均是由霍华德·沃尔弗森冲锋陷阵发起的。即使在败局已定的情况下，沃尔弗森仍然继续攻击奥巴马，甚至加强了攻势。他甚至暗示，那些已宣布支持奥巴马的代表们能够而且应当毁弃自己对奥巴马的诺言，并在大会上转而支持希拉里。截至 6 月初，也就是希拉里阵营结束竞选的最后一个月里，沃尔弗森仍在继续战斗。克里斯·马修斯对他的判断具有一定真实性："就像一个到了 1953 年仍然在战斗的日军士兵。"

"奥巴马竞选团队将她妖魔化，以及他们所表现出来的伪善，让我们中的一些人无法释怀。"一位希拉里高级顾问在 2013 年表示，"每当在电视上看到大卫·阿克塞尔罗德，我就无法抑制这样的想法，就是他制作了那些扭曲事实并对她展开人身攻击的广告。"

许多人要求让希拉里出任副总统，这当然没有任何可能性，因为负责此事的两个人是卡罗琳·肯尼迪与埃里克·霍尔德，但原因不仅于此。就其自身所扮演的角色而言，巴拉克·奥巴马一有机会（不论是在公开场合还是在私下里）就向人们保证，声称希拉里·克林顿已进入他副总统竞选搭档的最终名单。这当然是政治层面上的外交辞令，这种说法其实意味着她压根就不会进入到他的最终名单。

单单提到希拉里·克林顿进入名单的可能性，就会引发奥巴马竞选团队众口一词的反对，其中包括两个最有发言权的人——米歇尔·奥巴马与他们家的朋友瓦莱丽·贾勒特^①。

　　尽管奥巴马与希拉里搭档已毫无可能性，奥巴马却希望自己对竞选搭档的选择不会进一步恶化两人的关系。在奥巴马可能选中的所有竞选搭档候选人中，乔·拜登是最可能被克林顿圈子认可的候选人，因此选择他不是出于偶然。

　　另外两位进入最终考虑名单的"选手"是印第安纳参议员埃文·贝赫与弗吉尼亚州州长提姆·凯恩，都可能导致政治上的灾难——至少在克林顿夫妇看来是这样的。两人都还年轻，抱负很大，2016 年大选时他们可能会挑战希拉里。拜登则是这二人的对立面，是个几乎成为笑谈的人物。就拿其中一点来说吧，当时社会上已有对他健康的质疑——他罹患颅内动脉瘤，动过脑外科手术，按拜登自己的说法，就是"几乎把我的头顶给掀掉了"。第二个因素就是年龄方面的考虑——到 2017 年新总统就职之际他将年届 74 岁。再有，当然，就是他那引人发笑的拜登风格——他那说话颠三倒四的能力及他不好好说话的习惯。参议院同僚们认为，他最坏不过是一个善良的小丑，往好了想也只是个脑子偶尔灵光的怪人而已。拜登就是那种没事找事的人，比如，他曾一本正经地向记者们说，希拉里比自己更适合当副总统。奥巴马选定副总统人选之后，几乎立刻就后悔了。他自言自语道："我简直不敢相信自己提名拜登做副总统。"

　　克林顿夫妇以极大热情支持自己的老朋友拜登。比尔热情洋溢地为这一选择背书，声称："我爱乔·拜登，美国也会爱上他的。"他又补充了一句，"有了拜登的经验与智慧，配合巴拉克·奥巴马

---

　　① 奥巴马的密友、高级顾问，奥巴马当选总统后任政府间事务以及公共关系助理，被称为"白宫最有权力的女人"。

那公认的理解力、本能与洞察力，美国将拥有我们所需要的国家安全领袖。"

事实上，在宣布拜登为副总统人选后，克林顿夫妇的情绪突然间有了大转变。虽说仍然痛苦、压抑、自怨自艾，但他们看到了未来进行下一场总统竞选的一丝希望。此前数周的混乱似乎已慢慢退却——全国代表大会上也不再会有场内斗争，也不再有恢复密歇根州与佛罗里达州代表资格的实质性努力；希拉里与克林顿都将在全国代表大会上及另外两个夜晚的活动中开心地支持奥巴马。

也许是最终意识到在公开场合上这种输不起的表现做得太过火，也许他怀念起聚光灯下的日子，比尔·克林顿摇身一变成为奥巴马的铁杆拥趸。"巴拉克·奥巴马已经做好领导美国并恢复美国在世界上领导地位的准备。" 克林顿在丹佛向群情激奋的听众讲，"巴拉克·奥巴马已做好兑现誓言、维护、保卫、捍卫美国宪法的准备。巴拉克·奥巴马已做好了成为美国总统的准备。"不管克林顿的话是否真心，这一切都已不重要了。"这两个人彼此仇视对方。"一位知名民主党人坚持在不具名的情况下表达意见，不过他说的这一切早已是华盛顿政坛的共识，"我的意思是说，他们相互仇恨对方。"不管怎样，美国政治史上为时最长的一段山车式选举活动就这样出现了另一个出人意料的转折。克林顿踏上了各州巡回演讲的征程，讲到嗓子干哑，在电视广告上为奥巴马助选，而且很快便成为奥巴马最出色也是最具说服力的支持者。

在头脑比较冷静的时候，比尔从希拉里竞选失利中总结了几个教训，他决定在下一轮竞选中逐一加以纠正。其一，她没有获得足以支撑长期竞选的资金；其二，她违反了他最拿手也是最著名的政治规则：

竞选关乎的是未来，而希拉里被认作是属于过去的人物；其三，希拉里混淆了与几大选民群体间的关系——如黑人、同性恋者以及拉丁美洲人。当然，他漏掉了第四个因素——他自己在选举中的贡献，或者说是破坏，一切取决于你如何看待这件事。比尔自己的看法恰恰相反，他认为自己对 2008 年选举的控制不足才是问题的关键。下一次竞选他将亲自出任竞选经理，不管希拉里喜欢与否。不过，这场战斗有待来日。

拜登将会是克林顿夫妇实现自己梦想的完美通道。在某个时刻，这位前总统跟拜登商谈，要求让其撮合希拉里加入奥巴马团队一事。

"如果她加入进来，我将在白宫里为她把风，同时确保她得到权力与自主性以及其他一切。"据多位消息人士称，拜登曾这样向克林顿保证。

拜登保证说，她将得到自由空间，而且作为国务卿她将"掌控外交政策"。

等到比尔·克林顿为自己的敌人巴拉克·奥巴马到处拉票之际，很显然，希拉里已开始谋划下一场总统竞选。克林顿夫妇不再是煞风景或输不起的人了。在最坏情况下，她八年后可以再度问鼎白宫；在最佳情况下，如果奥巴马搞砸了，她只需要等待四年时间。

在竞选的剩余时间里，这一撩人想法一直占据着比尔·克林顿的思想。就这样，他做了一些任何有自尊的政客在总统竞选中都不会做的事——跟自己的敌人眉来眼去。这一次，对象是共和党被提名人、希拉里的旧友约翰·麦凯恩。

"在 2008 年大选中，我跟克林顿总统聊过几次。"麦凯恩在谈话的时候微微一笑，似乎意识到自己将要无意中吐露一些内情，"我们谈到了大选。我们谈到了大选的各个方面。"

麦凯恩在谈话中回避将克林顿的观点称作"建议"的说法。"不是那种'你应该这样做，你应该那样做'的意见。"麦凯恩称，"而有点像是'在我看来事情是这样的，以及这些事情我觉得你应该重视'。"这种对话一直持续到秋季，甚至在全国代表大会上希拉里宣布为奥巴马背书之后。麦凯恩回忆说，克林顿给他打电话是为了分享2008年金融救助的想法，这种想法使得麦凯恩"暂时停止了"与奥巴马的选战，把精力投在争取通过解决方案的立法上。

"他是一个政策专家，我们会就此进行探讨。"麦凯恩说，"我们谈论救助计划重要性的原因所在，以及哪些机构应该在救助计划中发挥作用，我们应该信任谁，你知道，就是那种事情。"

麦凯恩就差没有说出克林顿希望麦凯恩击败奥巴马了。"我不能说他更希望（我而不是奥巴马当选）。"麦凯恩说，"不过我得说，如果他没有感受到我们之间的联系的话，他是不会跟我谈的，跟他沟通是不无裨益的。"

麦凯恩长期助理马克·索尔特确认，两人在总统竞选最后阶段时不时通电话，而且谈话内容是关于麦凯恩的竞选情况的。

到2008年9月，那场旗鼓相当的竞选开始两个月之前，比尔·克林顿公开赞扬这位共和党人。

克林顿在ABC《视野》节目上对一帮女性观众说："美国人民有充分理由钦佩他。他这一生所做出的奉献是我们无法媲美的。"

麦凯恩 11 月竞选失利使得克林顿夫妇转而启用备选计划——从奥巴马政府里拿到一块完全归自己执掌的领地。

即将履职的总统将给她一个部门，让她满世界飞，与此同时，把她排除在自己圈子外让她不来打扰自己。至此，希拉里将进入一个封闭的气泡中。

第 7 章

画地为牢的泡泡

"我认为，她基于个人判断做出了错误的决策，而这种决策令许多人丧命。"

——美国众议员杰森·查费兹

2009 年 1 月 21 日，希拉里·克林顿在参议院投票中以 94：2 的得票获得压倒性多数支持，得以出任美国国务卿。仅有的两票反对来自两位保守派共和党参议员：路易斯安那州的大卫·维特与南卡罗莱纳州的吉姆·德铭特。说来有点奇怪的是，那些曾投票支持弹劾克林顿的参议员们竟然无一反对提名希拉里出任国务卿。不过，原本要反对她的人都在这几年间被她争取过去了。而维特与德铭特都是在 2005 年宣誓就职的，在他们与希拉里短暂的交集期间似乎没有建立起什么交情。

"这个国家有很长时间没有这么团结一致了。"麦凯恩如此评价参议院对希拉里的确认。

在 2009 年 1 月 22 日之前，希拉里·克林顿仅做了两件具有重大意义的事情：在丈夫任期内提出的全民医保计划，以及她在 2008 年的总统竞选活动。即便是对她毫无保留的支持者们也承认，这两件事情都一败涂地——基本上是自始至终毫无亮点。因此当她第三次蓄势出击，有了展现自己真正管理才能的机会之际，当她第一次来到雾谷① 办公楼看到热情欢迎她的国务院雇员之时，她承受着必须成功的

---

① 美国国务院所在地区的绰号，因为当地经常被大雾和工业废气笼罩而得名。

巨大压力。

领导这个一度由托马斯·杰斐逊及乔治·马歇尔领导的部门带给她巨大的荣耀，同时，即便对于最老练的外交家来说，这个职位也会带来独一无二的挑战。这是一个庞大的联邦官僚机构，每年预算额超过 450 亿美元，管理着逾 58000 名职员，分支遍及全世界各个角落。

作为国务卿，一开始，希拉里·克林顿决心不光要管理好这个庞大的官僚机构，同时还要改善自己的个人形象。对这位职位最高的外交家来说，国务院是个伟大的平台，希拉里·克林顿决心最大限度地发挥其作用。据多位消息人士讲，她在就职之初曾诚心诚意地推动那些她关心的事项。在跟其他部门头脑一起开的政府会议上，她大胆说出自己的想法，并在巴拉克·奥巴马政府的政策与重大事项中留下自己的印记。

为满足民众对她的期望，希拉里甫一上任便立即筹划出访。她决定上任第一站出访的不是传统盟友加拿大或欧洲，而是前往亚洲——首先是日本，接着是印尼与韩国，最后以中国收尾。整个行程设计目的在于展示"轴心"向东方国家转移，展示新总统领导下的美国外交重点将有所改变。

她会在专机后舱会见媒体记者，跟记者们进行私下闲谈，有一位记者称这种谈话非常坦率。从技术上讲，当时大多数参与的记者甚至知道在"私聊"时刻直接谈要点。他们认为，这些私聊最终会被泄露出去。从希拉里的角度看，她在旅途中跟国务院记者团打交道冒了点险。在从跨越太平洋的远足行程返回途中，她能够从高浓度酒精饮料中得到放松。这是一个良好的姿态——凭借这一姿态她赢得了不少心存疑虑的记者的好感。不过，她仍然有不少工作要做。

结束伊拉克与阿富汗战争后，国务院迅速将关注点转向新政府希望关注的世界其他领域。"在接下来的十年中，我们需要聪明而又系统地利用我们的精力与时间，唯有如此我们才能够占据有利位置，维持我们的领导地位，确保我们的利益并传播我们的价值观。在接下来的十年中，美国治国之术中最重要的任务将是确保我们在亚太地区相当部分的新增投资——外交、政治、战略以及其他方面。"数年后她在《外交政策》撰文称，"亚太已成为全球政治的关键驱动因素。"

不过，事实上，当前的现实与愿景略有出入：美国仍然深陷两场战争中，而且情况将会更恶劣，中东即将再度燃起战火。事实证明，这个"轴心"只是徒有其表。

核心圈子之外

不管希拉里如何渴望开辟出一条新的路径，奥巴马团队却早有其他想法。调子早在初期内阁会议上便定下来了。

跟近期其他各届政府一样，内阁会议只不过是照本宣科而已，是让精心挑选的内阁部长们汇报各自部门运作情况的场合，而不是尽情讨论问题的时候。"这不是一个让大家讨论的团体，更像是一个会议报告程序。"一位曾出任奥巴马首届任期内阁部长的人在采访中如是表示。官员们接到谁将发布报告以及费时多少的通知。"大多活动都是装点门面……是向这个国家展示，在华盛顿，总统在跟内阁官员们正忙着磋商国事。"该前部长称。会议通常进行 90 分钟。

巴拉克·奥巴马不依赖自己的部长们，他靠的是一小撮白宫内部人员，他们自他执政的第一天起就执掌大局。这些人包括奥巴马的忠诚知己瓦莱丽·贾勒特、汤姆·多尼隆，奥巴马的国家安全顾问，以及一帮辛勤劳作但默默无闻的白宫职员们。在美国外交政策方面，他们的备忘录及谈话要点具有不亚于国防部长签署法令的影响力。

奥巴马与克林顿之间的紧张关系在 2008 年大选之后得到了缓和，但在较低层次职员中这种紧张态势却从未缓和。据曾出任总统派阿富汗及巴基斯坦特别代表的国务院雇员瓦利·纳斯尔的说法，这一状况是由"竞选后遗症"造成的。"奥巴马的内部小圈子、他竞选团队的功勋之士们对克林顿心存疑窦。"在出版了奥巴马政府任职期间的自传之后不久他对我讲——这本书引起宾夕法尼亚大道 1600 号的不满，"即使在希拉里证明自己是个具有团队精神的人之后，他们仍然对她的人气及支持率感到担心，担心她会将总统比下去。"

奥巴马的国防部长罗伯特·盖茨是一位从小布什政府里留任的共和党人，对于国家安全委员会被一帮自大而且能力不济的年轻人把持这一状况，他深表不满。这一帮人里没有谁对希拉里·克林顿有多少好感。奥巴马的一位顶级竞选代理萨曼莎·鲍尔曾称希拉里是一个"魔鬼"。她辞去竞选职务，不过后面旋即又被聘为国家安全委员会高级主管。毫无疑问，当两位女性同时出现在战情室时会使会议气氛降至冰点。奥巴马通过选择鲍尔表明了观点：掌控国家安全政策的不是希拉里，而是他。

奥巴马从来没管理过大于参议院办公室（其规模通常为 30 人至 40 人，年度预算约为 200 万至 300 万美元，除了国会山主办公室外，还有几个州办公室）的官僚机构。即便如此，他的处世方法是亲力亲为，在外交政策方面，他已誓言采取有别于乔治·W.布什的政策——恢复世界曾对美国抱有的信任与信心。

当奥巴马将希拉里招入自己的内阁之际，他对她说自己的首要任务是增加就业与改善经济。美国经济已经问题重重，多家大银行倒闭，失业率飙升至多年未见的高点。除了其他原因外，他需要她来掌控外交政策正是出于这个原因，但事实上外交政策的掌控权从未脱离过奥巴马的手心。

"这种斗争的一部分便是——政策发端于何处？"当我在约翰霍普金斯大学高级国际研究学院办公室向瓦利·纳斯尔提出问题时，他如是回忆说，离开希拉里领导的国务院后，他目前出任该学院院长，"国家安全部门就政策提出建议、提供情报、提供信息。而国家安全委员会则对这些加以组织并呈报给总统，然后基于这些部门提供的情况确立一个决策流程，以便为总统提出真正的政策选项。"

但在奥巴马这里事情就不一样了。"当我在那里时，国家安全委员会不是这样运作的。"纳斯尔说，"他们基本上是在那里确定政策，然后让各部门去执行。这基本上成了一个单一决策机构，这样便回避了问题的实质：那里做出的决策的质量怎样，做出这一决策的人们的素质如何，以及其目标为何？其目标是保护总统不受外交政策干扰吗？其目标是管理他的形象吗？其目标是增进美国国家利益吗？"

在接受国务卿一职之前，实用主义者希拉里确曾要求过定期与总统进行"一对多"的会面。对于希拉里来说，这种会面提供了一种视觉表象，至少向华盛顿媒体表明她是政府里一个不可或缺的成员。对于奥巴马来说，这则是展示他会对希拉里的建议洗耳恭听并确保希拉里个人不会感觉被排除在白宫决策层之外。不过这从来没有妨碍他在希拉里离开房间后自行其是。

"我认为,作为国务卿,她跟总统的关系是亲切的,但从来不密切。"参议员麦凯恩称。作为参议院军事委员会里职级最高的共和党人,他可以近距离观察她。麦凯恩在外交政策上是一位鹰派——他跟希拉里而不是奥巴马走得更近,因此这位前共和党总统候选人做出这一评论时语气中有些遗憾。"我认为做出关键决策之时,她不一定非得出现在那个房间里……而且当进行关键决策时,我觉得多尼隆先生不会受她意见左右。我并不是说没人问过她的意见,不过我认为,她没进入国家安全事务决策核心圈是众所周知的事情。"

"我觉得她很少有与总统互动的机会。"一位资深国务院雇员称,"大多数情况下,当她在城里的时候,她会去参加或打电话给国家安全委员会会议的,不过,这是一种极为疏远的关系。"

国家安全委员会在每一个紧要关头都会让希拉里靠边站——应对五角大楼的盖茨、莱昂·帕内塔及查克·哈格尔等其他内阁部长也用这种手法。"当他们在白宫制定针对朝鲜的政策时,他们会把(国防部长)支开,打发到博茨瓦纳这样的地方去。"一位前国防部官员称。

"白宫的人员结构主要由毫无外交政策经验的人组成,通常是些仅具有国内政策背景的人,他们的关注点在于2012年大选以及民调数据。"国务院前特别顾问纳斯尔表示,"他们实行微观管理。他们微观管理阿富汗的战略,他们微观管理对巴基斯坦政策,他们微观管理埃及事务,他们微观管理着一切事务。"

在提及比尔·克林顿将如何融入奥巴马内阁运作时,一个在克林顿政府及奥巴马政府都曾任过职的人笑了。"我预测……他将搞得一塌糊涂。"他表示,"因为他很难管住自己。"而希拉里则不存在这种问题。

"奥巴马把她带进政府,把她封进一个泡泡里,然后就置之不理。"一位前高级外交官称,"事实证明,奥巴马耍了一个非常高明的政治手腕,使得她没办法挑战他,也不给她任何借口以辞职来表示抗议,除非她主动离开政府。她就这么被困住了。"

能够显示希拉里在政府中真正地位的一个早期征兆涉及阿富汗政策的制定,这一事件发生在奥巴马执政第一年,政府就是否扩大这场战争进行决策。在当时这是奥巴马的首个重大外交政策决策,讨论的焦点围绕着他口中的"好战争"展开,他认为伊拉克战争是坏战争。2001年"9·11"恐怖袭击是美国历史上规模最大也是破坏最严重的恐怖事件,随后不久美国就入侵了阿富汗。奥巴马就任之后一直认为这场战争不那么好。

就希拉里而言,她建议奥巴马总统听取地面指挥官——斯坦利·麦克克里斯托将军的看法,即增兵四万。盖茨基本上同意这一请求,不过增兵人数少些他也能够接受。

"我需要的是撤军策略。"按鲍勃·伍德沃德的说法,奥巴马曾在军情室里私下对盖茨与希拉里这么讲。

不过他最终决定,在限定时间里增兵三万是合乎时宜的。这一决策中的决定性因素是什么?希拉里起的作用不大,不过要在没有内阁支持的情况下从战场上撤兵肯定会令他底气不足。这里有更深层的原因。奥巴马的本能告诉他要撤兵,在全世界范围内撤兵,让阿富汗人处理阿富汗的问题。他在伊拉克问题上做出过承诺——这是他有别于希拉里的一项核心竞选承诺,而希拉里在这个问题上与大多数其他共和党及民主党人一样投票支持伊拉克战争。问题在于，全面撤兵是政治上最站不住脚的一个选择，这样做就会让自己与整个军队体制对立。全面撤兵将引发"抛弃伊拉克"的多项指控。刚开始执政的他已经被民主党鹰派及共和党人如临大敌一般地小心提防了，他没有底气做出这样一个决策。

希拉里已指定克林顿的长期助理理查德·霍布鲁克作为她在阿富汗问题上的先锋。不过这一选择并不被奥巴马总统及其助理欣赏。

奥巴马从一开始就不信任他。这样一来的结果就是，奥巴马听不进他的任何意见。相反，总统采纳了一个由少数助理做出的决策，其中许多人相当缺乏外交政策方面的经验。助理名单包括汤姆·多尼隆，他在国务院有过一段中层管理经历，此前曾是房地产抵押贷款巨头房利美公司的一名高管；资历不深的参议院助理代尼斯·马克多纳，他跟奥巴马颇有私交；美国驻联合国大使苏珊·赖斯；家庭朋友兼知己瓦莱丽·贾勒特；还有首席政治顾问大卫·阿克塞尔罗德，在战情室每周一度的"恐怖周二"会议中他必定随叫随到，奥巴马总统会在这里制定恐怖分子目标"击毙名单"。这些人都是白宫信赖的顾问。希拉里却不在其列——也不包括她亲手挑选出的职员。有些人认为，选择霍布鲁克是一个典型的希拉里式错误：对于这样一个奥巴马总统最关注的事项来说，她依赖有着多年交情的密友，而不是让一个更适合职位的人来管理这场战争。从某些方面看，霍布鲁克的确是一位才华横溢的外交政策思想家，不过他决意与阿富汗总统哈米德·卡尔扎伊的对手合作，部分原因在于卡尔扎伊被认为是乔治·W.布什的人。当他要与复杂、难缠的卡尔扎伊展开合作时，这种关系一开始就搞得很僵。

希拉里对霍布鲁克的忠诚始终如一。2010 年在他生病、身体状况恶化之际，希拉里几乎每天都去乔治·华盛顿大学医院探视他。"他临终或者说当他们决定拔管的那一夜，她立刻放下手头的事务前往医院。"纳斯尔回忆说。当霍布鲁克过世时，他的整个团队——全部职员——在医院的楼下候着。希拉里拥抱了每一个人。

"我们去最近的酒店。"希拉里对情绪低沉、沉浸在哀伤氛围中的员工们讲，"我们去那里，进行爱尔兰式的守灵。"

他们离开医院前往离此不到半英里远的丽思·卡尔顿大酒店，希拉里在这里大约待到半夜时分才离开。"她讲了几个故事，然后倾听其他人讲的故事。她跟大家一起哭泣，泪珠在她的眼眶里滚动。"纳斯尔回忆说，"这就是我们所看到的她。"

国务卿的军师

一旦意识到自己永远也不能成为奥巴马领地上的重要角色之后，希拉里·克林顿就回到她的惯常做法了：调整自己的行事方法。"她在大事项上不闻不问。"一位奥巴马政府前官员称，"在消弭自己与白宫的紧张关系方面她处理得很得体。"她更专注于自己的未来。在希拉里满世界飞行之际，她在国务院的职位成了美国与希拉里·克林顿的表演平台，只不过正确的顺序是先希拉里·克林顿后美国。

为了处理国务院里的俗务活动，她设立了一个传统型的国务院团队，安设了一些让她放心也令外交政策体制里的人安心的人。

希拉里的首任媒体主管P.J.克罗利便是典型一例。克罗利的职业背景很可靠，但谈不上才华出众：26 年的空军服役经历；克林顿执政时期的总统顾问；保险信息研究所副所长；美国进步中心（CAP）高级研究员，该组织是希拉里在参议院任职时准备的影子白宫。

作为希拉里国务院的发言人，克罗利在应对雾谷媒体方面不够机敏。他一上讲台便手忙脚乱，常常在国务院希望淡化的一些事情上制造出一些新闻。相形之下，一个出色的媒体主管可以进行为时一小时的公开新闻吹风会而不制造出任何新闻。公平而论，国务院新闻发布会讲台是个最棘手的地方——这个岗位需要了解美国对全世界每一个国家的立场，稍有不慎便可制造出一场国际危机。

他任发言人期间一个最"臭名昭著"的例子是，破坏了美国政府因为布拉德利·曼宁制定的规则——布拉德利是将美国文件透露给维基解密的朱利安·阿桑奇的那个人。"国防部对布拉德利·曼宁的所作所为简直不可理喻、毫无建树而且也很蠢。"克罗利在麻省理工学院对一群人讲。这一说法与政府的说法分歧太大，以至于奥巴马总统不得不于当周晚些时候在新闻发布会上解决这一问题。不久克罗利便出局了。

为了寻找替换他的人手，国务卿希拉里转向国务院资深专家维多利亚·纽兰，她才华极其出众，且是外交政策的行家里手。华盛顿人士一致认为，希拉里挑选她意在先发制人，堵住右翼的批评。纽兰此前曾在布什政府里就职，而她的丈夫罗伯特·卡根是《华盛顿邮报》保守派外交事务专栏作家，也是约翰·麦凯恩 2008 年竞选时的外交政策顾问。任命纽兰使得许多体制内的共和党人因为怕触怒卡根而不敢公开批评他的妻子，从而堵住了他们的嘴。

希拉里甚至任命卡根进入自己的外交事务政策理事会，该理事会由斯特普·塔尔博特负责。斯特普·塔尔博特早就原谅了自己的前室友比尔·克林顿在求学期间勾搭上自己女友的行径。跟华盛顿的众多其他组织一样，这个理事会只是一个形式——事实上，该理事会是否有实质性政策建议得到希拉里采用尚不明确。不过重点根本不在这里。事实上，其主要功能跟对纽兰的任命相似：如果华盛顿外交政策体制为你服务，而且在某些方面满足了你，则他们公开批评你的机会就会小很多。

希拉里还设立了第二个几乎完全独立的组织，这个组织也可称为"2016"组织。

有件事可以表明奥巴马有多想把她拉进自己的内阁。总统与其高级助理勉强同意让希拉里在挑选雇员过程中保持自主，跟其他内阁官员不同，她可以保持克制而不必雇用通常那些在奥巴马竞选中出过力的政坛人物、雇员及大量其他人员。当然，她不必雇用任何在 2008 年致力于击败自己的人。她可以我行我素地为自己的部门挑选官员，在政治上投桃报李。相比之下，参议员、外交关系委员会主席约翰·克里，却抱怨自己的任何人选都无法通过白宫人事体系的筛选（克里曾在 2008 年为奥巴马背书）。

不过这偶尔也会受到限制。例如，希拉里曾提议让西德尼·布卢门撒尔加入自己的团队，西德尼是希拉里所信赖的一位顾问，2008 年竞选中曾对奥巴马进行最猛烈的直接攻击。奥巴马幕僚长拉姆·伊曼纽尔是个急性子，也是前克林顿圈内人，他代表奥巴马拒绝了她的提议。长期以来，人们一直怀疑是拉姆在竞选期间传出了一张奥巴马身穿非洲服饰的照片，这张照片意在让奥巴马看起来像个外国人。由于奥巴马的父亲出生在肯尼亚，这张照片滋生了奥巴马也出生于肯尼亚的谣言——这个谣言企图以卑鄙的阴谋在竞选开始阶段将这位年轻的参议员掀落。

除此以外，克林顿夫人可以大体上重整国务院的政治架构，包括她的长期演讲稿撰稿人莉萨·马斯卡廷、痛恨媒体的媒体主管菲利普·莱内斯，当然，还有对她忠心耿耿的胡玛·阿贝丁。希拉里出访过一百多个国家，胡玛几乎全程陪同。

"胡玛与菲利普是对希拉里个人事务事必躬亲的经理人。"纳斯尔称。

确实，莱内斯跟希拉里的关系如此密切，以至于他犯了大错仍然得以留任。由于他的行为导致希拉里在俄国人面前受到羞辱，当时这位媒体助理被骄傲自大蒙蔽了理智，使他做出了错误的决策。

2009 年 3 月，奥巴马执政不足两月，希拉里在日内瓦会见俄罗斯外交部长。根据民主党全国委员会主席黛比·沃瑟曼·舒尔茨的前职员与人合作撰写的《HRC》一书的描述，她随身带来了一件礼物，"匆匆忙忙从酒店游泳池或泡沫浴装置上顺来的一个紧急制动按钮"。这个红色按钮上印上了拉丁文"peregruzka"，意思是"超负荷"。上个月，副总统乔·拜登引用了乔治·W.布什提出的"重置"美—俄关系的话语，因此这个词本来应是"重置"，不过莱内斯把文字翻译错了。

"你搞错了。"俄罗斯外交部长拉夫罗夫说。

希拉里只能回应说："是我搞错了。"她就这么被人当面羞辱了。

莱内斯试图责怪奥巴马的近臣，也就是即将出任驻俄罗斯大使的迈克尔·麦克福尔。对希拉里来说，幸运的是媒体这次没有对她的失误穷追猛打。《纽约时报》轻描淡写地描述这次令人尴尬的失礼："迷失于翻译：美国给俄罗斯的礼物。"

不过这一事件再次展示了希拉里身边的人对她照顾不周，因为她跟他们太过熟络而无法就其职责及品格做出准确判断。

"希拉里设立了一个专门的团队确保自己的头发整洁、灯光下的形象良好，而且与重要领导人会面的场面一定要见报。"一位前大使如是表示。

负责报道希拉里的记者们回忆说，美国国务院历史上第一次有了一个领政府薪水但跟美国外交政策无关、只负责国务卿本人事务的发言人。粗鲁无礼的莱内斯负责回答所有与希拉里·克林顿相关的问题，有关政治及她个人生活的问题都将由他回答。他将基于对你的喜欢程度（根据他对记者们的仇视态度，几乎是不可能喜欢你的），或你的利用价值，决定如何回答你提出的问题。

希拉里政治组织内最不可或缺的人物当数她亲手挑选的幕僚长。所有有权势的领导人都需要一个不离左右的影子，为自己提供睿智的建议，替自己执行敏感的任务，管理忠心耿耿或不怎么忠心的下属。教父科利昂有汤姆·海根，比尔·盖茨有史蒂夫·鲍尔默，对于希拉里·克林顿来说，这个顾问就是绮丽尔·米尔斯。

在与巴拉克·奥巴马对阵的预选中，希拉里主要的胜利都是在米尔斯任竞选经理时实现的。在雾谷，她是国务卿希拉里的首席顾问与幕僚长。如果希拉里能够重返白宫的话，绮丽尔·米尔斯将成为世界上第二最有权势的女性，她是希拉里的军师。

作为一个少校的女儿，米尔斯在欧洲、比利时及西德的各大军事基地里长大。跟成长于军队的许多人一样，她的忠诚对象在更大程度上是对人而不是对意识形态。

从斯坦福法学院毕业仅仅两年后，米尔斯便从华盛顿声名最卓著、也是待遇最好的一家律师事务所辞职，前往小石城，加入了正筹划比尔·克林顿总统入主白宫初期生活的过渡团队。当时克林顿与老乔治·布什及罗斯·佩罗的竞选尚未结束，不过克林顿在民调中居于领先地位。米尔斯愿意将赌注压在克林顿夫妇身上，当胜利最终到来之时，克林顿夫妇也愿意将赌注压在米尔斯身上。

这位27岁的女孩被任命为总统副顾问，四年后，她成了白宫副顾问。她最重要的职责便是处理引发弹劾案的一大堆丑闻与调查。米尔斯的朋友们会说，她有一种天赋，能保护克林顿夫妇不受心怀政治野心的失控检察官伤害。她的敌人们则说，她只是善于掩盖不法行为而已。

米尔斯的做法是跟敌人、检察官以及前来质询的记者们不择手段地周旋。如果有避免披露文件的方法，她一定会找到。在为克林顿夫妇法律与政治存续所做的旷日持久的阵地战中，她从来都寸步不让。从电脑屏保（"雄狮追捕猎物……"）到她桌子上挂的标语（"那里去不得"），无一不反映出她在捍卫比尔与希拉里·克林顿过程中表现出的坚韧态度。

国会委员会曾受理一项指控，称政府曾让雇员在工作时间里整理了一个数据库，并发送给民主党全国委员会及克林顿连任竞选团队。在克林顿的众多丑闻中这件事根本微不足道，但当该委员会就这一指控展开调查时，米尔斯坚决不肯交出文件。于是，当被传唤到该委员会作证时，她的诚实性受到了质疑。据国会记录，这一事件被提交司法部，要求就涉嫌作伪证及妨碍调查行为展开调查。不过，最终米尔斯没有受到任何指控。

同样，当被要求提交逾180万份邮件之时，白宫称由于技术故障而无法向调查官员、国会及外部机构提交。米尔斯被授命调查这一问题，但她的调查没有任何结果。在一份措辞严厉的司法裁决中，一位联邦法官表示，米尔斯对披露文件的要求"完全没有充分"回应，是一个"严重错误"，"而且做法令人厌恶"（不过她曾经也支持披露文件，最有名的例子是她建议披露凯瑟琳·威利的政府记录及私人通讯记录，企图毁坏她的名声，而原因则是凯瑟琳曾指控比尔·克林顿在白宫摸过自己）。

从进入白宫的第一天起，米尔斯就让克林顿夫妇印象深刻：她对他们非常忠诚。"她对总统忠诚得令人难以置信。"一位不愿具名的白宫助理向一位记者表示，"如果克林顿夫妇需要一件墙外的东西，她一定会拿到：不管是越墙、绕过墙还是穿过墙。"在众议院弹劾克林顿后，米尔斯公开阐明她对总统的忠诚。在克林顿律师完成辩护的第二天，米尔斯发言为克林顿辩护。父母一脸骄傲地从参议院旁听席上望着她，33岁的她是有史以来第三位或第四位在参议院发言的黑人女性。米尔斯说，她"为有机会为我们的国家及这位总统服务感到非常自豪"，在回应克林顿在保拉·琼斯的公民权案中撒谎的指控时，米尔斯向参议院保证说，比尔·克林顿热爱公民权利。他"祖父有一间铺子"，"主要经营对象就是黑人"，而"总统将其祖父的教诲铭记在心"。毕竟，是他雇用了绮丽尔·米尔斯。"今天我之所以能够站在这里作证，是因为其他人已经表了态"，而且"我今天之所以能够站在这里，就是因为比尔·克林顿总统相信我能够为他代言"。

她气势恢宏的演讲令北达科他州的拜伦·多根很是震动，称其为"我在参议院从政生涯中听到的最出色的演讲"。在对比尔·克林顿案进行总结时，她先后四次重复"我不担心"，结尾的那句最有冲击力："我不担心公民权利问题，因为这位总统在公民权利、在女性权利——在所有权利问题上的表现——是无可指摘的。"至于内容是否真实、是否妨碍司法已经无关紧要了，米尔斯与克林顿团队的其他成员成功"阻击"了克林顿弹劾案，而把它拉向了种族问题。

在她大师级的演讲过后——比尔·克林顿无罪开释——华盛顿所有法律职位都可以任凭米尔斯挑选。总统甚至提议让她出任白宫顾问一职，不过米尔斯已经心力交瘁。1999 年她搬到纽约，加盟奥普拉·温弗瑞的氧气传媒出任副总裁，两年后她出任纽约大学总顾问，伴随她六年多的法院传票、国会调查、独立顾问及调查记者们都可以抛到一边了。或许她是历史上少有的搬到曼哈顿去享受宁静的律师。

米尔斯远离政治的平静生活持续了八年——直到希拉里·克林顿宣布竞选总统。米尔斯以顾问身份加盟竞选团队，在经历一连串预选失利后，希拉里开除了原本的竞选经理，备受信赖、富有斗志、永不疲倦的米尔斯成了实际上的竞选团队负责人。"在竞选途中，"旅行媒体主管杰伊·卡尔森向一位记者表示，"你可能会遇到一种情况，团队里面没有明确的一个人，没有明确的领导，没有明确的权力中心。但如果有绮丽尔在掌管，这永远都不会成问题。"

其他人不但敬佩她，同时也畏惧她。"我真的很喜欢绮丽尔。"一位曾在 2008 年竞选中与她共事的助理这样说，"如果知道我跟你谈过的话，她会杀了我的。"该助理补充说，"不过我自入职以来没见过绮丽尔发飙，但我的的确确听过这种事。我知道这事确实发生过。"

希拉里竞选失利从参议院转入国务院任职后，米尔斯便跟随希拉里·克林顿进入雾谷。在这里她是希拉里·克林顿一切事务的高效、热诚守护者，偶尔也会表现得不近人情。希拉里死忠们不失时机地对她大加赞美。"绮丽尔·米尔斯将那座大厦打理得井井有条。"瓦利·纳斯尔说。

在这座大厦里被她打理得井井有条的还包括 2000 年国会创设的职位，即负责日常行政的两位副国务卿之职，也是该部门的二号职位。希拉里在其中一个职位上安设了一位典型的外交服务型人员，另外一个职位则给了一位久经历练的政工人员——汤姆·奈兹，他负责守护希拉里的政治前途。

"汤姆·奈兹简直是国务卿希拉里的守护神。"一位也在小布什政府中任过职的前国务院官员称。妻子在 ABC 新闻频道任高级主管（后来跳槽至 CNN）的奈兹同时还与主流媒体有着无人能及的联系渠道。

奈兹与米尔斯一同负责该部门的脏活，希拉里正在努力提升个人形象，所以要和这些脏活保适当的距离（事实上，一位内部人士预测称，如果希拉里赢得 2016 年大选的话，众人觊觎的白宫幕僚长一职人选将是奈兹，而非米尔斯）。

"他们将共同决定哪些事由国务卿希拉里来做，哪些会让她秘密做完却不发布公开声明，这样在决策过程中她就能受到保护。"一位国务院雇员表示，"她需要名正言顺地从这些事项中抽身，这样一来，如果出了差错她就能够否认对这些事项知情。"

"她有点儿超然物外的意思。"一位官员说，"如果一项政策真的要失败了，她就抽身事外。"

希拉里的外交理念

克林顿夫人的知名度是她为这份工作及奥巴马政府带去的明显优势。入职之际她的知名度要远远高于所有前任——从亨利·基辛格到科林·鲍威尔再到康多莉扎·赖斯。这有助于全世界接受这个美国的新公共形象。

这一点同样有助于她吸引令人意想不到的钦慕者，如国防部长盖茨，只要他们同处一室时他总向希拉里大献殷勤。盖茨的一位助理将他描述为摇滚歌星的狂热粉丝，即使屡战屡败，他们依然在许多问题上结盟对抗奥巴马的国家安全委员会。

毫无疑问，希拉里希望避免重蹈 2008 年的覆辙，她特别注意加强与国会议员们的联系，包括可能为其背书的民主党人以及可能与她展开竞争的共和党人。一位曾批评过克林顿夫妇的共和党人回忆说，国务卿对他的意见表现得极其包容——而且只要他有什么想法，她随时都愿意洗耳恭听。

众议员保罗·雷恩是她 2016 年竞选的潜在挑战者之一，他也自认为是希拉里的粉丝，在希拉里出任国务卿期间两人合作愉快。"我觉得，大家敬重彼此的才华，她在党内是位有才华的领导。"他在一次采访中对我表示，"因此我敬重她，而且我觉得希拉里对我也有类似看法。"

希拉里深知参议院里参议员的抱负不可小觑，因此只要参议员们打来电话她马上便回、迅速跟进国会要求，这让人们形成了一种印象：哪怕是很普通甚至有点疯狂的想法，她也会亲自关照。

一位参议员打电话来，要跟她分享一些关于伊斯兰教本质的想法，希拉里几乎马上回了他的电话。这位参议员说："我的建议是，我们需要寻找一些可以集合伊斯兰领袖的论坛，然后我们就可以问一些简单问题，比如：'你认为沙特是否应该给予基督徒平等权利呢？'而当这些'伊斯兰领袖'公开承认基督徒跟穆斯林及犹太人不享有平等权利时，那么我们就可以向全世界公布这些分歧。"

这位参议员认为自己的计划和美国终结种族隔离政策的方式有异曲同工之妙。"当 CBS 新闻将麦克风递到牧师面前问：'黑人能到你的教堂里来吗？'不让他们进，或在一百年里都不让他们进，这都没关系，不过你会在电视上说'因为他们的肤色，所以他们就不能进我的教堂'吗？我觉得在清真寺里传播某种意见、说某种语言没有关系，但如果你在公开场合逼迫他们回答一些简单问题，那么他们的日子将会很难过。"

与这位参议员在电话上谈了相当长一段时间后，希拉里对他说："好的，我会考虑你的意见。"该参议员曾在两项弹劾指控中均投票支持给克林顿定罪，也曾在她出任参议员期间强烈反对她的立法提案。不过他感到有人听取了自己的意见，这是大多数国会议员的渴望。等到希拉里离开雾谷时，他对她已产生好感与尊重。

希拉里的助理们认为，刚刚入职的国务卿出访刚果民主共和国之际提出女权问题是一件关系重大的事情，一时令她名声大振。当时她被问及（据当时在场的翻译记录）："请问克林顿先生打算通过克林顿夫人之口传达些什么呢？"

她一把扯下耳朵上的翻译设备。"等一下，你希望我告诉你我丈夫是怎么想的？"希拉里大声说道，当时她穿着一件紫色裤套装和紫色衬衫，"我丈夫不是国务卿，而我才是。如果你要问我的意见，我会告诉你我是怎么想的。我不是我丈夫的传话筒。"

回到美国后，这段视频成为热门，一同出现在视频里的还有前篮球球星迪肯贝·穆托姆博。不过，许多小报则戏谑希拉里。"希拉里：我穿上了男人的裤子。"《纽约邮报》写道。《纽约每日新闻报》对该事件的报道则是："嘿，我才是老板，比尔不是。"。

这是希拉里试图向全世界推销的话题，这是深谋远虑、思前想后的结果。"女性平权不只是一个道德问题，不只是一个个人问题，不只是一个平等问题。"希拉里在一次会议上讲道，"这是一个安全问题，一个繁荣问题，一个和平问题……这件事关乎美国的核心利益。"这是被人引用甚广的一段话，而且我们可以蛮有把握地说，她希望用这些话语把自己定位为美国顶级外交家。

这些话跟她 1995 年在中国说过的话相呼应。"现在正当其时，让我们在北京向全世界声明，现在再将女性权利与人权分开谈论已是无法接受的事。"当时的第一夫人在一次女权会议上发言称，"因为觉得嫁妆太少而把女人浇上汽油点火烧死……数以千计的女人在自己的社区被强奸，作为战术或作为战利品将数以千计的女人强奸是对人权的公然违反。"希拉里的好友梅拉妮·弗维尔称，这次演讲在"推进全球女权运动取得进步"方面居功至伟。

1995 年的声明振聋发聩，当她以国务卿身份重新现身时，她声称女权运动已经取得成就。"我认为，我们已取得巨大进步，而且我们已经为女性争取到筹划自己生活的权利，这比历史上任何进步都要大得多。不过，仍然还有些外部及内部障碍。外部方面，世界上仍然有许多地方的女性无法接受教育，得不到医疗保障，找不到工作，得不到培训，她们的工作得不到认可，大家知道，这是大家日常生活中必不可少的基本条件。"2010 年 5 月希拉里在北京的女权运动领袖会议上如是讲。

"而且，在家庭生活方面，每一个女性都得在生活中搞好平衡，我们得尊重女性做出的决定，我们都是如此不同凡响。不过男人与女人的思想里仍然存在着一些观念，这种观念使得女性很难感受到自己取得的成就，也很难觉得自己的选择能够获得别人的支持。"

她还竭力鼓吹同性恋权利。在国务院发布的一个视频中，希拉里向民众呼吁："近期听到有多位青少年因为是同性恋或人们认为他们是同性恋而受到欺侮并自杀，跟数以百万计的美国人一样，我感到非常悲哀。"希拉里对着镜头说，"想想我的一生中女性权利取得的进展，我们历史上女性、少数民族、种族问题以及宗教少数群体所取得的进展——男同性恋与女同性恋群体也可以，许多同性恋者现在已经可以自由公开地生活，而且他们还为此感到自豪。在国务院，我向这里及在全世界各地工作的外交公务员中的同性恋、双性恋及变性者雇员表示感谢，感谢他们为美国所做的贡献。就在不久前，这些男人、女人们还不能在公开身份的情况下为美国作奉献，但今天他们已经可以这么做了——因为环境已经改善了。你们的境遇也将得到改善。"

这个话题的怪异之处就在于它切入了美国国内政治领域，通常这不是国务卿管辖范围内的事情，不过这显示了希拉里对此事的重视。她会在国外不断谈论这一话题，也许她是首位将支持同性恋平权作为美国外交政策重要内容的国务卿。

这些将成为她任期内的工作成果。尽管尚无明确证据表明这件事情已取得进展——不能说女权问题或同性恋问题上已取得胜利——但这的确有助于打造总统竞选的基础。她会说选择她当总统将会确保在这些领域的斗争得到继续。

希拉里还竭力巩固跟奥巴马的关系，这段关系从没有过热情似火的时候——众所周知，奥巴马总统几乎跟所有人的关系都很冷淡——不过却是真诚的、正确的、商业伙伴般的关系。对于奥巴马这种超然于情感之外的总统而言，这些品质是很重要的。

希拉里的幕僚明确向媒体点明了两人的分歧：希拉里将自身定位为比老板立场更强硬的人物。首先是伊朗问题，2009 年夏，横空出世的强硬派马哈茂德·艾哈迈迪·内贾德成为该国总统，并公开宣称仇恨美国及其盟友。人们走上街头抗议，表达自己的不满之情。骚乱迅速蔓延，而且这一切都不是虚张声势。这是一个关键时刻，三十多年来，这个高压性政权似乎第一次面临挑战。

助理们讲，希拉里希望美国介入其中，并在一定程度上影响霍梅尼死后的伊朗政局。即便是她的助理们也认为这是一场社交媒体革命，受到诸如推特等社交媒体平台的合力推动，他们试图将这种力量转化为更具实质性的行动。这是他们在大选中输给奥巴马的一种反应，他们认为自己就是被互联网的集体力量所击败。不过奥巴马对伊朗问题另有看法，他认为这纯粹是伊朗内政。奥巴马发表声明说："谁该当总统完全取决于伊朗人如何决定。"因此，美国也就没有采取任何实质性措施，抗议人群在亲政权势力的攻击及逮捕压力下日渐减少。

同样，在叙利亚出现的内战也演化成政权对起义者的镇压。希拉里在声明中发出警告，呼吁美国支持叙利亚起义军。她希望美国有所行动，不过奥巴马总统却不以为然。希拉里的坚定支持者们因此和奥巴马大唱反调，在奥巴马主政年代里，这些反调必将引起人们的疑惑。

当她不动声色地将这些分歧悄然公开时，奥巴马似乎也听之任之。他仍然需要她，尤其是在 2012 年连任竞选临近之际。而他最需要的则是她那反复无常的丈夫。比尔将很乐于出手相助，当然前提是有利可图。

民主党的撒手锏

2012 年年中，奥巴马民调数字下滑，总统显然无法在连任竞选时提出什么有力的口号，这一任务便落到了比尔·克林顿身上，需要由他出面担任奥巴马的斗士。前总统心不甘情不愿地接受了这项任务。

"有时候这真的很让人不舒服。"一位克林顿与奥巴马的高级助理说，"2008 年大选我也参加了，因此我认为不管出于何种原因，奥巴马的人马对克林顿的厌恶远甚于对希拉里的厌恶，因为他说的一些话实在让他们如鲠在喉。"

奥巴马对这位前总统的看法差不多是蔑视了。两人都觉得对方的实力被严重高估了。不过作为一名清醒的政治现实主义者，奥巴马也明白比尔·克林顿自有其用处，这便能够解释包括奥巴马财政部长蒂莫西·盖特纳在内的高级官员们何以特意前去拜访这位前总统，就 2009 年金融危机事项向他求教。

盖特纳曾亲自到克林顿设在哈莱姆的办公室里去聆听这位民主党政治"天才"的想法。不过，他失望而归。

在整个谈话期间，以讲话无重点著称的克林顿一门心思地强调一个似乎完全不沾边的想法：他督促奥巴马为商业承建商提供更优惠的财政奖励举措，鼓励他们建设能源利用率更高的建筑。他是从一家智库发布的白皮书上看到这一建议的。克林顿曾争辩说，既然银行能够提供 30 年的抵押贷款融资，政府为什么就不能为提高能源利用率的房屋翻新提供 5 年期的贷款融资呢？

"我们一直想讨论问题资产救助计划（TARP）、中国以及金融危机，"一位当天参与会谈的人士说，"他一再谈到翻新摩天大楼……他一门心思地谈论这个话题，实在令人不解。"

盖特纳不久便厌倦听取比尔的"建议"了。在回程途中他向助理们称，他对比尔的这种表现感到困惑，不过其他人则怀疑克林顿是不是揣着明白装糊涂。奥巴马曾击败过克林顿的妻子，他的竞选团队在竞选过程中曾称第 42 任总统是种族主义分子。既然如此，克林顿为什么要给奥巴马出好主意帮助他脱离这一困境呢？

2011 年，克林顿仍在严词批评他妻子的老板。在一本名为《重返工作》的书里，克林顿含蓄地批评奥巴马挑起阶级战的言论，称这一做法导致收入最高阶层选民流失。"1993 年我加税时许多人都支持我，因为我并没有因为他们取得的成就对他们横加指责。"克林顿还指责奥巴马与民主党人，称其"以共和党的宣传语反对共和党"导致 2010 年中期选举一败涂地。

接着，到了 2012 年年中，事情出现明显转变。克林顿开始为奥巴马助选，其干劲与兴致很高，很多人认为他劲头十足、不遗余力地助选，在总统连任竞选中出了大力。与此同时，克林顿也着力让大家都注意到自己才是民主党内众望所归的人，他希望再次利用选举将民主党团结在他以及他的政治机器的周围。

克林顿实现这一目标的黄金时刻是他在 2012 年民主党全国大会的演说——他那不同凡响的演说博得满堂彩，为奥巴马创造了前所未有的竞选连任条件，他的演说提醒了选民：克林顿才是民主党内最聪明、最有魅力的领导人。

表面上看，这一场演说只不过是比尔·克林顿出品的又一篇长篇大论，由比尔·克林顿写就，而且只有比尔·克林顿才可以完成。演说中提及奥巴马 33 次，但克林顿说了一百多次"我"或"我自己"。他谈到了（他自己）与对手党成员共事的经历，如罗纳德·里根及两代乔治·布什——同时又讥讽共和党人不屑于向选民介绍其候选人"爱他们的家庭、爱他们的子女以及对出生于美国感到自豪等诸如此类的事情"。他卖弄自己谙熟各种数据，演讲中引用了超过 45 个统计数据、比率及数字。他在演说中至少六次恳求观众仔细聆听他无比重要的观点，会说："请仔细听我说，这一点真的很重要。"

而他的听众们听到的不过是几乎所有可以想象得到的各种事项的罗列，从工作机会到税收、开支、汽车业、天然气标准、能源生产、教育、大学生贷款、奥巴马医改方案、医疗补助、福利、债务问题、国家安全、移民以及投票权。到他演讲结束时，听众对他的每一个值得鼓掌的地方都报以热烈掌声，对他讲的每一个笑话都以喝彩声回应。在比尔·克林顿的人生中，与民主党的结合是这个大人物无数风流韵事中最长久与最忠诚的一个。

"这场演讲在巩固经济叙事方面起到了极大作用，这是奥巴马在四年时间里几乎没有取得实质性成就的领域。"一位奥巴马前助理说，"在政府任职时我感到很抓狂，因为我觉得这届政府传达出的经济信息支离破碎而且不成体系。围绕着这项他们所未能完成的事项，克林顿对此进行综合并极其出色地叙事。"

这位前总统将大选描绘为两种叙事间的选择，而且他似乎随手就完成了这项任务。按克林顿的看法，共和党人认为"我们（给奥巴马）留下了一个烂摊子。他清理得不够快，那么就开除他换我们回来干"。奥巴马面临的情况很简单而且"要好得多。事情是这样的：他接手的是一个千疮百孔的经济状况。他止住了经济崩溃，他开始了长期、艰苦卓绝的复苏之路，并为经济转向更现代、更平衡的发展之路奠定了基础，这将创造数以百万计的新工作岗位、富有活力的企业，而且创新者将创造巨额新财富"。

克林顿还在大会上讲："自 1961 年以来，迄今总共过去了 52 年，共和党人执政 28 年，民主党 24 年。在这 52 年中，我们的私营经济创造了 6600 万个私营领域岗位。那么，两党在创造工作岗位方面的得分是怎样的呢？共和党 2400 万个，民主党 4200 万个。"

克林顿还向自己的听众们讲，为什么说民主党——包括，而且特别是克林顿自己——比共和党更善于创造工作岗位。"事实证明，倡导平等机会与经济放权不仅在道德上是正确的，更能促进经济发展（喝彩，掌声）。原因何在呢？因为贫穷、种族隔离以及无知会阻碍经济增长（喝彩，掌声）。当你扼杀了人的潜力，当你拒绝向新想法投资，这不仅会影响当事人，更损及我们全体（喝彩，掌声）。我们都知道投资于教育与基础设施以及科学技术研究会带动经济增长，这会增加就业岗位，而且他们会为全体国民创造新的财富（喝彩，掌声）。"

"克林顿一出场就围绕着经济创设了一种全新的叙事，这减少了对奥巴马的批评之声。"共和党战略专家迈克·墨菲说，"这场演说是左右整场竞选的最重要事件。这对奥巴马来说具有举足轻重的作用。

比尔帮他回到了正轨(墨菲补充说,"罗姆尼竞选团队完全是一群草包",也是造成这种局面的原因之一)。"

2000年,克林顿曾公开指摘艾尔·戈尔不让自己在关键摇摆州去对票仓选民进行动员。巴拉克·奥巴马绝不会再犯同样的错误。除了大会演讲外,克林顿还在佛罗里达及俄亥俄等摇摆州为奥巴马站台。跟戈尔及其竞选团队不同,"尽管心中对比尔充满憎恶,但奥巴马的人还是理智地让他加入到竞选团队,哪怕抢了自己的风头,只要他们觉得他能帮上忙就行。"一位在奥巴马政府、克林顿政府都工作过的官员如是说。克林顿甚至在一个播放甚广的广告里现身为奥巴马代言,声称:"奥巴马总统有一个从头重建美国的计划,他会投资于创新、教育与就业培训。只有拥有一个强大的中产阶级,这种计划才能成功。我当总统时已经证明了这一点。"

克林顿这些举措并未逃过米特·罗姆尼的注意,他知道这位前总统具有何等杀伤力。在离2012年大选日仅数周之际,罗姆尼在气氛轻松的纽约市艾尔·史密斯宴会上打趣道:"竞选有时会令人精疲力竭,身心憔悴。奥巴马总统和我都很幸运,各自获得一个人始终如一的鼎力支持,一个我们可以依靠的人,一个只要在场就会让我们感到安心的人。没有他们的存在我们将寸步难行。我有我美丽的妻子安,而他有比尔·克林顿。"

一屋子天主教教徒哄堂大笑。所有人都知道他所言不虚,即便是奥巴马总统也同样这么认为,他当时和笑嘻嘻的罗姆尼就隔了几个座位。不过罗姆尼这样公开调侃,肯定让奥巴马对他的恨意更深。

看到比尔与巴拉克与日俱增的友谊,许多政客与记者都十分好奇。大多数人都猜测,这只是因为克林顿是民主党无可替代的人物而已,在自己党迫切需要本垒打击球手之际，克林顿恰好前来救场。这也是许多共和党大佬们的看法。

"我认为，克林顿总统是民主党内的那种老派政治家。"罗姆尼2012 竞选搭档保罗·雷恩在一次采访中向我表示，克林顿只是"尽自己的责任而已"。

"克林顿喜欢站在台上的感觉。"卡尔·罗孚表示，"他离开白宫后时时刻刻都感到痛苦，就因为他自己已经不再是戏剧的主角。"

其他了解克林顿夫妇的人则猜测此事背后是否有什么其他缘由。毕竟，比尔·克林顿从来就不是一个无私的团队合作者，他从来都做不好合作者。换言之，他这么做对自己有什么好处？这个问题，以及这个问题的答案引起越来越多的猜测，尤其是在奥巴马政府遭遇大选年里的最大危机之际（距离投票不到两个月时，有美国人在利比亚班加西恐怖袭击中丧生），克林顿夫妇挺身而出为他辩护更令人疑窦丛生。

班加西事件

奥巴马总统对国务卿及其管理下的国务院的忽视留下了许多日益恶化的问题，最终发展成为公关问题。在米尔斯的努力下，这些问题被掩盖了起来。事实上，对米尔斯的指控在希拉里出任国务卿时又再度浮出水面。一位监察总长的备忘录勾画出国务院里的八件掩盖事件，包括对一位大使向妓女及未成年人买春的指控。八宗指控中有一宗涉及总统提名出任驻伊拉克大使的人选，该调查在报告中称，米尔斯或许"试图阻止一宗对他进行的指控调查"，该指控称他行为不当，将敏感外交事务情报泄露给在《华尔街日报》工作的女友。不过，似乎没有什么人对此有多大兴趣。尤其是媒体更是兴趣全无。直到在一个大家从未听说的地方发生了一桩危机，事情才出现变化。这个地方便是班加西。

当曝光班加西这一事件的外交官格雷戈里·希克斯在国会监督委员会作证时，米尔斯的名字又重新占据媒体头条。在利比亚班加西，希克斯是权力仅次于被谋杀大使克里斯·史蒂文斯的官员，在恐怖袭击发生后，他公然违抗国务院要他保持沉默的命令。在希克斯接受国会议员、调查员杰森·查费兹的询问后，他接到一通电话，电话里的人火气十足，语言中充满恫吓意味。如果知道这通电话是跟希拉里·克林顿极其亲密的某个人——被《华盛顿邮报》称为希拉里守护天使的绮丽尔·米尔斯——打来的话，希克斯就不会感到奇怪了。"米尔斯从美国打来电话，正向我报告情况的格雷格·希克斯被叫了出去。"查费兹对我讲，"由于没有（国务院人员陪同）便接受询问，他简直要被生吞了……她是'调停人'。"

当天发生的事情现在已经家喻户晓了。2012 年 9 月 11 日，美国驻班加西"领事馆"被怀疑跟基地组织有关的恐怖分子袭击，包括美国驻该国大使克里斯·史蒂文斯在内的四名美国人死亡。

班加西恐怖袭击发生在离奥巴马连任竞选直面选民不足两月之际，而不得不讲的是，奥巴马在这次大选中的宣传点就在于"基地组织已受到致命打击"。"基地组织已疲于奔命。"奥巴马打算这样讲。奥巴马最有说服力的论据在于海军海豹突击队已在巴基斯坦将基地组织的长期领导人本·拉登击毙，而且他亲自指挥了这一行动。而他的竞选中最脆弱的一环——这可能会导致美国公众质疑政府是否因竞选而故意延宕——当然是班加西了，基地组织是策划这次恐怖袭击的幕后主使更令政府脸面无光。这次袭击不是受某些互联网视频挑动而临时起事的，这是一场策划完备、协调一致、目标就是杀死美国海外官方人员的蓄意袭击。

政府一开始认为这次袭击与一部讥讽穆斯林的 YouTube 视频有关。据奥巴马政府对该事件的最早解释，这次遇袭的原因在于，全球穆斯林决定对美国驻各国大使馆发动暴动以表示对该视频的抗议。穆斯林在埃及、也门及其他地方举行了抗议示威活动。不过，班加西的情形有点失控，抗议人群演变成一群暴民，而这群暴民行动失控冲溃了班加西领事馆的保安人员。整个情形是自发的——情报人员不可能预计到这次袭击并对其加以预防。而最终结果令人遗憾，四名美国公民在袭击中丧生。

希拉里也全盘接受这个说法，至少一开始是这样的。"对于国务院及我们国家来说，这一周过得很艰难。"袭击发生三天后，她在安德鲁斯空军基地面向全国转播的电视纪念仪式上说，"我们目睹了在班加西夺去这些英勇之士生命的重大袭击事件。我们目睹了因为一段可怕的互联网视频而引发的针对美国使领馆的怒气与暴力，而这一切跟我们毫不相关。美国人民很难理解这一切，因为这本身就不可理喻，而且我们绝对不会容忍这一切。"

盛放着四位遇难美国公民遗体、盖有美国国旗的棺木停放在空军机库里，希拉里的演讲就是在这里进行的。四具遗体被士兵从一架停在远处的大型货机上抬下，直接抬到大家眼前——让全世界目睹这一暴行。

这是 25 年来第一次有大使在工作岗位上罹难。从各方面看，克里斯·史蒂文斯大使都是个特殊人物。他很热爱自己的国家，他理解自己岗位面临的危险，他对美国的未来极为关切，也对美国未来盟友（如利比亚）的未来极为关切，于是他欣然接受这一任命。

"大家都爱跟克里斯共事，"希拉里说，"在他一路晋升的过程中，他们也一直热爱跟他共事的日子。他不仅以勇气闻名，更以其笑容为大家所知——笑容滑稽但极有感染力——还以其爱搞笑及加州人的沉着品质为人所知。"史蒂文森还是一位同性恋，这在美国驻外国大使中实属凤毛麟角。

"当你从事这种工作时，"希拉里解释说，"从入职之初你就得明白，你是无法掌控一切的。"她能做的不过如此而已。

希拉里的朋友与助理们赞成这一说法。"我觉得她处理这件事的手法令人钦佩。"向来忠诚可靠的保罗·贝加拉说，"共和党人几乎是在自欺欺人。"负责管理国务院日常事务的副国务卿帕特里克·肯尼迪则将问题归咎为拨款不足，声称"最佳防护策略便是建设新设施"。希拉里·克林顿手下负责公共事务的前国务卿助理 P.J.克罗利说："你得全面审视这一事件。这事发生在她眼皮底下是个悲剧，不过我认为这不会减损其卓越的从政表现。"希拉里的助理菲利普·莱内斯的表达则更简洁有力，他向一个提问的记者说："滚。"

共和党认为这是破坏希拉里 2016 年大选资格的好机会，便利用这一遇袭事件大做文章。"驻地安全官员感觉到了威胁，但华盛顿官员能够批准的安全措施有限，其中存在明显的脱节。"国会监督委员会主席、加利福尼亚众议员达雷尔·伊萨说，"国务院官员甚至有一份

报告，要求利比亚安全官员不要就某些安全举措提出要求，这尤其令
人感到困惑。"后来，前副总统迪克·切尼得出了一个结论，将来只
要希拉里角逐总统就可以对她进行攻击："显然她并没有亲力亲为……
相反，她试图逃避职责范围内的责任。"

在一段时间里，希拉里多次避开了就班加西袭击事件作证的要求，
以昏厥为由称病在家，长达一个月之久。正是这次昏厥事件使得一些
观察人士相信她有过某种形式的中风或小中风，而她试图不让公众知
晓这一事实。

当她最终于 2013 年 1 月 23 日出面接受质询时，希拉里·克林顿
65 岁的沧桑尽数挂在脸上。这是她任国务卿的最后一周，而她在雾谷
的这些年显然过得并不轻松。希拉里的脸上已出现皱纹，而她的皮肤
比以往松弛下垂得更厉害。不过比起健康及身体外观来，令四名美国
人殒命的悲剧更加要命。

"对我来说，这不仅是一项政策，更是一件私事。"她读着事
先准备好的讲稿，哽咽着说，"我站在奥巴马总统身边，飞机降落
在安德鲁斯空军基地，海军陆战队士兵抬过盖有美国国旗的棺木。
我拥抱了四位遇难者的母亲、父亲、兄弟姐妹以及儿女们。"

在接受质询期间，希拉里在回答中多次提及国务院就 2012 年 9 月
11 日事件采取程序所做的机密审查报告。当她遇到难以回答又不得不
回答的问题时，她就坚持称所有答案均已在机密报告中出具（不过，
既然该报告属机密文件，她就不能公开回答，否则就是违反法律）。
她把这个策略玩得炉火纯青，在听证会上反复运用，那些质询她的调
查人员则显得像是没有做足准备工作的傻瓜。

事实上，国会议员们以及具有安全权限的议员助理们则表示，这

份机密报告中的内容基本上都已列在公开报告中了。这不能解释国务院及其他情报官员为何未能正确判断出班加西到底哪些地方出了差错。该报告也不能解释为什么奥巴马政府（包括希拉里·克林顿在内）试图掩盖班加西事件的真相。

对于众议院与参议院委员会里的民主党人来说，这些都不重要。对于这位饱受攻击的国务卿来说，几乎所有参与质询的民主党人都先用一半时间对她歌功颂德，几乎就像是恳求她竞选总统。"我认为我是在为所有新进议员代言。"加利福尼亚议员艾米·贝拉说，"我们与你共事的时间不多，不过我们希望在几年后再次有机会在您手下效力。"马萨诸塞州众议员约瑟夫·肯尼迪称她的职业生涯及为公共服务献身的精神"真正堪称楷模"，并声称他"期待着她在未来同样大展身手"。纽约来的一位众议员甚至要求希拉里——自己的"纽约同胞"，带她转转纽约。

民主党人一个个对希拉里如此崇拜，令一位共和党众议员颇感不屑，他禁不住挖苦向希拉里大献殷勤的人。众议员汤姆·考顿说："我们共同的阿肯色州朋友让我代为问候。走廊对面的一些同僚①已经表达了对你未来远大前程的殷切期盼之情。我想说，我多么希望你在 2008 年民主党预选中获胜啊。"

抛开玩笑不谈，当面对严阵以待的希拉里时，共和党人一时措手不及。他们在数月里一直呼吁、要求她在国会出庭作证，解释为何四名美国公民被谋杀以及何以美国对此事的反应完全失败的原因。希拉里在出庭作证过程中一会儿微笑、一会儿大笑、一会儿强烈抨击、一

---

① 指坐在走廊另一侧的民主党人，参议院里民主党与共和党分坐走廊两侧。

会儿哽咽——时机拿捏得恰到好处，她可以算是其家族里最具天分的表演艺术家。

有人声称，政府所谓袭击源于对一个 YouTube 视频抗议，这种说法属于误导，在对此展开质询之际，希拉里发火了，显然是事先准备妥当的反唇相讥。"恕我直言，事实是我们有四位美国公民在遇袭中丧生。"她吼着喊出了这句话，"原因究竟是因为一场抗议还是因为一些人昨晚散步时临时起意决定杀死一些美国人呢？到这个时候这还有什么区别，这重要吗？参议员先生，我们的职责就是判断出发生了什么事情并采取一切可能措施以防止同样事情再次发生。"

这位国务卿接着就发出警告，向那些正在质疑及那些即将对她提出质疑的议员们发出警告："实话说，我将尽一切可能来回答你们针对这件事情所提的问题，不过事情的真相是，在事件发生的第一时间里，我们都在各尽所能获取最多信息。"换言之：不要妄想将这些袭击赖在我头上。

有一个事实在希拉里离任后才被揭发出来，即，在袭击发生的当晚她的行为存在疏漏。参谋长联席会议主席马丁·登普西将军后来宣誓作证说，军方"从未收到过国务院要求支援的请求，如果有这种请求的话我们会调动军队前往执行任务的"。国防部长莱昂·帕内塔的回答甚至更直接，坐在邓普西旁边的他在作证时称，在袭击事发当晚，"我们跟希拉里国务卿没有沟通过"。

即便如此，希拉里在听证会上的策略也起了作用。在她就"这有什么区别"的怒吼暴发后，当天其余时间里她基本没有受到什么质疑，而且媒体普遍赞扬她在作证时的强势表现。《华盛顿邮报》在关于作证的一篇报道是这样开头的："在很可能是国务卿任上的最后一次重要公开露面中，周二，希拉里·罗德姆·克林顿为去年四名美国人在利比亚遇害事件中的政府表现进行了强有力的辩护，同时还表彰了美国外交家们的奉献精神。"

MSNBC 的克里斯·马修斯在赞美希拉里时则远没有这般含蓄。用了很多"卓越智慧"与"胆识"的形容词后，他说希拉里"展示出敏锐的洞察力、雄辩的口才、人性关怀以及无穷魅力"。各种溢美之词从这位自由派谈话秀主持人口中滔滔不绝地涌出，"对于大家提出的合理质疑，她以热忱与谦卑回答……对于充满敌意的质疑，她则给予有力还击并提出自己的质疑。"也许是为了弥补早些年间自己频频对希拉里进行的抨击（当年媒体评论家及希拉里职员曾称其为"女性憎恨者"），他又补充道，"希拉里，希拉里，希拉里——她从来也没有像今天这么气定神闲、胸有成竹……从方方面面看，她都是一个完全具备竞选总统资格、能够将竞选组织得当、大获全胜并满怀自信地为这个国家服务的人。"

2013 年 1 月，许多美国人接受了班加西事件的"强有力辩护"，不过她的实际表现却比这种表演差多了。正如她自己的作证及其他政府官员的作证显示的，希拉里在班加西事件中所做的唯一一件事就是谴责。因为希拉里事先没有跟国防部长帕内塔或邓普西将军沟通，而且奥巴马和白宫也没有跟帕内塔及邓普西沟通过，所以希拉里的下属们受到来自各界的抨击。

作证时，帕内塔和邓普西又引爆了一颗炸弹，使得希拉里看起来像个傻瓜：2012 年 9 月 11 日班加西袭击发生后，他们立即就知道这是一次恐怖袭击。这不是因为一个视频而起，这是一次有预谋的恐怖袭击，由美国的敌人策划实施。这就意味着希拉里要么在袭击发生数日后没有就此跟帕内塔及邓普西沟通过，要么是她早就知道这次致命袭击跟这个视频无关并有意误导美国人民。

正如来自犹他州的敏锐众议员杰森·查费兹所说，这次袭击事件及国务卿希拉里·克林顿对袭击的处理中有三处"漏洞"值得探究。

"其一是袭击事实本身的前期准备。为什么这些人会处在一个死亡陷阱中呢？"在查费兹的国会办公室里探讨这次袭击时他这样跟我讲。有多种迹象表明基地组织在班加西很活跃，而且他们一直在找机会袭击美国势力。领事馆以及 CIA 设施均在同一个夜晚遇袭，显然是这些袭击的明确目标，这也能够解释为什么遇难的美国大使史蒂文斯曾向远在华盛顿的希拉里·克林顿发过一封电报，要求加强安保措施。当地安保措施不足，但国务院没有采取进一步措施确保海外外交人员的人身安全。

"第二个漏洞便是袭击发生的时间，"查费兹说，"我觉得这里面大有问题。"他指出，关键是希拉里在袭击时所做的事——更重要的是那些她没有做的事。"这是'9·11'后的利比亚。我们的设施曾遭受过两次炸弹袭击。曾发生过针对英国大使的刺杀企图。这些情况怎么就没有送到她的案头呢？"查费兹问，"我是说，她表示过她将承担全部责任。在全世界的设施中，我无法想象，也不知道还有哪处设施曾被炸过，更不用说还是被炸过两次，不要说这位大使，也不要说红十字会，单单基地组织的旗子飘扬在各个政府大楼上还不能说明问题吗？难道她一点也不知道这一切吗？这一切对她意味着什么？我觉得这就说明很多问题。如果说她没有注意到这些，那么她满世界飞，攒了那么多的常飞里程为的是什么？我不知道。我觉得这些都是非常合理的问题。"

第三个也是最后一个"漏洞"是事后处理。袭击发生后国务院立即获知消息，策划了2001年"9·11事件"的恐怖团体——基地组织——应对这次事件负责。然而，似乎有证据表明政府里有过压制真相的行为，政府官员都对发生在班加西的事情讳莫如深。

对总统竞选内幕略知一二的约翰·麦凯恩说："你要知道，对暴行表示愤怒只是为了政治竞选。"他又补充说，"决定美国总统应该说些什么，我不知道希拉里能起多少作用，不过我确信没有听她讲过：嗨，等一下，这根本就不是（由一个视频引起的袭击）。事实上，大家也许还记得，她发表演说称这是一个视频引发的仇恨式暴力。"

多位希拉里·克林顿的前助理都担心班加西袭击对2016年总统竞选产生负面影响。"如果班加西事件没有发生，她就可以悠闲自在地完成自己的任期。"在纽约市一家忙碌的小餐馆，一位助理对我说。

"那么在班加西事件中，他们关心什么？"我问。

"我只是觉得这事看上去很糟糕。有人在她任上牺牲，这看上去确实不好。不过我是说，你看，乔治·布什遇到了'9·11'，而他照样成功连任。这种事确实糟糕，不过政治靠的是感受。人们会运用这种感受来打击她，不过一直以来都有人死去。因为她不像苏珊·赖斯那样在电视上说谎，她在某种程度上已经被保护起来了。她没有在视频中说谎。"这位助理回答说，显然不知道希拉里曾在视频中将袭击归咎于互联网视频。

简而言之，如果人们把希拉里、帕内塔及邓普西的证词与希拉里在袭击发生数天后所做的公开声明加以对比，就不难得出一个结论：希拉里并未尽职尽责地拯救班加西的下属。她甚至没有打电话给国防部，看看是否可以采取些有可能拯救美国大使生命的军事行动。史蒂文斯大使及三位下属没有得到美国尽可能的保护，他们因此失去了生命。迄今为止，在这一事件中唯一保全的是没有打过求救电话、没有进行救援行动的国务卿的声誉。

"我认为，她基于个人判断做出了错误的决策，而这种决策令许多人丧命。"众议员查费兹说，"她在 2008 年刊登广告（抨击奥巴马缺乏全国安全经验）。'好了，凌晨三点电话打了进来……'还记得这个广告吗？好了，她的使命来了，而且是在下午，但她搞砸了，他们都明白。"

政绩与名声

尽管希拉里在国务卿任期内没有什么拿得出手的政绩，但她还是树立起了成功国务卿的形象，只是班加西遇袭事件令她的记录受损，但大多数民主党人认为她在这件事上做得还过得去。有一点颇能说明问题，她任期里的一项主要成就便是她积攒的飞行里程——确切地说，是 956733 英里。中东仍然战火连天，而她也没有撮合成任何重大协议或就任何一个外交危机达成什么里程碑式的解决方案。

"毫无疑问，在我看来，过去五年里，这个世界已比 2009 年更加凶险了。"约翰·麦凯恩说，"我是说，中东处于动乱之中，美国与俄罗斯的关系恶化，中国崛起的挑战，伊朗问题……我是说从任何一个方面看，美国国家安全政策都恶化了许多。那么这其中有多少是她的过错呢？并不多，不过可以确定的是，这是一个将长期伴随奥巴马的政治遗产。"

不过，这些记录都无损于希拉里·克林顿的名声。

2013 年 2 月 1 日，国务卿希拉里·罗德姆·克林顿以美国政治舞台上最受欢迎的演员身份离任，而且还结交了一个新的挚友。

第 8 章

政治交易

"我觉得这里面的敌意多到人们都不愿加以报道的地步。"

——克林顿的一位助理谈论奥巴马与希拉里的关系

"这是美国有史以来最大的政治回馈！"

——拜登前顾问谈论奥巴马与希拉里的交易

乔 · 拜登生气了。不只是生气。他火大了。

那些密切关注拜登及跟他共事的人目睹了他的暴怒。他在副总统一职上兢兢业业，基本上还算成功——至少在他自己眼中，他做得非常成功。按华盛顿人士的说法，他始终都"在场"，提建议、向总统提供自己的意见、起到了一定作用。他在外交政策方面的专长及跟世界各国领导人建立起来的密切关系——在他出任参议院外交委员会主席期间建立起来的——这一财富对于奥巴马来说是不可或缺的。按他的想法，他为政府的贡献远远超过这位名流国务卿。

不过乔 · 拜登没有因此而得到回报，没有成为奥巴马总统在重大问题进行决策时的核心人物。他没有因为尽其所能、有求必应而得到回报，相反，他的老板却在电视上公开表彰希拉里 · 克林顿。在拜登看来，希拉里是一个在内阁中基本见不到人影的人，她的贡献跟自己相比简直不值一提。

真正令他怒火中烧的事件——关于奥巴马、希拉里关系，华盛顿特区因为此事谣言四起——是总统与即将离任国务卿的希拉里联手出现在2013 年 1 月的 CBS《60 分钟》节目上。在民主党世界里，没有哪家媒体能够在影响力或重要性上比得上这档历史悠久、通常对民主党比较友好的 CBS 新闻节目。奥巴马已多次依赖这一节目来阐明自己的理念、澄清某些他十分热衷的问题。

更关键的是，《60 分钟》节目是克林顿夫妇政治生活中不可或缺的存在，在他们成长的年代里，电视在政治生活中远比今天更重要。这一节目能和观众沟通，而且是最大数量的观众，对美国政治感兴趣的观众都会收看。克林顿总统 1992 年在这个节目中"承认婚姻出轨"（他在回答与珍妮弗·弗洛沃斯关系的问题时作出这种回应，不过回答得有些闪烁其词）。而在他任总统期间，他至少两次在该档电视节目中接受采访。事实上，这个电视节目非常重要，克林顿自己都曾在 2003 年为该节目工作过不长一段时间，在一个昙花一现的"克林顿／多尔"系列节目中，曾在 1996 年互为竞选对手的两个人分别从左派与右派两个视角点评美国政治。这个节目持续时间不长，因为节目不好看——克林顿与多尔相互间太过礼让，而《60 分钟》的制片人又没有胆量让克林顿与福克斯新闻网主持人比尔·奥瑞利真正在节目中展开对攻。

2013 年 1 月这期希拉里、奥巴马联合采访节目播出后，有人向白宫发言人提问：奥巴马在 2016 年大选中将支持谁，白宫发言人解释了为何总统与希拉里联合接受采访，只是这种解释简单得令人难以置信。"我只是希望有机会公开对她表示感谢，因为我认为希拉里将成为美国最优秀国务卿中的一位。"总统在《60 分钟》中表示，同时以无限怜爱的眼神看了她一眼，"在过去四年中我们合作非常愉快。"总统甚至透露，她离任国务卿是她自己的决定，而不是他的决定。

事实上，信心满满的总统跷着二郎腿，身穿一套剪裁得体的黑色西装，打着蓝领带，里面是很配套的紫色衬衫，胸前别着一只美国国旗胸针，表现出非同寻常的谦恭。当克林顿夫人发言时，他会向后靠在椅背上，偶尔低头看一看他与主持人史蒂夫·克拉夫特之间的地板，有时会一反常态地插嘴说几句优雅的恭维话。但在大多数时间里，他会让希拉里主导采访时段，而把自己定位为拉拉队长，甚至当成她的替补。他坐在她旁边，在整整 30 分钟的采访中说些恭维话，同时不断给她鼓劲。

言语略有些粗鄙的 CBS 常青树记者克拉夫特坐在两人对面。尽管该节目以无所畏惧及超越党派之争的立场出名，但他这次却表现得有些小心翼翼，克制着自己不去触怒这两位白宫主人。"2008 年大选期间我跟两位都有过交谈，当时的确是一场艰苦的恶战。"克拉夫特回忆说，摄像给了希拉里一个广角特写镜头，她拼命地点头称是，而奥巴马则不动声色地盯着他看，"我在这里就不打算读竞选期间你们对彼此说过的话了。"

"千万不要念。"希拉里假装恳求说，大笑了一声。她没必要恳求，因为克拉夫特本就不打算难为他们的。

"不过你们过了多久才摆脱这种痛苦呢？是在什么时候呢？"他问。

奥巴马接过这个问题。"你知道，这事没有大家感受到的那么长。正如我刚才说过的，预选一结束，希拉里就非常努力地帮我竞选。比尔也为我很拼。因此，我们之间的互动就相当频繁。我觉得，对于工作人员们来说就困难得多，这是可以理解的。"总统以异乎寻常的柔和语调说。

不过，真正有趣的问题是早些时候主持人向希拉里提出的。"他对你做出了什么承诺？他是否履行了自己的诺言？"许多人都曾问过这个问题。两人似乎都难以回答这个问题，在采访中结结巴巴地说不出个所以然来。

"这话很难说出口。不过，你要知道——"希拉里开口答道，不过很快便被坐在她身边的男士打断了。

"我履行了自己的诺言。"奥巴马说道。

"欢迎进入难题时段。"希拉里继续道，将右胳膊撑在木椅扶手上，"我是说，他曾经跟我提过，大概是这么说的：'你知道，我们进入了一场严重经济危机，这可能导致经济出现衰退。我将无法实现全世界寄予我们的许多厚望。因此，你们得四处活动，在我处理接手的这场经济灾难之际，真正负起我们的责任。'不过，你知道，我们都是特别能忍受批评的人。而且，你们也知道，我对局势的评估是：'看，我们身处一个可怕的烂摊子里。'而且，你知道，我觉得这个总统会带我们走出这个困境，不过这肯定不是件轻而易举的事。而且这需要大家的奉献，你知道，群策群力。"

奥巴马在全国性电视节目上与希拉里如此亲近，使得奥巴马的下属很不高兴，包括他自己亲手挑选的竞选搭档。"总统与即将离任的国务卿在 CBS 新闻节目中互相吹捧，简直到了肉麻的地步。"《每日怪兽》这样评论。喜爱八卦的高客网（Gawker）在一篇文章标题中尖锐写道："巴拉克·奥巴马与希拉里·克林顿这对好友在《60 分钟》节目上眉来眼去道别。"

不管是不是出于故意，向来谨小慎微的奥巴马竟然会在未进行深思熟虑的情况下做出这样的事情，这实在令人难以置信，许多媒体认为这是总统发出了一个明白无误的信号。"奥巴马与希拉里在描述合作伙伴关系时相视而笑，奥巴马是否会倾向于让希拉里在 2016 年大选后接替自己职位也就没什么疑问了。"美联社在评论中称，该社同样在评论中称这次露面"是遮遮掩掩地为 2016 年大选所进行的投石问路背书"。一个博客作者以《希拉里·克林顿的 2016：奥巴马在〈60 分钟〉节目中的表现本质上是在为希拉里竞选总统进行背书》为博客文章标题。另一位博客作者则写道："奥巴马在《60 分钟》节目公开为希拉里背书。"几乎没有人去想一想这一切对乔·拜登意味着什么，不过《政客》算是例外。"抛弃乔？"该文在标题中发问，文章评论说："这是奥巴马首次跟米歇尔·奥巴马以外的人一起接受正式电视采访。"正如高客网所报道的："希拉里拒绝就是否参加 2016 年竞选进行评论——'你们这些媒体人简直不可救药。'当克拉夫特问及这个问题时奥巴马回答道——不过，人们很难不把这种露面看做一种预先背书行为。"审查者网站也附和说："在奥巴马对希拉里·克林顿出任国务卿时期的工作进行表扬后，这次采访引发猜测：奥巴马可能会支持希拉里出面进行 2016 年总统竞选。"

换言之，全国政治媒体基本上都在问同一个问题：二人曾经是势同水火的竞选对手，是什么促成了如今这种情形？

政坛阴谋论

在比尔与希拉里·克林顿登上全国政治舞台的二十多年里，阴谋论伴随着他们的一举一动。克林顿夫人离任之际，一个新的阴谋论浮出水面：奥巴马与希拉里已达成一项秘密交易：克林顿夫妇支持他竞选总统，以换取他对他们未来竞选的支持。正如围绕着这位前第一夫人发生的许多事情，人们很难找到事实来佐证这些猜测，或用现实验证这些猜测。人们清楚的一点就是，尽管奥巴马总统在公开场合或偶尔的私下场合并未表态，但事实上他倾向于支持希拉里·克林顿出任美国总统。

这些阴谋论并不是最有说服力的说法。也许最没说服力的说法便是，2008 年预选过后两人达成一项交易：如果奥巴马在八年后支持希拉里竞选总统的话希拉里便支持他。就拿一点来说吧，2008 年大选的形势对奥巴马非常有利，他的影响力如日中天，深受自己票仓选民的爱戴，他根本不需要做出这样一项过于明显的安排，而且这个消息一旦走漏则将造成灾难性后果，更何况还是跟一个他不信任的家庭达成这样一个交易。

还有部分观察人士在猜测到底是什么促使她在 2009 年改变心意的，当时她已草拟了一份放弃国务卿职位的声明。"今天早上我跟当选总统奥巴马谈过，对他邀请我加入政府表达了最深挚的感激之情。"该草稿中写道，"最终，对我来说，这个决定关乎如何最好地为当选总统奥巴马、我的选民以及我们的国家服务，而且我也向当选总统奥巴马讲过，我的岗位是在参议院里。我认为，当美国在国内外遭遇如此众多前所未有挑战之际，那里是我当前能够发挥最大作用的地方。"根据这个版本的说法，当选总统奥巴马在午夜打了一个电话，改变了克林顿夫人的想法。人们感到疑惑，希拉里在最后一分钟突然改变想法并决定加入新政府，是否还有其他原因呢？奥巴马已花费了数周时间努力争取自己的前竞选敌人，甚至还把她请到芝加哥，在各大媒体齐集的情况下为她开了一个新闻发布会，但似乎一切都无济于事。那么，奥巴马是否向她提出，若她决定加入他的政府，他就会在 2016 年帮她清场呢？

　　"我从来没听说过，也从来没看到任何发表的资料暗示过若她竞选总统，他会给她支持的保证。"弗吉尼亚大学教授拉里·萨巴托在一次采访中表示，30 年来他一直是消息甚为灵通的总统政治观察家，接着他又补充说，"这始终让我迷惑不解。你要知道，从政治上讲这是她唯一看重的事情。在我看来，所有观点始终都更支持她待在参议院里。她在媒体帝国心脏云集的州里拥有自己的独立基地。她能够管理一个平行政府，可以选择在 2012 年进行竞选，或者，如果她愿意，也可在 2016 年按自己的理念去进行竞选。而事实呢，她基本上放弃了自己的独立性并加入到他的团队中去，不管这种做法最终意味着什么。而且她曾经在 2008 年预选中说过——我觉得她也是这么想的——基于她列出的原因，奥巴马将不会是一名成功的总统。"

　　事实上，参议员希拉里无须与巴拉克·奥巴马达成"交易"便可以接受国务卿之职的原因也很多。从多个方面看，到 2008 年止希拉里与美国参议院的关系便就此打住了。她无论如何也不想重返那个曾让自己难堪并背叛自己的民主党干事会议，不想成为支持奥巴马计划的橡皮图章中的一员，也不想给人以自己输不起的话柄。

　　国务卿一职可为希拉里提供她进行一下轮总统竞选所缺乏的资历——外交政策方面的重磅阅历，与全球重要领导人合影的机会，一个超越党派之争的机会。这一职务同时还给了希拉里一个时时刻刻不离奥巴马左右、让他不舒服的可能性。

　　曾有一段时间，她考虑过在 2012 年预选中撼动奥巴马的可能性。不过，即便在比尔·克林顿眼中这一想法也属不智。"比尔说她这个想法纯属发疯，不能去跟他做竞选对手。"一位观察人士说。他敦促她接受这项工作，这是最好的选择。"大家都唯奥巴马是瞻，"他说，

"你将空手而归。"

"你瞧，国务卿要比待在参议院做 100 人中的一员重要得多。"卡尔·罗孚在接受我的采访时这样说，"再者，你看，对任何人来说，竞选过总统后很难重回参议院捡起以前的工作——如果你曾经有过以为自己有更进一步的机会的经历的话就会体会到。"

"她大幅改善了自己的政治境遇。"约翰·麦凯恩对我说，"我觉得这个职位大幅提升了她的机会面，从有机会成为 2016 民主党偏好的人选跃升为 2016 的绝对偏好人选。"

还有值得注意的一点是，按多位消息人士的说法，促使希拉里接受这一职务的谈判是"针锋相对的"而非热诚友好的。奥巴马阵营一方派出的是克林顿前助理约翰·波德斯塔。据一位参与者描述，奥巴马阵营提出的要求只有"鸡屎大"，如公开克林顿基金会的捐献者名单。相对于更具心计的克林顿夫妇来说，奥巴马团队的要求简直小到可以忽略不计。作为交换，克林顿夫人的要求全部得到了满足。

通过与奥巴马总统亲自达成的协议，希拉里得到了与这个大人物每周会面一次的保证，这给了她直接与全世界最有权势的人物面谈的权限。重要的是，她还得到了新当选总统的同意，可以自行挑选自己的下属，这是希拉里与其下属们在最初数月里所坚持的荣耀，这是前所未有的。这一交易表现为一份达成于 2008 年 12 月 12 日的"谅解备忘录"，签署时间是 12 月 16 日，并于两天后公开。这份协议由代表克林顿基金会的布鲁斯·林赛与代表奥巴马团队的瓦莱丽·贾勒特签署，协议承诺"确保基金会可继续在全世界推进其重要慈善活动"，但寻求"确保基金会的活动不会与希拉里国务卿产生冲突，即便该类活动能够产生有利结果"。因此，"一系列程序"——"希拉里·克林顿参议员在奥巴马政府中出任国务卿之际与基金会活动相互融洽的协议"——得到双方采纳。希拉里团队同意"公开其捐献人名单"以确保"克林顿总统不会以个人名义拉款项"或要求捐助。这一切旨在控制克氏公司在希拉里为奥巴马总统服务期间的活动。换言之，只要希拉里得到参议院确认并出任国务卿，克林顿企业就不能阻隔奥巴马政府。克林顿圈子与奥巴马团队都乐于接受这些条款。

奥巴马与希拉里在 2008 年达成交易的说法不太可信，因为比尔·克林顿从未停止抨击奥巴马——不论是在媒体上还是私下里，一直到 2012 年奥巴马竞选连任为止。比如，2011 年前，据称比尔·克林顿曾向朋友们讲："奥巴马根本不懂如何做总统。他不懂世界的运作方式。"2012 年，克林顿表扬了米特·罗姆尼，这一举动更加令人惊异。"我觉得他有不错的从商经历。"克林顿在 CNN 电视台皮尔斯·摩根的节目上讲，而当时奥巴马竞选团队正对罗姆尼在贝因资本工作经历展开抨击，"起床、上班、处理公务这种事没什么好说的，他曾经当过州长并有着无可挑剔的从商经历，他当然有资格。"

关于希拉里、奥巴马"交易"，一个流传更广、更有说服力的说法的核心在于 2012 年竞选：在与罗姆尼的竞选中，奥巴马的民调数字岌岌可危，亟需克林顿夫妇的帮助。

作家艾德·克莱因提到了 2012 年在查帕瓜进行的一次会议，他的受访者们引用比尔·克林顿的话说："布什跟我交谈、征求我的意见的次数比奥巴马更多。我跟现任总统没有关系——没有任何关系。奥巴马根本不懂如何做总统。他不懂这个世界的运作方式。他是个不称职的总统。他只是个业余人士！"意识到暴怒的比尔·克林顿将带来麻烦，克莱因辩解称："首席政治策略师大卫·阿克塞尔罗德说服了总统，称他确实需要比尔·克林顿的个人魅力。于是一个交易就此达成：克林顿在大会上发表提名演说，这一荣誉属于他，届时他将毫无保留地为奥巴马背书。作为回报，奥巴马将为希拉里·克林顿继任自己的职位进行背书。"

在华盛顿特区郊外的一家酒店里用早餐时，乔·拜登的一位前助理坚持认为："比尔撮合了这个交易，上《60 分钟》接受联合采访是这个交易的结果。"据该民主党策略师的说法，奥巴马需要达成这项交易，为的是掩盖自己在 2012 年 9 月 11 日夜晚的玩忽职守，就是那一晚有四位美国公民在班加西遇袭身亡。比尔始终在寻找机会达成有利于他们夫妇俩的交易，同时为 2016 年总统竞选理顺各种事项。于是交易就这样达成：比尔将为奥巴马助选，而奥巴马将在晚些时候投桃报李，帮助克林顿夫妇。"这是美国政治史中总统层面上的最大回报。"该顾问说，"这项交易是当着整个国家的面达成的。"

这位前助理一手拿着土耳其培根讲："现在在白宫里弄权、翻云覆雨的人是比尔·克林顿。"克林顿不同寻常、甚至古怪的行为佐证了这种说法，他几乎单枪匹马地把不情不愿的民主党人与独立人士拉到了 2012 年的奥巴马竞选阵营里。

大选数天前，《纽约时报》在一篇报道中写道："'大家可以看到，我已为总统奉献出了自己的嗓子。'克林顿先生说道。周六在弗吉尼亚布里斯托大剧场的深夜秀上，克林顿一边喘着粗气一边介绍奥巴马总统。在夜晚的寒气中，他不断地咳嗽着，拍打着自己的胸膛，一边吐出一些含含糊糊的话语。活动间喝的加蜜红茶及连续服用的止咳水也无济于事。"

"他们与米歇尔一起用过晚餐，而奥巴马的支持率在持续往下掉。

比尔·克林顿挽救了他的危局。"该民主党策略师说。

与此同时，许多共和党人似乎也认为这其中有些见不得人的勾当。"有人告诉我，一些人认为，这或许跟2016大选及前第一夫人、国务卿希拉里·克林顿有关。"麦凯恩在谈到比尔·克林顿突然转变心意时评论道。"我怀疑比尔·克林顿在为希拉里·克林顿做人情，以备她在2016有意竞选总统时派上用场。"纽特·金里奇说。

一位对克林顿知根知底但自2012年起就不再为他工作的前伙伴能够想象出前老板的所作所为。"如果他们达成了交易，我不会感到吃惊。"这位消息人士对我讲，"不过这事不是奥巴马亲自做的。"

与自己的众多前任不同，奥巴马不是一个精于心计的人，当然跟比尔·克林顿相比更是差着十万八千里。在克林顿主政时期的白宫里，这位总统极为热衷于交际、闲聊以及出谋划策，以至于希拉里为了让客人们回家，必须拉他上楼。相比之下，奥巴马则在这方面惜时如金，一应酬完便上楼回到自己的寓所。"他放任大家自娱自乐，"一位民主党人讲，"而克林顿则喜欢参与其中。"他暗示说，更有可能出现的情况是，由一个跟双方团队都熟悉的人居间达成了某种形式的交易。

从某些方面看，奥巴马、希拉里交易实属偶发。一个无法争辩的事实是，二人间已明确存在某种形式的联盟，这一联盟始于2012年，每过一年都会得到加固。奥巴马高级助理们或遮掩或公开地陆续加盟2016年希拉里团队，没有其他原因可以解释。在奥巴马圈子里，没有谁敢冒着忤逆自己老板的风险去讨好希拉里。

尴尬的副总统

　　希拉里·克林顿很可能知道，奥巴马会把她看作最合乎逻辑的选择，虽说他觉得她的可能性不大。毕竟，她在他的政府里尽职尽责地为他干了四年，没有表现得过于招摇。当她被边缘化时，她没有还击；她一直在大事上不闻不问，只是做好本职工作，寻找各种机会跟他谈话，对米歇尔及孩子们也很友好。而且最终还成功地让比尔加入到他这一边来。她以不游说的策略成功游说了奥巴马，而且这种做法给她带来了丰厚回报。

　　传统意义上，身居副总统之位的乔·拜登可能会给希拉里带来麻烦。毕竟，即便是默默无闻的副总统们也常常赢得党内提名——最出名的当数 1960 年艾森豪威尔的副总统理查德·尼克松、1968 年林登·约翰逊的副总统休伯特·汉弗莱、1988 年的乔治·H．W．布什、2000 年的艾尔·戈尔。然而，拜登却有个大问题。跟社会上的普遍看法不同的是，奥巴马越来越不喜欢他（也许对于奥巴马这样的人来说，"蔑视"是个更佳措辞）。

　　尽管许多媒体报道称奥巴马与自己的副总统间有着温馨的关系，但事情的真相是，两人的个性有着天壤之别。拜登在公开场合至少是个与人很亲热、有吸引力的实干家，有着数十年的政府工作经验。相比之下，奥巴马则是个与华盛顿格格不入的家伙。在任何人看来，他都不符合老派政客的理念。

他们的关系始终岌岌可危。拜登在公开场合总是对奥巴马恭恭敬敬，只是有一次拜登做得稍稍有些过火。"我是说，我们有了第一位能言善辩的非裔美籍总统，他头脑聪明、外观整洁而且长得也不错，"拜登在2008年竞选开始之初向《纽约观察家》表示，当时他也正在竞选这个全美最高政府职位，"我是说，这简直可以写一本小说了，伙计。"当拜登给前黑人总统候选人艾尔·夏普顿打去电话道歉时，夏普顿告诉他说："我每天都洗澡的。"

被激怒的奥巴马发布了一份谴责拜登的声明，声明写道："我并不认为参议员拜登的言论是针对我个人而发，不过从历史上看，这些评论显然是不准确的。非美裔总统候选人杰西·杰克逊、雪莉·奇泽姆、卡罗尔·莫斯利·布劳恩及艾尔·夏普顿均通过他们的竞选活动在许多重要问题上发过声，而且没有人能说他们笨嘴拙舌。"

拜登为自己的失言做了补救——他在这方面的经验相当丰富——第二天就在电话会议上大肆赞扬了时为伊利诺伊州资浅参议员的奥巴马，同时略去了所有关于奥巴马仪容整洁方面不得体的嘲讽。"巴拉克·奥巴马很可能是我当选参议员以来民主党和共和党两党里最激动人心的候选人了。"拜登在电话会议上向记者们笨拙地解释着，"而且他有着清新的观念。他是个新人。他很聪明，他很有洞察力。有些人断章取义地援引我的'整洁'一词，这让我发自心底地感到遗憾。"

尽管二人的关系缓和，奥巴马也挑选拜登作为自己2008年竞选搭档，但两人间的这种别扭感觉却始终挥之不去。"私下里，拜登会讥讽总统接人待物的技能与他的冷漠，甚至讥讽他连正确地咒骂都不会，"《时代》杂志评论道，"而且他仍然自视为谙熟华盛顿的老练政客，要向乳臭未干的小伙子传授为政之道。当他们一起在参议院里共事时，奥巴马认为拜登是个没有内涵、夸夸其谈的家伙，是参议院的害群之马。在 2008 年总统竞选中，他为拜登缺乏纪律的行为暴跳如雷，这一点在奥巴马圈子里是个致命过错。而且他仍然对拜登滑稽可笑的举止感到迷惑不解；和华盛顿的其他人一样，他有时会对拜登的荒唐事大翻白眼。"

《纽约时报》在 2012 年刊登的一篇关于拜登的报道中提到，"两人偶尔会有别扭，与风格及气质截然不同的老板相处，他们的关系基本顺利但偶有紧张"。

多位观察过总统与副总统互动的消息人士在本书撰写期间对我说，几乎没有什么迹象表明总统曾经在什么事情上依赖过副总统——除非奥巴马认为有失自己身份的事才会派他去。与拜登的说法相反，据消息人士们讲，事实上，副总统在政府内被边缘化至"一个不存在的人"。副总统的身边人看到了拜登所未注意到的事情：奥巴马觉得他是个傻瓜、冒失鬼，尽管这种看法有些偏颇，但奥巴马认为拜登总会搞砸事情。事实上，拜登越来越多地待在特拉华州。一位消息人士声称他曾希望在此建立他的副总统官邸——早期他提出这种申请时，就给人留下了"奇怪"的印象。

尤其是有一次在奥巴马表态前，拜登抢先出面支持同性恋婚姻，赢得民主党大本营选民的盛赞，令奥巴马尴尬不已。这并不是因为先支持后又反对同性恋婚姻的奥巴马发自内心地不赞同同性恋婚姻，他早就希望公开反转自己在这件事情上的立场，但他又担心这种做法的政治影响，因此他希望做足铺垫，这样他就可以借由推动民权进步而收获民众喝彩。

"我对男人跟男人结婚、女人跟女人结婚完全没意见，他们与异性男女结婚享有完全一样的权利、民权和所有公民自由。"拜登在 NBC

的《媒体面对面》中表示。

白宫传召 ABC 记者罗宾·罗伯茨进白宫（奥巴马很可能已知道罗伯茨是个女同，她后来于 2013 年出柜）。ABC 高管们无法立即找到她，因为当时她刚被诊断出患有乳腺癌。

不过，作为一名敬业的专业人士，罗伯茨坚持第二天早上去白宫进行采访。"在这件事上，我的立场经历了一个演进过程。"奥巴马在采访中说，此时离拜登抢先就此事发表意见仅仅过去几天，"我刚刚得出结论——就我个人而言，站出来肯定这件事很重要——我觉得同性配偶应当是可以结婚的。"

不过他也不得不利用这次采访的机会向乔·拜登道歉。"我早已做出决定，我们要在大选前、在全国大会前表明这一立场。"奥巴马坚持说。他说，副总统"很可能有点抢跑，不过他是出于善意"。

这是一次刀刀见血的严词指责，在全国性电视网上播出的这次评论表现了他的冷酷，尤其要考虑到这是一个老板对自己下属的讥讽。

即便曾对拜登有过好感，奥巴马仍然是一个现实主义者。这样一来，人们就很难想象，曾做过两次脑动脉瘤手术而且还需要进一步脑外科手术的副总统如何能在 73 岁的高龄上被选为总统。因此总统肯定是向拜登挑明，他不应该追求这一目标。如果他确实有这样的想法，只会扰乱奥巴马默认的候选人选择。

那么，奥巴马这么做有什么好处呢？跟所有获得连任的总统们一样，奥巴马也在考虑自己政治遗产的延续问题。在任期还有两年多的时候，他便悄无声息地安排了几位主要职员去研究他该为自己的总统图书馆做些什么——设在什么地方，如何运作。他打算严肃对待卸任总统后的生活。

奥巴马不会再参加选举了，再无机会看到自己的名字印在选票上、动员选民、宣扬自己喜爱的观点与立场。在剩余任期里他可以做的只不过是选出一名最能够将自己的理念发扬光大的继承人。在 2016 年选出一位共和党人只会导致自己的理念被抛弃，甚至于被拆得七零八落。这断断是不行的。对于奥巴马来说，不去思考谁能够接替自己出任民主党领袖便是政治上的渎职。

显然，奥巴马很难说自己的处境有什么特殊之处。2000 年比尔·克林顿抛开了自己的成见，挑选笨手笨脚、书呆子气十足的戈尔来继续自己的事业。时至今日，他仍然对戈尔为何拒绝用"克林顿谋求第三次竞选连任"的招牌进行竞选而迷惑不解。他为何拒绝克林顿为自己助选——甚至就连在诸如阿肯色州这类克林顿根基深厚的州里也不允许克林顿去助选，在这些州里他或许能够令局面改观，甚至能够扭转大局。

2004 年克里断然拒绝克林顿让他挑选希拉里做竞选搭档的提议，这一事件至今仍然是令克里与克林顿关系紧张的原因之一——据一位颇为熟悉克里的前外交家讲，这也许是现任国务卿克里至今仍惧怕比尔·克林顿的主要原因所在。

2008 年，乔治·W.布什放下与宿敌约翰·麦凯恩的恩怨，认为他是在当年选举中最有可能赢得大选的候选人。布什知道麦凯恩会巩固自己在阿富汗及伊拉克的政策，从而在事实上证明选民们并不像民调数字显示的那样讨厌自己。不过正像比尔·克林顿被排除在 2000 年戈尔竞选团队之外一样，在 2008 年竞选过程中小布什也被排除在竞选过程之外，他们认为小布什频繁出现会给竞选带来负面影响。麦凯恩的人马判定，小布什能提供的最大帮助便是保持密切但又不过于密切的联系。

奥巴马将在 2016 年面临同样决策——挑选一个能保住自己心爱项目的人，如果自己挑选的人当选，这将会在某种程度上洗雪自己并不出色的政绩。如果共和党人继任总统，则当选人几乎铁定会将推进自己党的头号政策项目——废除或削弱奥巴马的标志性医保计划。共和党获胜则将会令人觉得选民们已抛弃了人气日益走低的奥巴马，奥巴马甚至可能给民主党品牌造成致命破坏。自豪甚至自负的巴拉克·奥巴马不希望这成为自己的政治墓志铭。他需要一个能够巩固自己政治遗产的人，因此他需要一个不会把自己看作如丑闻缠身的比尔·克林顿或好斗的乔治·W.布什那样的人，而且还得是一个能够赢得大选的人。

当然，奥巴马不希望人们知道他这样想，或许他也不希望这样看待自己。耍政治小手腕——他或许认为这些事情有失自己的身份。继任者、党内团结、政治遗产——这些是华盛顿圈里人所关注的事情，但不是他所关注的事情。他的助理们也同样信誓旦旦，向记者们与传记作者们保证说，他对党派继承问题毫不关心；他对希拉里与拜登之间的潜在竞争，或民主党内任何其他人可能进行的竞选活动持中立态度；这对他来说不重要；他以任何方式介入这场竞争都将是"难以想象的"。这便是迄今为止他向政治记者们灌输的主题，这一说法显然与可以验证的事实不符。

跟总统最亲近的一帮人公开祝福克林顿夫人，明显是公开侮慢在任副总统——本来奥巴马总统可以制止这种事。

其中最值得一提的迹象来自最令人难以想象的人物。按《华盛顿邮报》的说法，通常以审慎态度示人的大卫·普劳夫，常被认为是"2008

年奥巴马成功当选总统的设计师,其政治头脑在民主党内出类拔萃"。
拿下了 2008 年总统竞选后,奥巴马把这位政治操盘手捧上了天:"他
是这场竞选的无名英雄,他亲手打造了这场卓越的——我认为,是美国
历史上无与伦比的政治竞选。"

因此,当普劳夫没有为奥巴马竞选搭档乔·拜登说好话而是支持
希拉里·克林顿的时候,舆论一片哗然。

"我认为,所有经历过那场预选的人毫无疑问都对她抱有至高钦佩
之情。如果决定参选,她显然将成为极为强大的候选人;如果她决定
不参选,我们显然还有其他人选会考虑参选。不过现在谈论这些还为
时尚早。"普劳夫在一次公开活动上如是说,"从两党角度看,我认为,
她是目前最有趣的候选人,很可能是最有实力的候选人。不过目前她
有机会给自己跟家人放个难得的假,理清事情的头绪,这是她理所应
得的。"

称其为"最有实力的"候选人是在事实上坚定地投了她一张信任
票——这一举动令在任副总统乔·拜登显得特别脆弱,因为普劳夫在白
宫时明面上同时还为拜登工作。

普劳夫是 2013 年初在纽约市 92 大街 Y 大楼里进行的一个公开活
动上做出上述评论的。尽管他说过自己将不会为她的竞选工作,但这
不应被视为一种侮慢——对于那些曾成功策划总统选举的操盘手(从
1992 为比尔·克林顿赢得大选的詹姆斯·卡维尔到 2000 年与 2004 年
为乔治·W.布什赢得大选的卡尔·罗孚无一不是如此)来说,此前
从未有人赢得大选后再为一个全新候选人服务,因为他们已经拥有了
荣耀。

不过,这并不意味着顶级政治顾问就没有敏锐的政治洞察力,更

不意味着他们不能或不会从场外支招儿。因此，这也意味着当大卫·阿克塞尔罗德，这位协助伊利诺伊州来的年轻参议员入主白宫并塑造总统形象的人说了什么话时，民主党人们同样会认真倾听。"她是一名不知疲倦的候选人，而且非常、非常有实力。在我看来，经过了四年卓越的领导经历后，她只会变得更加强大。"阿克塞尔罗德最近这样说，"我认为她的选情非常、非常牢靠。"

即便是奥巴马总统的首位幕僚长拉姆·伊曼纽尔也一直公开支持希拉里。"如果希拉里出马竞选，我支持她。我认为她会出马竞选的，不过一切都取决于她自己。如果她出面竞选，我将加入。"伊曼纽尔说。这件事本身可能不会令人觉得太意外：伊曼纽尔曾在克林顿执政期间为克林顿总统服务过，而且跟希拉里·克林顿关系一直很密切，同时他还跟希拉里的圈内人詹姆斯·卡维尔及保罗·贝加拉也有着密切交往。

只是曾被"德拉吉报告"等媒体称为"教父"的拉姆现在有了自己的一套政治机器：这一情况发生在他当选为芝加哥市长后，他离开奥巴马执掌的白宫不久后便得到这一职位。有些接近他的人认为他或许也在做着参选的准备。"我不知道，因为你无法判断希拉里在做什么以及大家是如何看待她的。她有优先权。这不是说其他人就不会有动作，不过事情很明确，她拥有优先权。人们喜欢拉姆。我觉得他们会视她如何行动而动。"一位跟希拉里·克林顿及伊曼纽尔同时在奥巴马政府里任职的前内阁成员说。

不过当我追问这位芝加哥市长是否真的会参选时，拉姆的这位朋友有点退缩了。"拉姆和我经常谈话。我们仍然一周聊一次，而且我们是非常要好的朋友。他仍然专注于尝试……现在芝加哥市里出现了财政困难，他专注于做好市长本职工作，而且要竞选连任，这是他真正要关注的事情。我是说，如果你要问我的意见，我从来没有深入了解……拉姆和我聊的就是市里的运作。"

"绝对没有的事。"当被问及是否有兴趣参加问鼎白宫的竞争之时，拉姆告诉 CNN，"我没兴趣。"

即便如此，仍然有众多奥巴马政府任职人员都出面支持希拉里。奥巴马的竞选现场主管杰瑞米·伯德已签约加盟超级政治行动委员会，为希拉里备战。而负责奥巴马连任竞选的瘦高个竞选经理吉姆·墨西拿已加入美国优先行动组织，这个组织是 2012 年支持奥巴马总统的超级政治行动委员会里的主导性组织，目前已确定为支持希拉里 2016 年角逐白宫竞选这一目标服务。

在上一次竞选周期中，超级政治行动委员会的领导人是保罗·贝加拉，自克林顿总统成为具有全国性政治影响力角色之初，他便是克林顿的重要助理。在超级政治行动委员会支持希拉里竞选的过程中，贝加拉仍将在其中发挥作用。有些人说克林顿夫妇担心超级政治行动委员会表现得太过业余，特别恳请贝加拉深入参与美国优先行动的运作中去。"超级政治行动委员会将以一个集权式、亲希拉里广告组织的形式运作。"各媒体如是报道。

奥巴马的另一位顶级顾问斯蒂芬妮·库特尔，现在利用与奥巴马圈子的密切关系成了公关专家，同时是 CNN《交火》节目的联合主持人，她向记者们表示："如果希拉里国务卿决定参加竞选，她将轻松获得提名——将成为两党历史上的首位女性被提名人。"

各大媒体心领神会。"现任总统的三位前政治顾问都近乎公开宣布，如果希拉里有意参选的话就是民主党被提名人，"《政客》记者玛吉·哈伯曼写道，"这一切令不到一年前还是奥巴马竞选搭档的乔·拜登颇感恼火，在他看来，有时这就像是赤裸裸的阿谀奉承——即便大家本意不是去招惹他生气。"

奥巴马上《60分钟》节目已经表明了自己的态度。不过，即便是在希拉里离任后，奥巴马还是特意去拉拢希拉里及其丈夫比尔。

比如2013年夏天的白宫午宴，就是为新闻界精心编排的展示场合。受到奥巴马的邀请，希拉里与奥巴马一起享用了烧鸡肉与什锦面，还有一盘沙拉。他们在户外的一张二人桌前就座。白宫发布了一张午餐照片——通常白宫只有在得到批准后才会发布这种照片。

"大家知道，在过去四年里——媒体也有大量报道，国务卿希拉里与总统不仅建立起深厚的工作关系，还产生了真正的友情。"一位白宫发言人称，"因此，今天进行的午餐主要是出于友情。这不是一次工作午餐，而是在过去四年里经常见面的两个人找个机会叙叙旧。"当被问及二人是否会谈工作上的事情时，该发言人回答说，"这次午餐的主要目的在于社交，但鉴于总统与国务卿希拉里过去四年里（在中东和平问题上）有过密切合作，因此如果不谈及这个问题反倒会让我感到吃惊。"

"我敢打赌乔·拜登一定爱死这件事了。"一位前拜登演讲稿撰写人当时在写给我的一封电邮中这样开玩笑说。事实上，如果奥巴马希望消除人们认为他偏向希拉里的看法，他完全可以也邀请拜登一起来参加午餐。或者，更简单些，直接闭门不让媒体知道有过这次午餐。

希拉里试图缓和与拜登的紧张关系，第二天早上就跟拜登共进了早餐——不过这有点没搞清楚状况：重点在于奥巴马特意公开与希拉里会面，而不是希拉里接受了总统的午餐邀请。

11 月 20 日，奥巴马授予比尔·克林顿美国最高荣誉——总统自由勋章——总统又一次做了一件如果他不愿意就不必做的事。在白宫东厅，十年前乔治·W.布什就在这里为克林顿官方画像揭幕，这一次奥巴马则在这里将美国最高公民荣誉勋章授予曾险些被弹劾的总统。

"我们向一位现在回想起来仍然十分亲切的总统致敬。"奥巴马在公开致辞中把比尔·克林顿刻画为扶贫救弱的好孩子。正如奥巴马所说："比尔仍然还记得童年时跟妈妈挥手道别的情形——她的眼里饱含着热泪，离开家门前往保育学校挣得养家糊口之资。我认为，扶助跟他自己境遇相仿的家庭成为比尔·克林顿一生的执念。他还记得妈妈为了他而不得不做的工，对于全国各地那些跟自己早年境遇相似而且抱有相同希望与梦想的家庭，他希望确保他们能够过得好些、更轻松些。因此，作为一名州长，他改革了教育，这样更多孩子就可以追寻自己的梦想。当上总统后，他证明了只要选择得当就能够增进经济增长、帮人们脱贫、减少赤字，同时仍然还可以在家庭、健康、学校、科学技术方面进行投资。换言之，当我们相互守望时，我们就可以走得更远。"比尔·克林顿看上去深受感动。

"今年的情形略有些特别，因为这是肯尼迪总统设立这个奖项的第五十周年。"奥巴马说。年轻时，克林顿前往华盛顿看望自己心中的英雄——约翰·F.肯尼迪。在克林顿自己晋身总统之路上，冲劲十足的克林顿与自由派英雄握手的照片常常被拿来说事儿——这张照片将克林顿与肯尼迪联结在一起，暗示克林顿注定将成为美国总统。

11 月 20 日这整整一天的时间里，克林顿夫妇都陪伴在奥巴马身边。

仪式结束后，克林顿夫妇与奥巴马夫妇一起短途出行，第一夫人米歇尔后来加入他们的活动中，一起搭乘官方车队跨越波托马克河前往阿灵顿国家公墓。在公墓里，四人在约翰·F.肯尼迪——美国第35任总统——的墓前献上一个大花环，他在50年前的几乎同一天里在达拉斯遇刺身亡。

这是11月里一个寒冷的日子。身穿大衣的四个人将手放在胸口，一名军号手在旁演奏。白宫记者代表注意到演奏的这种音符正是为"咔咔响的快门声"伴奏的，这是克林顿夫妇所肯定乐于听到的声音。

"今天下午，克林顿总统和希拉里国务卿陪米歇尔和我，向这份令美国人引以为豪的政治遗产致敬。我们有机会在阿灵顿公墓献上一个花环。肯尼迪总统被他的妻子与几位弟弟的墓地所围绕，他将长眠于此，流芳千古。他将不仅仅因为战场上或政治上的胜果，更因为他在许多年前讲过的话而受到人民的缅怀：'我们……将被后世纪念……因为我们为人类精神所做的贡献。'"在华盛顿特区美国历史国家博物馆举行的晚餐上奥巴马这样表示，向该奖项的获得者们致意，这是他与克林顿夫妇在不到12个小时里第三次一起出席公共活动。

当天晚上，他们一起在史密森尼博物馆聆听阿图罗·桑多瓦尔演奏的小夜曲。比尔·克林顿坐在棒球巨星欧尼·班克斯旁边，不过他会溜出来进行自己最喜爱的消遣：跟记者们闲聊。"他们告诉我，我得戴着这些。"他向记者们介绍挂在自己脖子上这些沉甸甸的装饰性勋章，这是奥巴马亲手给他挂上的。由胡玛·阿贝丁陪伴的希拉里热情地拥抱了老杰西·杰克逊。

在这些活动进行之际，很少有人想到乔·拜登。这是当时活动的目的所在——这肯定会令他沮丧。在当天举行的第一项活动，即授勋仪式上，副总统及其妻子吉尔·拜登被介绍给大家，不过他们出现至多是象征性的。

两周后，同样事情再次发生。这一次是纳尔逊·曼德拉的葬礼。

在曼德拉过世的消息传出后，上一年度夏季访问过南非的奥巴马总统在电视上表达了沉痛哀悼之情。第二周，他就前往出席纪念仪式亲自吊唁。他邀请了比尔和希拉里·克林顿同乘空军一号前往，同机前往的还有乔治·W.布什总统及其妻子劳拉。比尔当时正在巴西里约热内卢召集拉美地区克林顿全球倡议活动。不过希拉里当时在国内，因此有幸搭乘这架总统专机。

在空军一号会议室里，小布什抽出自己的 iPad 向希拉里和巴拉克、埃里克·霍尔德、苏珊·赖斯、瓦莱丽·贾勒特还有米歇尔·奥巴马展示他在卸任总统后创作的画作。

白宫会向他们表达善意，向媒体发布几张机上活动的照片。最重要的是，这一做法也为白宫带来益处。奥巴马向来不善于跟其他人打交道，尤其是跟他具有平等地位的人，以及那些需要他谨言慎行的人。通过发布奥巴马与希拉里·克林顿、乔治·W.布什和劳拉·布什在一起的照片，白宫便照葫芦画瓢地复制了克林顿的做法：通过展示他与过去对手在一起的活动来修复总统形象。

这些活动都突出了一个主题——不管出于何种原因，克林顿夫妇已取得了奥巴马的支持。

克林顿的一位长期助理向我表达了他对这种手法的慨叹之情，他对这件事情近期的进展颇为知情。"我觉得其中敌意多到人们都不愿报道的地步。"他这样描述奥巴马与希拉里·克林顿的关系。不过，他们结盟明显不是出于热诚，而是不得已而为之。这也是切尔西·克林顿在 2014 年向奥巴马说了许多溢美之词的原因所在，据消息人士称，在 2008 年整个竞选期间切尔西曾极力表达过对奥巴马鄙夷之情。

那些日子里，在克林顿圈子里，再没有什么能比前第一女儿的意见更重要的了。

第 **9** 章

爸爸的小女儿

"她在崭露头角的过程中一直都在自吹自擂而且有点自私。"

——一位克林顿助理对切尔西的评价

2013 年 6 月，坐在台上的比尔·克林顿向台下张望，刻意回避美艳照人的前美国小姐参赛选手的目光，她身穿淡橙色紧身裙装，交叉的两条腿荡来荡去。他两手紧握在大腿上。

她试图引起他的注意。"克林顿总统，在放你走之前，还有个问题要请教。"电视女名人翠西·里根问，此时克林顿的眼光失神地盯着舞台上的一片地板，一丝捉弄的笑容浮现在她的脸上，"有没有机会在 2016 年再看到另一位克林顿入主白宫呢？"

问了这个大家都期盼已久的问题后，她转向了听众，大家报以热烈的笑声。"这是最后一个问题，我保证。"里根说，她的对话者正思忖着该如何作答。

比尔·克林顿的头发已全白了，而他的皮肤也显出了苍老的迹象。他已经 66 岁了。他的身材比当总统时瘦了些，但还远远谈不上虚弱，看上去背稍有些弯，仿佛承受不了斗争的重压及一生的辛劳。

他与里根坐在芝加哥一间座无虚席的酒店舞厅里，在座的数千人都是他最喜爱项目——克林顿全球倡议——的客人。这便是他要竭力克制、拿出最好面貌示人的原因，他要竭力控制自己，以免双眼盯住坐在自己面前的女性。他希望向潜在捐献者们——基金会以及希拉里的捐助人——展示他已是一个弃旧从新的人。

因此，这位前总统在说出一句漂亮话时会自鸣得意、频频点头称是，甚至将目光转到远处。"切尔西还是太年轻了。"他笑了笑，快速地舔了一下嘴唇然后轻轻地咬住下嘴唇（事实上，到 2016 年切尔西将年满 36 岁）。

他最后松开了双手，垂到椅子两边，然后迅速抓住椅子扶手，调整了一下坐姿，就好像在挣脱某种看不见的束缚似的。

对于一些在过去几年中没有关注克林顿夫妇在政坛上重新定位的人士而言，仅仅听到切尔西是一名政客的说法便会吃惊不小。是的，这是避免回答真正问题的聪明方法——提问者指的当然是希拉里。不过，他说切尔西还太年轻不能当总统并不是完全的玩笑，他的确有过这种想法。对于把切尔西称为一名未来政客的说法，至少有一个人肯定不会感到意外，这个人便是切尔西自己。长期以来她一直在家庭权力结构中进行自我定位，试图成为一位与父母比肩的人物。从某种意义上讲，芝加哥的这个活动正是切尔西的成人礼。而且，她已经加入克林顿基金会的管理层——最终她将跟父母平起平坐。这是她的主意，将自己的名字放在父母的旁边，最终进入家庭业务。

比尔·克林顿始终坚信"第三条道路"①。政治上，这一术语指的是调和经济政策上的左派立场与右派立场的一种社会立场。事实上，

---

① 20 世纪资本主义经历了三次大调整，分别是罗斯福新政、里根革命和"第三条道路"。20 世纪 90 年代，随着冷战结束，以美国为首的资本主义国家开始"第三条道路"改革，试图修正前两次调整中的偏颇之处，超越左右之争，摒弃阶级政治，建立国家和个人之间的新平衡。

克林顿担任总统时推行对商业友好的民主党中间派或温和派政策，他以此为荣，他的政策甚至赢得了罗纳德·里根政府中许多高级经济专家的赞许。

从更宏观意义上讲，克林顿始终在寻找第三条道路、另一条可行的道路、第三种可能性。在克林顿家族里，这第三条道路就是切尔西·克林顿。在生命的大多数时间里，克林顿夫妇的独女一直是将两人维系在一起的因素。她还是这位前总统的后备计划，如果希拉里自己的努力再度告吹的话，他们会把她培养成一股名副其实的政治势力。

切尔西·克林顿一生的大多数时间都出现在公众视野中，但奇怪的是很少有人真正了解她，即便那些非常熟悉比尔与希拉里·克林顿的人也是如此。克林顿夫妇在庇护女儿不受流行媒体的关注与议论方面做得极为到位——他们 1993 年入主白宫时就立下了这个誓言，成果显著。因此，在缺乏关于第一女儿背景（及未来）信息的情况下，大多数人还是依赖以前对她的记忆：公众第一次看到的那个 12 岁女孩，看上去讨人喜欢、有点笨拙的腼腆，长着一头紫红色卷发，戴着牙齿校正钢箍。

不过那不是今天的切尔西·克林顿，至少在那些跟她有着密切工作关系的人看来不是这样。将全副精力倾注到女儿身上的比尔把她训练得很出色。事实上，切尔西似乎已悄然成长为一名集父母诸多最优秀与最糟糕品质于一身的政治人物。在比尔与希拉里充斥动荡与丑闻关系的十多年里，她也许是这种糟糕关系的最大受害人。

1986 年，当比尔·克林顿决定竞选连任阿肯色州长时，他、希拉里跟女儿在餐桌前坐下，要让她做好准备。

"我们向她解释说，在选举竞选过程中，人们为了赢得选举，甚至可能会说一些谎言，而我们希望她为此做好心理准备。"希拉里在一本名为《举全村之力》（*It Takes a Village*）的书中回忆说，"跟大多数父母们一样，我们教导她不能说谎，因此她对这个理念很是困惑。"

接着，比尔从椅子里站起身，假装成自己的一位选举对手。"比尔说了自己很多很不堪的话，"希拉里写道，"诸如他是个真正卑鄙的小人，而且不打算帮助别人之类的。"

切尔西哭了起来。按希拉里的说法，切尔西的父母一次又一次地对她父亲进行模拟抨击，直到切尔西能够不再哭泣地听下去为止。当年她才 6 岁。

切尔西·克林顿几乎得到公众的一致同情。她曾经经历过美国政治史上最怪异的生活，不仅是作为总统之女，更是作为一名曾因为到处留情、性骚扰而受到指控的父亲之女——而且，还有竞争对手抛出更火爆的（未经证实）指控，其中甚至包括强奸。她还有一个时常被人称作谎话精、骗子的母亲。她不得不忍受珍妮弗·弗洛沃斯满世界说切尔西是她父母维持婚姻的原因。弗洛沃斯不可理喻地称，要是没有切尔西，那么她弗洛沃斯今天就跟比尔在一起了。即便对于个性最坚强的人来说，这样一种天天被骚扰的奇怪生活也会让其付出代价，这几乎肯定会改变这个有些腼腆、有些笨手笨脚、长着一头火栗色头发、戴牙箍、住在白宫里的 13 岁小女孩的生活轨迹。

在整整八年里，甚少有人听到过她的声音，也少有人看见过她。在白宫里，有一条由来已久、得到严格实施的规定：不要去惹切尔西·克林顿。"这在很大程度上是一条铁律，即便在她高中毕业后进入半公开生活之际，或她跟母亲一起出行时，这条戒律仍然存在，这是可以理解的，她是媒体不能碰的人。"前白宫媒体主管迈克·麦柯里曾向《纽约杂志》这样表示。

这并不意味着像拉什·林博这样的电台主持人不会批评她——事实上他的确批评过她。这也不意味着当切尔西年满 16 岁时，夸张低俗电台流行节目主持人不会打电话给白宫，去送她一辆车——因为这事的确也曾发生过。禁令的意思是，切尔西可能会跟父母一起出现在公共场合，但媒体不得对她进行报道也不得向她提问。

"我一直待在公众视野内。"切尔西在一次采访中向一位记者表示，"我出生时父亲就是阿肯色州长。第二天我就出现在报纸头版上。我对这件事没有印象，不过我的确记得——我想，更恰如其分的说法是，我不记得生命中曾有人没认出过我，他们常跟我谈论他们热爱或憎恨我父母所做过的事。"

确切地说，她比别人多了一层光环。少有少女有机会跟甲壳虫乐队的成员（保罗·麦卡特尼）跳舞或有流行歌星（芭芭拉·史翠珊）为她唱歌，或在任副总统及未来总统（乔治·H.W.布什）的护送下去洗手间。比尔·克林顿说过一个故事："我女儿当时三岁，我把她介绍给乔治·布什。我说：'切尔西，这是副总统布什，这是他神奇的家。'她看着他说：'我得去下洗手间。'他拉起她的手带她去了洗手间。"

不过对于切尔西·维多利亚·克林顿来说，伴随着好运而来的是残酷的事实：她的一生都在被人利用。在她父母想消除关于他父亲拈花惹草或开放婚姻或虚假家庭的谣言之时，她被自己的父母利用。尤其是在莱温斯基性丑闻后更是被她父亲利用，当时她被炫耀为维系其父母婚姻的人。作为一个活跃于公共舞台的隐身人，在一段时间里切尔西很难形成自我认知，人们遇到她时就退避三舍。"她很怪异。"

一位华盛顿记者称，跟所有记者一样，他熟知大卫·舒斯特的遭遇因而永远不会公开谈论她。

切尔西的生活阅历必定使她对记者们及普通大众抱有深深的戒备，这是可以理解的。初中女孩们少有人能够达到切尔西的理解程度。"理解某一给定报道的意图、所要传达的信息及利益是很重要的，不管是政治上、利益上或其他什么东西。"她说，"有时我父母会谈起来；有时我会找个话题谈起，早报上读到的东西或某人在学校里跟我谈过的事情。那么某则新闻中什么是真的？哪些不是真的？为什么有时候真相似乎就不重要呢？这些对话帮助我形成对媒体广泛而合理的怀疑，同时也对其能力产生尊重——一篇新闻报道、一首歌、一个电脑游戏或一部电影——可以授予人们权力或剥夺他的权力。"

这一不得报道的禁令从首都最奢华的私立学校西德维尔友谊学校持续到斯坦福大学，后者同样是一所顶级私立学校——不过位于这个国家另一端的加州帕洛阿尔托。只有当她接近毕业之际，也就是2001年6月，当时比尔·克林顿已不再是总统，但希拉里·克林顿却是纽约参议员时，《纽约时报》才发现，虽然大家对她的名字耳熟能详，但美国人几乎对她一无所知。该报写道，她是"在无声的哑剧中长大的"。

"她或许是这个多媒体时代的一个终极异类，她的面孔家喻户晓却几乎无人听过她的声音，简直就是一个无声时代的电影明星。"《纽约时报》在文中写道，"当她在父母的阴影中首次悄无声息地踏上全国性舞台时还不满13岁，年满21岁时她已陪伴父母环游全世界，然而至今大家对她的了解依然没有增加多少。"

当她的父亲被迫当着她的面承认自己在椭圆形办公室与一个年纪

大不了她多少的女性有染时，切尔西·克林顿如何能够不"怪异"？（切尔西事后在网上阅读《斯塔尔报告》①一事令其父亲涕泪纵横。）在比尔承认自己在莫妮卡·莱温斯基丑闻中的所作所为后，愤怒的希拉里对他的惩罚就是，逼他向对他崇拜有加且为他辩护的女儿当面坦承自己的丑事。切尔西当时还在斯坦福读书。

克林顿对助理们讲，他感到自己在丑闻中最对不起的便是切尔西。总统一直对女儿呵护备至，他的保护欲极强，毫不掩饰自己对女儿的爱护之情，毫不吝啬在女儿身上花时间。有一次副总统戈尔要比尔与希拉里火速赶往日本修补因无意中冷落日本所造成的两国紧张关系，但克林顿以女儿要参加期中考试为由拒绝了他的请求。"艾尔，"他说，"我不会丢下切尔西独自面对这些考试而前往日本的。"在丑闻曝光后，克林顿向传记作家泰勒·布兰奇坦白说："在陪伴就意味着全世界的年龄，（切尔西）不得不承受自己父亲的性生活被曝光的煎熬。在斯坦福大学里露面对她来说简直无法忍受。"

在克林顿向切尔西坦白莱温斯基事件后，她接到了一个电话，是除了她家人外唯一有她手机号码的成年人打来的。他说，他理解她当时正经历痛苦，要她一定相信父母是爱她的，忠于自己家庭很重要，如果她希望出气或寻求建议或想跟什么人一起祈祷的话，她应该给他电话——这个人是杰西·杰克逊牧师。按比尔的说法，比尔·克林顿与杰克逊有着"多姿多彩"的过往，不过，他永远也无法忘记，在他自己与切尔西的关系几乎完全破裂之际，是杰克逊前去问候自己亲爱的女儿。

---

① 检察官斯塔尔所做的关于克林顿性丑闻案件的报告，由众议院司法委员会公开发表在网上，内容包含众多性丑闻案的细节。

　　据与比尔及切尔西关系密切的助理们说，莱温斯基丑闻从根本上重塑了父女关系，其影响程度不亚于克林顿夫妇之间的关系。一位与克林顿家庭交情极为深厚的消息人士对我讲，人们在议论克林顿夫妇时"漏了什么东西"："当你与一个年轻的白宫职员发生关系后，不管他们做了什么，你得用余生付出代价。因此当你女儿想买一套价值1000万美元的公寓时，你不会说'你疯了吗？'你会说'我怎么交钱？'"据该消息人士的说法，对切尔西的愧疚不仅局限于她父亲。希拉里同样也因为"那些年对她照顾不周"而深怀歉意。切尔西步入成年也使得人们开始质疑克林顿夫妇的育女之道——这是长久以来令他们自豪的一个方面。

　　在这些年里，切尔西似乎基本上表现得漫无目的，在试图形成自己的身份认知过程中一会儿尝试这件事，一会儿再尝试另一件。在拿到了斯坦福大学历史学位后，她追随父亲的脚步前往牛津大学读硕士，然后又到哥伦比亚大学研究公共健康。

　　"她入读牛津大学，然后发现自己不喜欢这里。"一位熟悉切尔西的人讲，"接着她又入读哥伦比亚大学，结果发现还是不喜欢。然后又重回牛津大学。她不知道如何规划自己的生活。"

　　在描述她的个性时，一位消息人士使用了常用在她父亲身上的同一词汇——竭尽全力。她抱负远大，不管做什么都会拼命去争取，消除一切障碍。最终，切尔西在纽约市开始了自己的生活，她那家喻户晓的名字肯定让她在商界省了不少打拼。她踏入社会的第一份工作便是加入顶级咨询公司麦肯锡，在该公司她的起始年薪约为12万美元。切尔西·克林顿是那一年麦肯锡所招雇员中最年轻的一位，但其待遇却相当于拥有MBA学位的硕士。2006年，她离开麦肯锡前往华尔街，加盟对冲基金——艾威基金。她的老板是克林顿的捐助人马克·拉斯里，其身家约为 17 亿美元。

多年来，切尔西一直避免介入父母的事业。一位消息人士对我讲了她父亲进行心脏手术时的事。在被要求加入克林顿基金会时，切尔西拒绝了。"她不想与此有任何瓜葛。"该消息人士说，"许多年来她一直向众人明确表达这种想法。"

不过，后来她的立场转变了。

2008 年，当她母亲参加总统竞选时，切尔西首次闯进公共生活领域。她第一次介入公共生活发生在假期里，不过此后她的分量在逐步增加。希拉里喜欢在竞选过程中带着切尔西，而事实证明切尔西是一个卓有成效、保护性很强的顾问。

借用了她母亲标志性的叙事方式，始终不愿公开进入政治冲突的切尔西向《时代》杂志讲，为她母亲进行的竞选"不是她所期望要做的事"。在同一场采访中，切尔西展示了自己取悦民众的高超技巧，"她赢得新罕布什尔预选后，我实际上就到了那里，我当时就想：'我再也无法回到以前的工作中去了。作为一个女儿、作为一个年轻女性、作为一名美国人、作为一名自我认定的进步人士，我需要向愿意聆听的人讲述我为什么如此坚定地认为她会获胜。'"

她辞去了投资公司的工作然后开始全职助选，不过仍然在克林顿助理的全面保护下，以免受到媒体的干扰（发生类似大卫·舒斯特的事件）。

正是在这些场合，在众多或少量观众面前，她开始发出了自己的声音——至少是部分声音。她向美国人强调，她母亲将成为下一任伟大的美国总统。"我跟竞选团队一起出动，我会回答大家提出的问题，以及我为什么会如此衷心地相信她会取得成功。有时我面对的只是两个人，有时会面对 20000 人。在大约 5 个月的时间里，我在 40 个州里参加了超过 400 场活动。在这一过程中，我真正理解了政治为何具有如此的重要性以及为什么……所有人都需要参与其中，并通过投票来表达自己的观点。因此，在我生命的这一个时期，我认为人们去进行选民登记然后去投票具有无比的重要性，这成了我的坚定的信念。"多年后她这样解释。

不过，在那些试图弄明白她到底是个什么样人的旁观者看来，这种声音似乎不像是她的真正心声——因为她是为了母亲才这么说的。除了她在母亲政治际遇中所扮演的角色外，大家仍不知道她到底是什么样的人以及她拥有什么样的信念。而她自己的世界观仍然没有显露出来——尽管她是自己母亲的坚定、热诚、强有力的拥戴者，但也就仅此而已。他们对她的内核仍然一无所知。

但这些似乎并不是大多数圈外人所关心的。切尔西是一位备受爱戴的名人，不过个中原因并不是所有人都明白的。

"我一生见过最荒谬的事莫过于在希拉里的竞选告终后，《赫芬顿邮报》希望就'谁最有可能成为第一位女总统？'做的一篇报道。"希拉里的一位长期助理说，当她看到切尔西·克林顿的名字在列时吃了一惊，"她才刚刚出大学校门不久。为什么她会在列呢？！难道就因为她也姓克林顿吗？突然间，她就成了谈论美国首位女总统的时候必须提到的名字，就因为她是他们的女儿吗？她尚未取得任何成就。"

时至今日切尔西仍然带着在白宫留下的伤痕，只要派得上用场就时不时展示一下。在巴拉克·奥巴马竞选连任过程中，身穿印有动物图案的切尔西，淡定地张开双臂，一头直发披散开来，令纽约市的观众倾倒。

"事实上，她和我有些共同之处。"切尔西对观众们说，她指的是前乔治城法学院学生桑德拉·弗卢克，她在国会山提出"医保需要保障避孕"的需求后受到批评，"我们都受到过拉什·林博的攻击。"大家哄堂大笑，讲台上的其他参与者们——全都是女性——也加入进来一起拍手。

"谢谢大家，谢谢大家。"切尔西兴高采烈地说，"是的，我也确实相信，如果你遇到合适的敌人，就说明你做对了。"人群中又爆发出一阵轻轻的笑声。

"她 30 岁时我 13 岁。"人群里发出一阵哼笑声，"这是真的，事实如此。在 1993 年他说过，我很开心自己不记得他的具体说法了，不过大意是这样的，大家知道克林顿夫妇在白宫里养了一只叫'苏克斯'的猫，他们还养了一条狗，然后他在屏幕上打出了一张我的照片。"

"不过，我心存感激，我在公众生活中长大了。而且我学到了，脸皮厚是一项根本的生存技能。"她说，然后转过头看着桑德拉·弗卢克，神色明显伤感起来。

"不过，桑德拉，你对所有事的反应都这么落落大方，而且显然会把所有危机变成提升自己的途径。"

切尔西·克林顿这位曾经腼腆、笨拙的女孩，尽管终日不离希拉里左右，但她从头到脚都跟她爸爸一般无二。她在政治上已经成熟，在她父母的决策过程中起到举足轻重的作用——在那些日子里比前总统与国务卿身边的任何其他助理都重要。事实上，在希拉里·克林顿决定是否要参加总统竞选的决策中，很可能没有什么人能比切尔西更关键了。对于克林顿的长期支持者们来说，这一想法令人不寒而栗。保罗·贝加拉的一位朋友说，作为克林顿的铁杆支持者，保罗以前讲过不喜欢切尔西的话，他认为切尔西不是表面上的那种甜美女孩。

一位离开克林顿圈子的前助理友善地称，切尔西是被溺爱且享有过多权利的人。"大家都觉得她是有史以来最伟大的人物，简直把我腻味得要死。"

很多观察人士都认同，切尔西已经不是原先那个天真无邪的女孩了。

一位曾于 1994 年陪伴切尔西及希拉里前往意大利的记者回忆说，为了让切尔西与她母亲能够不受打扰地参观，庞贝古城参观区域被完全关闭起来。这个年轻女孩子成长时所熟悉的世界就是这样的（从某些方面讲，这不是她个人的错）。

"一切看上去都很不真实。"一位密切关注切尔西的人士讲。这或许跟她的个人形象是由纽约鲁宾斯坦公共关系公司负责打造的不无关系，这是一家能量甚大、手法老练的公关公司；另外，切尔西身边有一个密不透风、忠心耿耿的小圈子，这是一个比她父母更难突破的圈子。跟她母亲一样，她似乎不能接受有人离开自己。令她家庭里这种怪异氛围更加夸张的是，切尔西的已婚前男友仍然跟在她左右，有时还会跟她一起尽家人之责。

这个人便是杰瑞米·凯恩，前白宫实习生，在大学期间他跟切尔西交往过约一年半时间。她跟一位白宫实习生约会使得一些人议论纷纷，"有其父必有其女"显然是挖苦她父亲也曾跟一位实习生有染。

她还跟罗德学者伊恩·克劳斯有过瓜葛，后者曾就库尔德斯坦①写过一本书。她甚至还和好莱坞影星本·阿弗莱克传出过绯闻。"此前切尔西从未和好莱坞影星传出绯闻，白宫以此为傲，可是就在她父亲离开白宫的数周前——当时美国正在进行难解难分的总统选举——小报开始流传克林顿小姐与好莱坞万人迷本·阿弗莱克擦出爱情火花，当时阿弗莱克刚与格温妮丝·帕特洛结束了一段恋情。"《每日野兽》在报道中称。

因为切尔西·克林顿顶着一个大名鼎鼎的姓氏，所以她有过一连串薪水优厚的工作，而且还有很多高薪职位等着她。NBC 曾于 2011 年花大价钱聘请她对一些从事社区志愿活动"而产生影响"的知名人物进行报道，这一做法令许多人不爽。一位克林顿前雇员表示："想一想有多少真正从事报道的记者在为生计奔波吧，这种状况已持续许多年了。"

克林顿小姐拿得出手的最大成就便是她对政府雇员保险公司（GEICO）吉祥物——卡通壁虎的采访，这一作品实在令人不敢恭维。这一采访引发了互联网上铺天盖地的嘲讽，博客作者们挖苦说，切尔西在采访中挖掘到的最有价值信息是 GEICO 壁虎的年刊照片。这点东西压根儿不值得报道，尤其对于切尔西这样高调的记者来说。

"电视批评家们对切尔西·克林顿在 NBC 表现出的报道专业素养表示不屑。预计周五洛克菲勒中心采访过后，他们的观点也不会发生变化，这位前总统女儿就是在这里进行采访的——等一下！采访的是 GEICO 公司的壁虎。"一位保守派媒体批评家写道。

---

① 伊朗西部的一个省份，库尔德人主要聚居区。

"这里给大家说一下背景信息——以防你真正对此感兴趣！——这个专题采访了多个广告名人，如好时派男士、ATT 男士，当然还有 GEICO 的壁虎。很了不起，不是吗？"这位批评家在文中问道，他称切尔西在采访中的表现"业余"，而她获得"如此肥差"的原因就是她有着著名的父母以及"位高权重的朋友们"。

不仅保守派批评家如此，自由派在这件事上对她也是毫不留情。"现在，切尔西·克林顿让我们倒胃口了，她仿佛还处在被庇护的青春期，而我们对她这些年都做了什么一无所知。有人想看这些采访吗？"BuzzFeed^① 一位记者质问道，他在报道中称切尔西在 NBC 新闻网内部并不怎么受待见，人们对她的评价也不怎么样。

"切尔西左右逢源的日子已经一去不复返了。想要完全的隐私而不涉足公共事务是一回事；而想要完全隐私的同时还想收获当代名流们所拥有的回报与好处就另当别论了。"该 BuzzFeed 记者宣称。

克林顿家族的"驸马"

追随父母的足迹，切尔西选择了一位伴侣，而关于这位伴侣的传言与阴谋论似乎永无止息之日。2010 年夏，30 岁的切尔西与马克·梅兹文斯基结婚。二人在斯坦福大学读书时为好友，但似乎许多年之后才开始约会。他们的家庭生活在某种程度上相似，可能是促使他们走到一起的原因。

---

① 美国著名新闻聚合网站。

按《纽约邮报》的说法，马克跟切尔西一样是"活力四射的年轻人"，有"一头卷发"，"身材颀长"，出身于一个民主党人之家。他母亲是马乔里·马格莉斯（以前叫马乔里·马格莉斯·梅兹文斯基），曾当选过宾夕法尼亚州的一届国会议员，据时人评论说，她之所以丢掉议席是因为她热衷于支持克林顿总统，但她的选区并不买她的账（她不顾选民们的反对，投票支持克林顿加税政策）。马克的父亲爱德华·M·梅兹文斯基是爱荷华州的两届民主党众议员，曾被指控窃取投资者 1000 万美元并认罪，还试图运用自己儿子与切尔西·克林顿的关系来迫使检察官放松追查，不过，这一手法并未奏效，老梅兹文斯基在监狱里待了五年。

马克·梅兹文斯基是位投资银行家，于 2012 年 4 月在克林顿捐助人的帮助下建立了自己的投资基金。"他运用（岳父的影响力）参加各种会议、晚宴或午宴去跟潜在投资者拉关系"，并"说服他们在（马克的）基金里投资"。如果道格·班德靠边站，那么克林顿家庭里就空出了一个继子的位子：切尔西的丈夫马克将填补这个位置。

2011 年秋，比尔、希拉里、切尔西与马克齐赴小石城，为比尔·克林顿的总统公司桥剪彩。克林顿基金会投入 1000 万美元建成的这座桥显然与这位前总统在 1996 年竞选连任时最著名的话语相呼应："我要建一座通往 21 世纪的桥梁。"

剪彩仪式结束后，当一行四人在一众镜头前准备离开时，切尔西突然停下，转身截住了刚在 6 月庆祝过结婚周年庆的丈夫。"待在这儿，"她对他说，督促他走到镜头外，"你不是克林顿家人。"

据说切尔西坚持一个被许多资深民主党人认同的理念——比尔与他的助理们也宣扬这一理念——即，克林顿现在已经是个焕然一新的人了，他已经 65 岁，而且有望当上外公，20 世纪 90 年代的荒唐事已经成为过去。一位前助理对我讲，切尔西对她父亲"仍然四处乱搞"这一事实浑然不知。

资深民主党策略家鲍勃·施鲁姆曾回忆起 20 世纪 90 年代的一件事，当时克林顿带了一个女人到华盛顿特区的社会名流帕梅拉·哈里曼家过夜。"帕梅拉本身也不怎么检点，"施鲁姆称，"不过她对克林顿的做法很是恼火。克林顿实在是太鲁莽了。"

到 2013 年，施鲁姆也相信比尔已经悔过自新的说法。"我认为，他行事不检点的做法已成历史，"他对我讲，"我认为那种说法也不再适用。"

咨询公司的股份

在巴拉克·奥巴马的第一个任期里，希拉里·克林顿维持着她政治家的风范并靠政府发的薪水度日——作为国务卿她的年薪为 186600 美元——比尔则继续其筹款活动。他的演讲很受欢迎，而且回报丰厚（他甚至也带上了乔治·W．布什，布什在整个总统任期里都为钱不够用而苦恼）。他的基金会业务蒸蒸日上。现在他跟自己的左膀右臂道格·班德有了一个新的赚钱计划——设立一家名泰尼欧（Teneo）的咨询公司。这引起了切尔西·克林顿的关注。

大约在 2012 年总统选举之前，班德向克林顿建议设立一家涉足广泛领域的全业务咨询公司，这样一家公司将为自己以及自己的保护人克林顿赚得巨额财富。与班德一起创立该公司的还将有泰尼欧的董事长兼首席执行官德克兰·凯利。

凯利此前曾于 2009 年受希拉里·克林顿委任出任美国驻北爱尔兰经济特使。他出生于爱尔兰的蒂帕雷里，他的哥哥阿兰是爱尔兰驻欧盟议会议员（阿兰现为爱尔兰交通、旅游及体育部长，是一名工党党员）。相貌英俊、长有一头黑发的爱尔兰人德克兰喜爱细条纹西装，并爱配白领带与长袖礼服衬衫。

一位前同僚将他比作巧舌如簧的销售员："他的观察能力令人惊叹。德克兰是我一生中所见过的最优秀销售员。"

创立泰尼欧这家公司的理念便是让财富 400 强公司向其支付大笔资金，以换取使用班德、克林顿以及他们身后庞大国际关系网的便利。这家集团公司为诸多公司提供"咨询"、提出战略建议，并帮助他们克服在全球各国遇到的问题。这便是该公司收钱的底气。

我问一位泰尼欧前雇员，这些接受咨询的公司究竟接受了哪些咨询。"什么都没有。"该雇员回答说，"这是一个不明说的诺言，即可以利用克林顿的门路或克林顿所拥有的信息或熟人或其他什么便利等等的诺言。而且他们在这一方面做得确实很出色。不过，这里面有些东西实在很肮脏。"（为泰尼欧辩护的人们会说，总统早已明码标价上市了——只要价格合适就可以让他去参加活动或在会议上做演讲——只是前总统的生意已经价值百万，实在无须这样一家咨询公司。）

克林顿家的盟友们利用人脉为他们带去滚滚财富，这些人脉来自可口可乐、陶氏化学公司，以及美国银行、哈乐斯赌场、赫斯、瑞士联合银行财富管理。

克林顿当然是泰尼欧的制胜关键。"他们需要总统。"一位消息人士讲，"他们向企业客户推销的正是他。或，更确切一点，是他们与权力——克林顿总统及其时任国务卿的妻子的密切关系，以及他们自己积累的人脉，这是他们在为克林顿夫妇服务多年工作职责的自然延伸。"

因为妻子职位的关系，比尔不能直接拥有该公司的股份，这会引发过多对他形象的质疑。因而，他跟他们签订了一份合同。

这份合同价值 350 万美元，即便对于前总统来说，这也是一笔相当多的钱。"总统为泰尼欧所做的任何事情都会获得丰厚回报。"一位前泰尼欧雇员称。他会出席有上百位 CEO 或上百位大投资人参与的场合。有了演讲费在手，仅仅是陪着企业朋友们闲聊一两个小时，克林顿便可不费吹灰之力获得数十万美元的报酬。

"我打赌陶氏化学向他们支付了将近 100 万美元的报酬。"一位克林顿前职员讲，"而可口可乐很可能也支付差不多数额，因为可口可乐公司（在与该公司签订合同后）砍掉了与所有其他咨询公司的合同。"可口可乐此前曾与至少四家咨询公司签订过合同，后来把所有业务全给了泰尼欧。

这家设于曼哈顿的泰尼欧公司打造了一个令人印象深刻的董事会团队，包括前证券交易委员会主席哈维·皮特、里根前竞选经理艾德·罗林斯，以及一帮管理着庞大资金的投资经理，如卡里姆·沙里夫，以及乔治城大学教授维克多·查等知名学者。

只有一个问题或许会阻止金钱滚滚而来。在取得克林顿首肯成立泰尼欧的预备性会议中，又有两人加入了这家集团公司，在此之前这两人基本上没怎么涉足家族生意：切尔西·克林顿及其丈夫马克·梅兹文斯基。他们看到了泰尼欧的发展前景，因而希望加入。早已得到爸爸支持的切尔西与马克要班德与凯利分出一部分公司股权。

班德与凯利反对这一做法。尽管他们私下里可能喜欢切尔西，但他们却觉得这不是个好主意。泰尼欧将在全世界设立办公室，在圣保罗、墨尔本、香港、北京、迪拜、莫斯科、布鲁塞尔、伦敦以及都柏林开设办事处。给现任国务卿的女儿一部分公司股份将引发过多质疑之声。

"他们对此很是不满。"一位熟悉情形的消息人士讲，他指的是切尔西与马克。

离开的亲信

道格·班德显然正在逐渐脱离克氏企业，不过他早就希望改变与前总统的关系。这个公司是个助他轻松脱身的方法——既可以维持与克林顿夫妇的关系，又可最大程度地利用自己所开发的关系网，还不必陪伴这位前总统满世界飞，也不必做他的贴身助理。

现在切尔西也希望分一杯羹。2008 年前，切尔西对基金会事务毫不关心，并且拒绝参加与基金会相关的活动，如今她的观点已渐渐发生改变，逐渐意识到基金会能够在很大程度上帮助自己。而且不管她多么渴望过自己的生活，她始终是比尔与希拉里·克林顿的女儿。

到 2012 年，班德的业务交易与赤裸裸的自我推销行为给一个人带来麻烦，而疏远这个人是他所无法承受的，这个人就是前总统比尔·克林顿。有报道称奥巴马竞选团队——克林顿夫妇渴望与之结盟的团队——痛恨他，希拉里担心人们认为班德的咨询公司与国务院之间存在冲突，而切尔西则担心班德的业务利益与她父亲基金会间存在利益冲突。比尔·克林顿的一位朋友向《新共和》表示："大家最不希望见到的就是出现状况。"

诚然，随着时间的推移，班德开始在某种程度上擅自利用克林顿的招牌赚钱。班德控制着克林顿最有价值的商品——他的日程安排，因而一位前白宫同事称班德是"一个把着门收钱的门房"。不管克林顿是否知情，班德为兜售克林顿的门路所收的钱足以让他 2003 年买一幢 210 万美元的独立公寓，2008 年他又搬至一座价值 710 万美元的独立公寓，并在 2009 年耗资 170 万美元进行扩建。

班德的行为偶尔会引来人们的异样目光。当美国邮政管理局准备收购班德父亲所拥有的佛罗里达萨拉索塔公司时，道格·班德动用了克林顿的盟友——邮政管理局理事会理事的关系抬高了价格，后来检察总长提交报告称该理事渎职，此人引咎辞职。同样赤裸裸的逐利行径还有很多，2012 年，班德在曼哈顿一家舞厅为富贵名流举办小型私人聚会，该舞会的初衷是让克林顿、乔治·W.布什和托尼·布莱尔探讨恐怖主义与全球化进程。班德在会上卖力推销自己于 2009 年建立的企业咨询公司（同时也为克林顿服务），据一位当时与会的客人讲，班德的演讲又长又闷，"明目张胆地进行推销"，而且"非常不得体"。

问题不在于班德作为克林顿的看门人收多少钱，而在于他放谁进门。维克多·达达雷赫被放进了门，事后他在英国被捕并被控贿赂巴林一家公司 950 万美元。弗兰克·古斯塔也被放进了门，在克林顿到哈萨克访问并对该国领导人大加称赞后，他拿到了一份在哈萨克开采铀矿的合同。最令人惊异的是，拉法艾罗·弗里埃瑞也进了门，这个骗子（当时是女演员安妮·哈萨维的男朋友）事后就诈骗、串谋、洗钱及伪造 240 万美元的指控认罪，在联邦监狱里服刑四年。

《新共和》指责班德利用他与克林顿夫妇的关系谋利，并称切尔西也涉入其中。不过，当然，在涉及其他助理时，这些谋利行为对切尔西来说从来就不是个问题。为什么胡玛·阿贝丁利用自己在克林顿圈子里的众多关系谋利而不令她困扰呢？为什么以前负责照顾切尔西的菲利普·莱内斯拿到"合同"没有困扰她呢？签订了这种合同后他就不再全职照顾她，而是通过他设立的咨询公司——信标环球战略公司争取私人与企业客户，他的任务与方法跟泰尼欧惊人相似。至少莱内斯离开国务院后才去干自己的事，阿贝丁则没有。

信标公司宣称公司名录上已囊括与克林顿夫妇有关系的所有顶级高官——包括班加西案调查人员及负责该案的人员。有安德鲁·J.夏皮罗，他曾出任希拉里的高级顾问，后来在她执掌的国务院里出任副国务卿；有杰瑞米·柏什、前幕僚长莱昂·帕内塔；前国会众议院情报委员会幕僚长迈克尔·艾伦，该委员会是负责调查班加西恐怖袭击案数个委员会中的一个；还有迈克尔·莫雷利，恐怖袭击发生时他是 CIA 的二号人物。"福布斯新闻网查阅的商业纪录显示，2013 年 4 月，信标环球战略注册为有限责任公司。"福布斯新闻的凯瑟琳·赫里基在报道中表示。换言之，在班加西恐怖袭击调查案进行得如火如荼之际，主要参与人员就在谋划共同发起成立一家公司——争取能付得起高价的客户，并将其转化为高额利润。

在这些小小争议不断发生之际，班德与比尔·克林顿形影不离，既是他的旅伴又是他的参谋。他们一起多次环游世界，拜访名流与亿万富豪，在法国与尼克拉斯·萨科齐热聊，甚至与已故朝鲜领导人金正日见过面。

据很多人的说法，道格·班德便是比尔一直渴望拥有的儿子，他们之间的关系是比尔所拥有的最接近友情的一种关系。他对总统的内情及其丑闻重重的私生活了解太深，故无法把他一脚踢开，在不到迫不得已之前他还是不可或缺的人物。

《纽约时报》及其他报刊发表一系列文章，披露克林顿各支基金的财务不轨行为。尽管自 2010 年起道格·班德便不再从该基金会领工资，但所有这些行为都归他监管。在《名利场》的《弗里埃瑞之谜》一文中他被提及超过三十次，而《新共和》的亚历克·麦克吉列斯在名为《克氏企业丑闻：道格·班德是如何在一个政治王朝里插入楔子的》一文中入木三分地披露了他的行为。

对班德冲击最大的文章有一篇是由《纽约时报》的艾美·柯西克所撰写的，他是得到切尔西首肯而获得深入采访机会的少数记者之一。与此同时，媒体又盯上了比尔·克林顿旗下多家企业的财务问题，尤其是设在小石城的克林顿基金会，本为慈善机构的该基金会事实上真正用于慈善事业的资金却少得可怜。例如，2011 年威廉·J.克林顿基金会按净资产价值（197890114 美元）是美国排名第 591 的顶级基金会。当年该基金会收入为 62769161 美元。但按发放数额计，克林顿基金会仅位列 1673 位，2011 年仅发放 4728000 美元，或者说，不足其实际收到捐助资金的十分之一。

成立以来，该基金会曾支持过一些公益事业。例如，2011 年该基金会向"改善下一代健康联盟"捐资 2374669 美元善款用于防范儿童肥胖症；2009 年，该基金会向美国心脏病协会捐资 2223000 美元善款。更多款项都拨给了能对克林顿夫妇有所帮助的组织与实体。一笔 4320

万的资金拨给国家档案与纪录局,用于支持一项"楼宇捐赠及部分转让"计划(简称 NARA),该机构负责克林顿总统图书馆的管理工作。差不多有 300 万美元捐赠给阿肯色州小石城,用于支持克林顿总统中心公园。2004 年克林顿基金会向另一个克林顿机构——克林顿基金会艾滋倡议机构捐赠了 1981227 美元。2004 年至 2008 年每年一次向设在弗吉尼亚夏洛茨维尔弗吉尼亚大学里的米勒中心捐助了五笔款项,其中一笔捐款用于资助"克林顿总统任期口述历史项目",克林顿基金会向该组织的捐款合计为 851250.44 美元。

根据税务记录,该基金会同期向布鲁斯·R.林赛等高管(同时也是克林顿总统的长期盟友)支付的薪酬合计超过 5393900 美元。而该基金会向全部在册职员支付的薪水与福利合计达到令人咋舌的 220218840 美元——远远超过基金会成立以来合计发放的捐赠额。克林顿基金会支付的差旅费用远远超过除额度排名前三位以外的其他捐赠总额,2003 年至 2011 年间的差旅费合计达 55628306 美元。该基金会的会计费用一项就超过 150 万美元,广告与推广费用达 350 万美元,就连信息技术支出也超过 300 万美元,建筑物使用费为 2200 万美元,而筹款费用则超过 2500 万美元。

突然间,各种媒体纷纷报出这种种尴尬事,并对道格·班德的管理不当进行批评。不久,克林顿总统便判定,班德已成为累赘。随后,比尔便摆脱了这个"自己离开他一天都过不下去"的人。在过去十多年里须臾不能分离的两个人,目前一年仅通几次电话,据报道,他们的谈话即便在最理想状况下也是不尴不尬的。"这就好比是自己的妻子偷情,"一位见证过两人关系变化的人说,"而离婚后你还免不了在朋友的婚礼上或超市里见到彼此。这段关系已经有些生疏了。"(其他人则暗示说,两人在人们不知情的情况下聊得比较频繁。)

在为克林顿服务了二十多年后，道格·班德被粗暴地从威廉·J. 克林顿基金会的领薪名录上除名，他的名声也接连受到打击。2013 年春，该组织重新命名为比尔、希拉里与切尔西·克林顿基金会，权力掌握在谁手里已是再明显不过了。

在媒体上及在基金会内部，切尔西都被刻画成白衣骑士，将父亲及班德所造成的混乱局面引向正轨。人们禁不住感到好奇，一个阅历如此浅的年轻人是否真正能驾驭这么庞大的企业。

"从此之后，她将是克林顿基金会里的新面孔。"一位曾与她共事过的克林顿前助理说，"她在执掌这个基金会。她是基金会的首脑。我认为，她可能觉得自己会接过权柄并成为这项事业的继承人。"在道格·班德离开基金会后，她的压力将大为减轻。

根据新近一些报道，第一女儿与道格·班德间的紧张关系由来已久。"切尔西的人很可能在为白宫职位进行试演，如果希拉里当选总统，则他们在当前职位上制造的种种混乱可能会为他们未来在华盛顿的任职帮上大忙。其中一人……在接受采访时拿着 iPhone 作秒表（'给你两分钟'），在她回答最后一个问题时挥手把她叫走了，并责备记者竟敢当着切尔西的面提及道格·班德的名字。这一切都是控制与混乱的怪异组合，偶尔还有些搞笑。"《快节奏时代》在一篇关于切尔西的专题报道中如是写道。

切尔西与班德的争斗显得有点业余，因为克林顿家族不希望与班德为敌，他比任何圈外人（胡玛·阿贝丁可能除外）都更了解这个家庭。班德的情形极为微妙，以至于我在撰写本书时接到詹姆斯·卡维尔办公室打来的一通电话。他的顾问基斯·诺丁问了我一个问题：这本书是否将专注于班德？我没有正面回答该问题。

不过，詹姆斯·卡维尔的妻子、共和党策略师玛丽·玛塔林则通过电邮回答了几个问题。我问："在你听到或亲自看到的故事中，有没有哪个故事能够表明克林顿夫妇的工作方式？"

"有一次在布宜诺斯艾利斯，我们在等电梯时聊起了波斯教，我们聊了大约一个小时，其间有多部电梯来来去去。另一次，我们一起去了家精品店，他为我的女儿们挑到了完美的手镯。他是个购物高手。"

而且他们从来没有因为她为共和党总统——乔治·H·W·布什工作而难为她。"我们多次谈论社会问题、家庭、音乐、信仰、古董、图书等；他知识广博，对很多领域都有求知欲，所以我很乐于跟他聊天；我也很欣赏他轻松愉悦、充满活力的态度。跟他打交道是种有趣的经历，而且他有着极为开放的心态，为人也很诚实。他从来没把老大党的事放在心上；我们欣赏彼此对各自原则的坚持及对友谊的忠诚。我欣赏克林顿家族对我的女儿们及我丈夫以及对布什家族的善意。"她在给我的邮件中写道。

在道格·班德被克林顿家族开掉、被全国性媒体非难、被前总统及其家庭疏远后，我当时向一位助理询问到底发生了什么，为什么一直向媒体提供新闻的班德现在却被媒体肆意抨击。

"人们警告过（班德），说这一切终会发生，但他没有听进去。"一位朋友说，"在忠诚方面道格有点天真，因为他为一个自称很重视忠诚但压根儿毫不在乎的人工作，还有些好笑。"

那么克林顿的忠诚是如何运作的呢？我向这位朋友提出这个问题，当时我们在纽约的一家小餐馆里聊这件事。

"我认为这是一个谬论。"

　　在他们的生命中，克林顿夫妇仅曾对一个人忠诚，他们真正忠于的唯一对象就是他们的女儿。据多位曾与她共事的克林顿圈内人的说法，她就像是被怪异、扭曲生活榨取后的残渣，她一直在父母的阴影下生活。

　　切尔西或许对发生在身边的许多事情并不完全了解。即便如此，"她却是实实在在地介入其中"，一位消息人士称，她靠习惯性自怜及天生权利而树立起"无情操纵者"的名声。这跟她的老爸如出一辙，她老爸现在正积极鼓励她介入家族生意。一些同情班德的人私下里对切尔西能否管理这个错综复杂的庞大网络感到怀疑，毕竟她还年轻，而且阅历不多。至于她母亲 2016 年问鼎总统的期望，切尔西的崛起确实带来了一些麻烦，而这是她的对手们希望加以利用的。

第 **10** 章

追击希拉里

"我听人说有一种死法叫作凌迟。"

——一位克林顿助理对希拉里2016大选机会的评价

在不希望希拉里·克林顿角逐总统的民主党人中——其数量可能要大于大家的想象——他们的抱怨都是陈词滥调。年龄与体力都是显而易见的考虑。"看看奥巴马的发色，跟乔治·布什完全一样了。"一位知名华盛顿圈内人说，"一个 70 岁的人不应当出任总统。而且我认为这是反对她竞选的有力理由，不过问题是，民主党内谁有胆量挑战这台无情的政治机器？"一位克林顿前竞选顾问在这一问题上同样直言不讳。"这话听来很肤浅"——这是在缓和语气——"不过，女人的确比男人显老。"他这样说，"70 岁的她不会有上佳状态——肯定不会有上佳状态。"

民主党人担心她的破坏性影响过大。跟众多担心遭到克林顿家族无情报复的华盛顿特区民主党人一样，一位知名民主党人只肯匿名接受采访，他在采访中抱怨称："她肯定会输掉大选，因为她的负面因素过多。"还有一个不那么秘密的事实，即，她并不是一个很好的候选人。希拉里常被比作那种口惠而实不至的候选人。许多人将她比作不受欢迎的艾尔·戈尔或约翰·克里，甚至将她比作米特·罗姆尼，说她是思想僵化、不善于跟人沟通的政策专家。

另外一些人则将这一特点归结为性别差异——或至少是男性与女性政客之间的差异。他们讲，这并不能证明希拉里不是一位优秀的政治家，只是美国政坛还没习惯女性候选人。"现在我们才渐渐开始习惯女性从政这一现象。你要知道，她们并不擅长向别人表达善意，即便她们具有成为政治家的天赋。"政治顾问鲍勃·施鲁姆这样表示，他曾协助管理艾尔·戈尔及约翰·克里的总统竞选团队。他坚持说，希拉里已经具备足够的政治才能。

不过华盛顿政坛真正面临的问题不是希拉里是否可以被击败，而是有没有知名民主党人有胆量出面阻止她。

最显而易见的预选挑战者，当然是那个最被人们所忽视的人。到2016 年，副总统乔·拜登将年届 74。失言不断而且能力被人看低的拜登预计将悄悄靠边站，为克林顿夫妇腾出地方，而且他与克林顿夫妇有着长期友好的关系。当然，要知道真相，得亲自去问乔·拜登。

奥巴马或许已然忘记在竞选期间希拉里说过的那些抨击自己的话——不过拜登没有忘记。"你们要决定哪种情况更合理——是把我们国家托付给一个从入职第一天起就已经准备妥当的人……还是把美国交到一个压根儿没有什么全国性或国际性经验人的手里呢，他进入美国参议院没多久就开始竞选美国总统。"2007 年希拉里·克林顿向一位记者作如是表示。她在那一年年初还说："他在业余时间里做了几年州参议员，接着他就进了美国参议院并立即着手开始竞选总统。"实际上她还说过很多类似的话语。

希拉里离任国务卿后，世界照常运转，政府也运作如常。如果说有什么变化的话，那就是人们几乎注意不到她已经离任了——除了人员变动。奥巴马终于可以让自己的履行竞选新闻主管珍妮佛·帕莎其进入国务院，长着一头红发、精力十足的帕莎其在 2008 年竞选中对希拉里的言辞极为严厉，希拉里在主持国务院期间禁止她靠近国务院半步，直到希拉里离开雾谷后她才得以出任国务院发言人。

希拉里卸任国务卿蓄势等待时机之际，大多数在四年前跟随希拉里进入国务院的亲信也离开了国务院。一些人认为，从政策角度看，约翰·克里入职第一年的政绩超过希拉里。他能够实施奥巴马总统的一项关键目标，即制订出关于伊朗的框架性政策。至于叙利亚，克里的行动获得了专家们（以及主和派的奥巴马）的高度赞誉，他已公开表明自己的立场，如果经人调解与俄罗斯达成一项协议，则美国可能会放弃轰炸这个中东国家。希拉里在这方面未有寸功，相反，她总是拿自己的飞行里程邀功，似乎这件事真值得炫耀似的。

一位克林顿执政时期的高官最近跟拜登谈起希拉里 2016 年大选的动向。

"你会为她让路吗？"他问。

"不。"副总统胸有成竹地答道，"才不会。"

从历史经验看，拜登的立场或许会给希拉里制造一些麻烦。毕竟，副总统通常能够赢得党内提名。不过拜登有一个重大缺陷，他没有得到自己所服务总统的支持，连暗地里的支持都没有。

即便如此，这一切依然没有阻止副总统制定竞选规划。拜登此前已有过两次总统竞选经历——1988 年他因为受到剽窃指控而被迫退出竞选，然后在 2008 年他再度参加竞选，但当时面对奥巴马和希拉里，他连一朵小浪花也没掀起。不过他依然心绪难平，尤其是报纸将他刻画为失败者，同时又连篇累牍地刊登吹捧希拉里竞选运作的报道更让他嫉妒不已。

"但愿我不会忘记乔·拜登，因为他今天下午会打电话来提醒我。"在周日谈话节目中讨论希拉里的竞选准备情况时，民主党人丹娜·布拉齐尔曾半开玩笑地讲。

她不是唯一持有这种想法的人。如果有记者、专家或任何人觉得他没有候选资格，副总统及其高级助理会给他们打去电话。他希望得到人们的尊重。尽管政坛上曾发生过极其离奇的事情——比如说第一次当选的参议员在 2008 年击败克林顿夫妇——不过很少有人会相信拜登有机会取胜。一位参议院前同僚说，拜登永远也不可能当总统。"他讨人喜欢，不过他的缺点在于缺乏自律。"该参议员说，"她却非常自律。"

"如果你翻看一下白宫做出的所有重大决策，有多少拜登曾参与呢？"一位克林顿助理表示，"因此，人们常常看轻拜登，而且做一名副总统就意味着在某种程度上被人揶揄。"此外，他补充说，"他无法在 2016 年大选中击败希拉里，因为她起步之时手里就握有 1800 万选票，2008 年大选中投她一票的所有选民都希望她再度参选。"

施鲁姆同意这一看法。"我认为（拜登）将会认识到这一现实。"他说。不过，副总统的盟友们则不同意这种评估。

拜登也知道，克林顿夫妇有可能在虚张声势。以宣称竞选总统来获得关注、提高演讲费、争取图书版税，但并不真正准备加入竞选战团。拜登在赌她的健康状况，一些共和党人也同样在赌她的健康状况。"必须承认，我完全搞不懂了。"小布什战略专家卡尔·罗孚承认，"我的头脑告诉我，没错，她就是选情领先的候选人。不过我的直觉告诉我，我们对她健康状况的了解并不全面。"

不过，如果希拉里真的是在虚张声势，那么她做得实在是无可挑剔。希拉里绝不求助于运气，她不遗余力地打击拜登，如果她为 2016 年大选所做努力只是佯攻的话，她是不大可能这么做的。比如，2013 年在佐治亚州的一个私人场合中，她被问及对击毙本·拉登一事的看法。"她花了 25 分钟来回答这个问题。"一位当时在场的共和党州议员向亚特兰大报纸表示，"一次又一次……希拉里提到副总统反对这次突袭，同时把她自己与时任中情局局长的莱昂·帕内塔刻画为对这一行动最有力的支持者。"

副总统的妻子吉尔·拜登博士据说在急不可耐地"倒数"可以回归"正常"生活的日子。一些接近拜登一家的人猜测称："如果他决定参加总统竞选，她会杀了他的。"尤其是参加一场她认为不可能取胜的竞选。看来这似乎是阻止拜登参加 2016 年竞选的关键因素。

那些准备在希拉里临阵退出后加入竞选的人有：明尼苏达州参议员艾米·克罗布彻；芝加哥市长拉姆·伊曼纽尔；纽约州长安德鲁·科莫。不过，正如一位民主党战略专家所说，他们似乎认为"希拉里拥有优先权"。

观察家们认为，更为强大的威胁来自于名声不响但来势凶猛的马里兰州州长马丁·奥马利。到 2017 年就职日奥马利将年届 54 岁——比希拉里·克林顿年轻 15 岁。他相貌英俊，有着无可指摘的自由派立场履历，而且据认识他的马里兰州政客们讲，他是个"玩命的政治动物"。

马里兰州的两位知名政治顾问（均为共和党人）声称，奥马利是一位能够在预选中重创希拉里·克林顿的人。其中一位列出了他所拥有的有利资源："他为人刻薄。他有着一段很长的诋毁型竞选经历。他擅长筹款。"换言之：他简直就是年轻版的比尔·克林顿。

另一位顾问说："他处事很有比尔·克林顿风范，很擅长跟人握手及聊政治。"甚至有传言称，跟这位前总统一样，他也有许多绯闻，不过迄今为止尚无一例得到证实。

前佛蒙特州州长霍华德·迪恩本来可能在预选中支持奥马利的，特别是在 2004 年当他自己竞选总统时曾含蓄地批评过克林顿夫妇，但目前已投奔希拉里。曾经是初生牛犊不怕虎的自由派刺儿头已日益夯实根本，成了一个不容忽视的存在——事实上，他在奥巴马与希拉里竞争提名时是民主党全国委员会主席。"在与任何可以预见的其他民主党候选人竞选中我都将支持她。"迪恩对我说，不过，他为自己留下了一点小小的活动空间，"我非常喜欢马丁·奥马利。"

他透露自己与奥马利有过一次交谈。"我不会向你透露对话内容的。"他一脸严肃地说，接着又补充道，"我觉得，奥马利对参加2016 年竞选一事非常认真。" 奥马利将自己设定为奥巴马事业的真正继承人，要以比希拉里更激进的立场进行竞选。他是奥巴马医保事业的热心支持者，曾誓言要牵头推动全国人民支持这一颇具争议性的项目。民主党大佬们清楚，他将给她制造麻烦。因此，他们试图给他找些事情做。按 CNN 的报道，他已试水新罕布什尔，在该州播放了担任巴尔的摩市长时的简介视频，他在该视频中称："马丁·奥马利制订了绝地反击计划。"该视频声称，他改变了巴尔的摩，打击了犯罪，还将自己在巴尔的摩的优良治理经验推广到安纳波利斯的马里兰州议会中去。CNN 在报道中称，这是一段历时三分半钟的竞选"广告，其传播方式与全国性政治大会风格相宜"。当然，这段视频是在新罕布什尔发布的，该州传统上是全国性预选第一站。正如一位马里兰州共和党人所说："他确实是在竞选，除非他们买通不让他参加。"

最显而易见的诱惑当然就是副总统了。一位克林顿前助理预想，希拉里可能提议让他做副总统以让他退出竞选，或让他出面作为"傀儡"对手进行竞选。"他相貌英俊，是个爱尔兰天主教徒，而且人还年轻。"该助理提出自己的理由，"她肯定需要年轻人，因此马丁就是合理的选择。"

蒙大拿州前民主党州长布莱恩·施韦策是另一个无法预测的人物。他将自己定位为反对大企业及揪住别人过错穷追猛打的政客，他会翻出希拉里支持伊拉克战争及阿富汗战争的历史。他早已在爱荷华州实施过这一策略了，爱荷华州是全国政治干事会议第一站——2008年希拉里便是在这里失手，败给了奥巴马。反战言论是左派手中一件行之有效的致命武器——毕竟，巴拉克·奥巴马当年就是用这种立场来动摇希拉里·克林顿候选人资格的，大家对此应该并不陌生。

施韦策或许还没有什么知名度，不过这并不意味着他就不能将预选搅得天翻地覆，他只需在面向全国电视观众播放的多场预选辩论中露面（同时运作好自己的竞选）即可。

同样，来自马萨诸塞州的伊丽莎白·沃伦也可照此办理。她若参选，希拉里将不能把"第一位女性总统候选人"作为宣传纲领，而且伊丽莎白的自由派资历无可挑剔。在当选美国参议员之前，她通过消费者金融保护局这一机构向奥巴马政府献计献策。她绝不是实用主义者，而是一位纯粹的意识形态论者——这在预选中非常有助于聚拢选民。

然后，当然加州州长杰里·布朗也有可能参选，1992年他在与比尔·克林顿的预选竞争中表现抢眼。颇有人缘的左派知名政治人物布朗拒绝就是否参与竞选表态，不过，现年已76岁的他不大可能构成威胁，尤其是他的私生活还常被人非议。他很可能只是热衷于让自己的名字出现在人们的谈论中而已。

脏水已经备好

对于共和党人而言，抹黑式竞选早已准备就绪，只待开战了。共和党全国委员会主席莱因斯·普里巴斯曾表示，共和党在 2016 年竞选的主要关注点便是希拉里·克林顿的历史记录。共和党人寄希望于复制民主党对阵米特·罗姆尼的成功竞选举措：早在他赢得党内提名以前，民主党便在媒体上将其刻画为现实生活中的瑟斯顿·霍威尔三世 [1]式人物。

"我们一定要主动出击，拿她曾经做过及未能做的事做文章。"普里巴斯称，"她最为人们所熟知的事项，如在（20 世纪）90 年代搞砸了的医保项目，以及班加西事件，还有她目前涉及或过去涉及的一些反响很差的事情，我们需要关注这些事情。"

共和党全国委员会此前已经尝试过这种策略。自 2005 年起，在小布什的第二个任期开始之初，一小帮人便开始在共和党全国委员会设在国会山里的总部开始议事。其宗旨很简单：在 2008 年击败希拉里·克林顿并毁掉她的总统竞选努力。

"如果你在字典中查找'必然'这一词的意思，你会找到一张希拉里·克林顿的照片。"当时该团队的一位成员表示。即便离敲定共和党被提名人还有很长一段时间，希拉里便已注定将成为下一任民主党被提名人。从某种意义上讲，共和党全国委员会的努力有些瞄准错了靶子：该委员会在 2008 年全力以赴地应对希拉里，极力攻击她是个脆弱而且优势不大的候选人，却让巴拉克·奥巴马就此避开了共和党

---

① 《梦幻岛》中的人物，超级大富豪。

提名人约翰·麦凯恩的锋芒、直取总统宝座。在再度可能面临同样结局的情况下，面对曾经的、同时又是未来的"必然"的希拉里提名情形，共和党全国委员会加强了对她的针对性竞选举措。

为了对付克林顿夫妇，共和党全国委员会主席组织了超级政治行动委员会——美国崛起。这一组织由前共和党全国委员会针对性竞选调研主任马特·罗兹管理，他也是 2012 年米特·罗姆尼竞选团队管理人。罗兹的调研项目计划花费数百万美元，目的在于调研希拉里的历史，在她做出反应前向选民重新界定她的形象。乔·庞德尔后来加入这个组织，2012 年他是共和党全国委员会的调研主管，曾出任共和党发言人的提姆·米勒也加入了该组织。他们已经有了一个良好的开端。当希拉里于 1998 年抛出针对克林顿夫妇的"庞大右翼阴谋"论时，当时或许不存在这种事物，不过到了 2014 年，"阴谋"确实出现了。

他们的策略包括依据《信息自由法》尽早提交多项申请，申请公开希拉里主持国务院时期的文件，同时就她在国务院的继任者约翰·克里可能肯定会采取的抵制措施做好法律策略准备。他们已派职员前往阿肯色州采访她以前的助理并重新审视过去的丑闻，并已开始梳理相关档案。

一个倾向共和党的全面性民调团队已经就位，这一团队已经发现了一个令共和党人进退维谷的有趣现象。民调人员发现，选民们对希拉里有着巨大的同情，这种同情心可追溯到她丈夫的丑闻。每当她被攻击，民众对她的印象就改善一分，不管攻击对象是来自于共和党人、民主党人抑或是媒体。这一发现将在攻击希拉里的策略中发挥作用。

"希拉里通过'受害者'形象而赢得民心。"一家倾向共和党的调研公司在一份对希拉里民调数字的分析报告中指出，这份分析报告是为 2016 年总统大选所做的准备，此前从未披露过，"由于人们认为她是不公平攻击的受害者或受到不公正的对待，当人们对她持同情态度时，希拉里的个人声望似乎就会上扬。"该报告指出，"由于受到这些攻击，希拉里的形象得以柔化。希拉里处理莫妮卡·莱温斯基丑闻的手法赢得公众的高度赞扬。多份民调报告显示，选民倾向于对她抱以同情态度，从而导致她的支持率走高。"

共和党策略师希望让选民回忆起克林顿第一任政府期间的诸多财务丑闻及不检点行为，用新信息唤起对旧丑闻的回忆，而非直接攻击克林顿夫人私生活或伦理，从而寄希望于唤醒民主党人与共和党人当初对克林顿的厌倦情绪，丑闻主角威廉·杰斐逊·克林顿身上无疑可以挖到更多料。这也是希拉里竞选团队的首要隐忧，他们严阵以待应对任何涉及比尔出任总统期间的行为或相关丑闻。

希拉里的过往

2013 年 7 月 29 日，CNN 宣布即将拍摄一部有关希拉里·克林顿生平的纪录片，由曾经荣获奥斯卡大奖的导演查尔斯·弗格森执导。弗格森是一位左派电影制片人，很可能对前第一夫人持同情态度。几乎与此同时，NBC 宣布制作一部名为《希拉里》的四小时迷你剧，由黛安·雷恩出演。

两项计划均引发希拉里竞选团队的剧烈反应，这种反应多少有些过火（具有讽刺意味的是，共和党人也同样大为光火，认为"跛脚媒体"①

---

① "跛脚媒体"（lamestream media）是对"主流媒体"（mainstream media）的蔑称。

对克林顿夫人的任何刻画均将有利于她的竞选）。

据《纽约时报》报道，希拉里·克林顿的贴身助理尼克·梅里尔与该片导演进行了"对抗性"会面，后者曾就该片制作请求希拉里方面给予方便及采访许可。弗格森导演称受到梅里尔的"讯问"，并且在"历时三个月的艰苦拍摄期间，希拉里的助理们阻止潜在消息人士与制片方的合作"。

在腹背受敌的情况下，CNN 在 2013 年 9 月的最后一天里宣布取消拍摄。面临同样尖锐批评的 NBC 也决定放弃那个迷你剧。

莫名其妙而又怒气冲天的弗格森在《赫芬顿邮报》的一篇专栏文章中，详细解释了希拉里团队对他的敌意：

> 合同签署第二天，我接到希拉里·克林顿的新闻主管尼克·梅里尔发来的一封电邮。他早就知道这部片子的拍摄事宜了，显然他在 CNN 内部有内线。他咄咄逼人地质问我；一开始我对他有问必答，后来我就不再回答他的问题了。当我要求与克林顿夫人进行一次非正式的私下交谈时，梅里尔回答说她正忙于撰写自己的书，不会跟记者谈。

> 接下来就是菲利普·莱内斯，希拉里·克林顿的媒体掮客，他去 CNN 找了各个层面的人，质询他们。由于我的影片是一种营利性举动，他们还对所谓的利益冲突表示关切。当我试图联系他时，他拒绝跟我沟通。接着，他又把自己的指控向《政客》重复了一遍，《政客》发表了他的看法……

> 为了澄清事实，CNN 和我决定公开承认这个项目。共和党全国委员会主席随后便宣布，共和党将抵制 CNN 举办 2016

年共和党总统预选辩论活动。稍后不久，共和党全国委员会便投票支持这一立场。这并未出乎我的意料，真正让我大感意外的是，知名民主党人也私下里悄悄向 CNN 及向我表明，他们也不会对制作该片感到开心。

接下来是大卫·布罗克，他在自己办的极具党派色彩的民主党网站媒体事务上发表了一封公开信，在该信中他表明了对共和党全国委员会立场的支持，并重申了莱内斯提起的利益冲突指控，暗示我的纪录片将不合时宜地唤起人们对克林顿丑闻毫无可信度的回忆。来自布罗克先生的这种指控听起来颇令人啼笑皆非。大卫·布罗克是以立场极为保守的"调查性记者"出道的，这里用双引号是必不可少的，因为他到处散布毫无事实依据的丑闻。

他第一次引起人们的注意是在《真实的安妮塔·希尔》一书中以卑鄙（而且有违事实）的语言恶毒攻击安妮塔·希尔，因为她在克拉伦斯·托马斯确认听证会上作证称托马斯曾对她进行过性骚扰。①多年后，他就此事进行道歉并转投民主党阵营。

当布罗克发表了关于我的影片的公开信后，我联系了多位与希拉里·克林顿有交情的知名民主党人。我对他们说，该阵营对我的影片及 CNN 的攻击只会适得其反。他们把我的意见亲自转达给了克林顿夫人，同时也把我希望与她面谈的要求告诉了她。我得到的答复大意是，死了这条心吧。

---

① 1991 年，老布什提名克拉伦斯·托马斯担任最高法院大法官，在批准提名的国会听证会上，曾担任托马斯助理的安妮塔·希尔声称托马斯曾对其性骚扰，后证明此事属于诬陷，托马斯最终获得了任命。

在被问及对这一事件进展的看法时，梅里尔给记者们发了一封电邮："灯光、摄像都已就位，但不予置评。"这是希拉里媒体运作的典型反应——能说会道，表现出漠不关心的态度，极具误导性。

因此也就不难理解共和党人何以对这些项目如此小题大做。对自由派媒体及克林顿夫妇进行攻击是保守派筹款无往而不利的手法。不过，比较令人困惑的是克林顿夫妇对这样一部纪录片的过火反应，尤其是NBC的迷你剧从各方面看似乎都没有什么害处，甚至在某种程度上对他们有利。

出于好奇，我给一位跟希拉里阵营中与我关系良好的人发了一封电邮。我问，为什么克林顿夫妇对这个纪录片如此大动肝火？我收到了一封只有一个词的回复：

"莫妮卡。"

NBC迷你剧是以第一夫人希拉里·克林顿发现丈夫在椭圆形办公室跟实习生偷情开始的。莫妮卡·莱温斯基丑闻的污渍——不管是实指还是虚指——都还没有洗刷干净，至少在比尔与希拉里·克林顿的脑海中还未洗刷干净。那是克林顿夫妇真正触及人生低谷之际，当时他们几乎被全世界抛弃了。对于共和党人，以及许多民主党来说，这个丑闻是2016年竞选真正开始的时间点。这同样揭示了克林顿夫妇东山再起的势头是何其猛烈，以及他们这种实力的潜在脆弱性。

肯塔基参议员兰特·保罗很可能成为来自老大党的竞争对手，他早已明确表示，在任何可能涉及比尔·克林顿的竞选中，莱温斯基丑闻及比尔的弹劾案都是公平的竞争筹码。在C-SPAN电视台于2014年2月9日播出的一个谈话节目中，保罗称这位前总统是一个"性捕食者"，并鼓励各位候选人不要接受与他有关的任何资金。

"他们不能鱼与熊掌兼得。"保罗在谈到民主党人接受克林顿的资金一事时表示，"因此，我发自心底地认为，接受比尔·克林顿的钱或借助他发起筹款活动的人应该好好解释一番。事实上，我认为，他们应当把钱还回去。如果他希望在女性权利方面有所作为，那就更是一万个应该还回去。不过，你不能一边说支持女性权利、一边利用职位之便在工作场所揩油，更不能从这样的家伙手中接过钱。"

许多老大党成员在听到这种谈论时仍然心有余悸，比尔·克林顿上次的不轨行为似乎就在昨天。

公众与媒体似乎并不这么看。2014 年初，保守媒体《华盛顿自由灯塔》就希拉里·克林顿已故朋友黛安·布莱尔的个人文集进行报道。这些跨度达数十年的布莱尔文章引发了强烈的公众关注，尤其是关于莱温斯基事件及希拉里当时对该事件的反应。这些文章被放上点击量颇大的网站"德拉吉报告"而获得巨大反响，然后整个媒体界连续热议了数周。

这一事件打开了探究克林顿夫妇私生活及 20 世纪 90 年代丑闻的潘多拉之盒。跟克林顿家族长期保持密切联系的一位朋友经常被记者围住不放，他们想就比尔的婚外情进行报道或打算用新的指控及信息重新包装莫妮卡·莱温斯基丑闻。"我听人说明年的情形堪比凌迟。"一位跟克林顿夫妇有着良好关系的消息人士对我讲，"我是说，仅就我听到的来说就已经这样了。"

莱温斯基的朋友们持有所谓的《莫妮卡档案》——本书是第一本公开这些资料的著作——数百页关于美国总统、他的前女友莫妮卡及其妻子的文件。其中包括一件无害甚至略有点好笑的事情，即众多媒体从芭芭拉·沃特思及拉里·金①等名流中收到的答复，其中有很多人对克林顿夫妇的批评，似乎都有一定的可信度。这些文件很可能会落入对此有着浓厚兴趣的记者与共和党政工人员之手——作为"凌迟"之刑的一部分派上用场。

不过，还有多项更为详尽的指控是由调查人员、律师及莱温斯基案的其他顾问提出的，以便在她被牵涉进针对总统采取法律措施时发挥作用。多数报告认为总统有性行为不检点或性冒险的行为。

莱温斯基及其朋友未向斯塔尔披露的故事中有一个颇有希望派上用场，而且是个颇有价值的情报，故事梗概为：一个女性声称数十年前自己还是加州一所大学的学生时便遇到了比尔·克林顿，具体年份已不可考，不过是在克林顿在 1970 年结束罗兹学者研究之后。在初次约会后，克林顿又设法再次与该女性会面。莱温斯基团队得到的消息是，他们一起去了旧金山市的金门公园，在一片树木茂密处克林顿将她扑倒。按一位朋友的描述，她是一个身高约 5 英尺 11 英寸的"高大女孩"，她对克林顿"连抓带踢"，最后挣脱掉。

但她没有提起任何指控，自此以后两人再也没有见过面。按该故事的说法，数十年后这位女性接到克林顿团队职员的一个电话，当时他已是阿肯色州州长。该职员查到了她在加州的号码并去电话问她说，克林顿将竞选总统，她是否会在他的竞选中"支持"他。接到这个电话令她很感震惊，不过她还是向该职员表示自己将支持他竞选总统（她

---

① 芭芭拉·沃特斯是美国电视新闻史上第一位女性联合主持人，采访过尼克松之后的每一位美国总统和第一夫人。拉里·金是 CNN 的主持人，全球最著名的脱口秀主持人之一，采访过无数政坛领袖。

是个坚定的民主党人）。尽管她对这次性侵事件很生气，不过据朋友们猜测，她很可能还是投了他一票。

还有另一个可能引爆的炸弹，并且此前从未在媒体上报道过。莫妮卡曾与自己的法律事务代表及公关团队讲过，她向调查克林顿夫妇的独立检察官仅闪烁其词地提过。据共和党人的说法，该事件显示了比尔·克林顿的行为可能对美国国家安全造成了困扰。

1997 年 3 月 29 日，克林顿把莫妮卡叫到椭圆形办公室，告诉她一件"重要事情"。这次同时也是他们性冒险行为中的最后一次。

"在这种场合我通常会说个不停。"莱温斯基向检察官们表示，"他只是吻我，有点让我住嘴的意思，我是这么认为的。"在性行为后，就在椭圆形办公室外面的书房里，总统向莫妮卡透露了一些重要消息："我们的话可能被人偷听了。"

"我不懂你在讲什么，"她很是关切地回答，"他们怎么可能听到我们的话呢？谁会这么做呢？"

"说实话，我不知道，"克林顿说，他看上去有些不愿透露真情，"如果有人针对我给你打的电话说三道四，就告诉他们说我们只是在开玩笑。"莱温斯基向检察官们表示，克林顿当时暗示说"知道自己的电话一直受到监控，所以要说电话性爱只是一个伪装"。这便是《斯塔尔报告》就这次性行为给出的全部描述。不过，莫妮卡及其团队知道的事情远不止这些。

他们发现有证据显示英国间谍、俄罗斯间谍及以色列间谍均竖起了侦测白宫上空微波的天线。前俄罗斯总统鲍里斯·叶利钦在自己的传记中曾写道，俄罗斯情报人员发现克林顿"对年轻漂亮女性格外偏爱"。

外国间谍并不是唯一知道二人电话性爱的人。莫妮卡的朋友们直接从莫妮卡那里听到过大量关于此事绘声绘色的描述。"我问个问题，"有一次她这样向一位朋友提问，"如果一个男人给一个女人打电话要进行电话性爱，难道他们通常不问女人穿什么衣服吗？"这里的男人指的是克林顿，她自己回答说，"是这样的，他通常只描述自己的穿着。"

他在访问途中向多位女性打过类似电话，包括对塞舌尔群岛的一次访问。英国政府早就在该岛上实施了窃听计划，而克林顿鲁莽的拈花惹草行为可能轻易被人窃听。

1998 年 10 月，为了推动中东和平进程，克林顿高调会见以色列总理本杰明·内塔尼亚胡与巴勒斯坦领导人亚西尔·阿拉法特。消息人士们称，这一系列在马里兰州怀依河畔怀依庄园进行的会面还引出了另一轮谈判，这一谈判是在不为媒体知晓的情况下秘密进行的。

据报称，内塔尼亚胡曾将克林顿拉到一边，为一件事向他施压——释放正在美国服刑的美国籍以色列间谍乔纳森·波拉德。内塔尼亚胡要求克林顿释放波拉德，这个要求本身没有什么异常之处。不过这次出现在怀依河边的以色列人有了新的谈判策略——他们窃听到克林顿与莫妮卡的电话并且录了下来。以色列人不想直接威胁强大的美国总统——美国是以色列无比重要的盟友，以色列人告诉他说以色列政府已将这些磁带丢弃。不过，单单提及这些磁带的存在便足以构成要挟了。而且，据一位中情局消息人士提供的消息，备受打击的克林顿看似要缴械投降。

美国或以色列情报官员当然不会承认以色列窃听了那些内容。这种事情具有最高程度的敏感性，因为以色列是美国的亲密盟友而且极度依赖美国援助。2000 年，经过由多名记者组成的团队进行了一年的调查后，保守杂志《洞察力》声称以色列政府已"渗透进四条白宫专线，有能力在一个远程地点将这些专线上的谈话实时传送到以色列进行监听记录"。美联社曾就这一问题向以色列发言人提问，对方称这一说法"实属无中生有"，但证实 FBI 正在就此展开调查。"以色列并未对美国开展间谍活动。"不过人们只需想一想盟友对彼此进行的间谍活动——包括美国在 2013 年对德国及巴西的间谍活动——就会知道这些指控并非无稽之谈了。

无论如何，有大量证据表明以色列与美国在莱温斯基事件上发生过冲突。例如，1998 年 11 月 11 日，《纽约时报》报道称内塔尼亚胡与克林顿的确在怀依庄园讨论过释放波拉德一事。以色列确曾向总统透露了一些或许可以导致释放波拉德的言语，但克林顿在执政的前六年一直不予承认。一位白宫发言人向《纽约时报》的一位记者表示，讨论释放波拉德纯粹是因为克林顿"被内塔尼亚胡的说辞所打动"。

克林顿深为这些言论所打动，以至于要求 CIA 局长乔治·特尼特关注该案。据多篇报道的说法，特尼特发誓说，如果政府在这件事上让步，他就立即辞职。在面临国家安全团队一致反对压力的情况下，克林顿最终放弃了这一念头。不过，在离任之际他的确曾再度打过这件事的主意。

在总统首任期间，大约是在 1994 年，据说克林顿曾打电话给阿肯色州的知己大卫·普赖尔夸耀自己的风流韵事。他们自从克林顿担任阿肯色任州长之时起便有深交，当时普赖尔出任代表阿肯色州的美国参议员，曾在多方面帮助克林顿在政坛上崛起。

这个故事声称克林顿很敬重这位政客，因此打电话去给他讲自己取得的一个重大成就：和一位流行歌手上了床。深藏不露、品行保守的普赖尔深感震惊。克林顿在担任总统期间干了些什么只是一方面，更严重的问题在于他四处炫耀自己的"成就"。

普赖尔知道自己不能斥责克林顿。不过，他却可以尝试终结这种危及总统政治生命的高调调情行为。普赖尔给这位歌星的经纪人打电话，要求她最好了结这段危险的风流事。该经纪人回答说："那是她自己的事。"

即便在耶鲁法学院和希拉里恋爱期间，克林顿就是出了名的没有自制力。不过在那些日子里，他的嗜好是美食。"听说过'六十秒内消灭'这个词吗？那说的便是比尔·克林顿干掉一个巨大的辣味比萨饼。"一位耶鲁法学院同学回忆说。

朋友们称，他在 31 岁当选阿肯色检察总长是"他的登徒子生涯开始的时刻"。突然间，情窦初开的年轻帅气政客发现女性们一个个拼命向他投怀送抱。"上高中时我是个整天穿罩衫的胖小子。"克林顿对儿时伙伴麦克·麦克拉蒂说，"现在女人一个个都想跟我上床！"对于一个一辈子都放纵欲望的人来说，投怀送抱的女人们是他无法抵御的诱惑。

"那时的感觉就像有十个比萨放在他面前。"那位耶鲁同学说。当时的希拉里和如今大为不同，那时候她相当无拘无束。"我认为，她承认了这一事实，如果她不承认这一事实，那她一定是在抽大麻。"她在法学院的一位朋友对我讲。"噢，真的吗？"我问，对这一消息感到有点意外，"她经常这样吗？"

"我不知道，我没资格讲这些。"这位本身并不热衷于抽大麻的朋友讲，"不过这个说法是合理的，大家都知道她抽得很凶。请不要提我的名字……如果你跟她在法学院里的朋友谈，他们就会告诉你，当时大多数人都抽大麻，不管是大学生还是法学院里大家都在抽，有人偶尔抽一抽，有人在交际场合抽得很凶。我觉得她抽得比较凶，当然比比尔抽得更凶。"

至于希拉里在耶鲁时是否吸过其他毒品，这位朋友就不那么愿意回答了。"我不知道，我听到的都是二手与三手消息，我无法评论。"

比尔曾承认说过自己抽过大麻但并没有吸进去，这一说法引发无数关注，多年来这一说法一直受到人们的无情讥讽。事实上，即便在2013年比尔·克林顿仍然试图重提旧话。"呃，这个跟媒体上报道出来的许多事情一样，这一切都被人扭曲了，他们就是试图把真的东西说成假的。当时我是有点开玩笑地说有些事情是假不了的。那是一位非常有名的英国记者，叫马丁·沃克，是他说的——于是所有其他媒体都跟风报道，但他们将故事跟报道混淆了。他说：'要知道，比尔·克林顿没说谎。事实上，他也不可能做到。'我不是说我现在想把事情压下去。我说：'我已尽力了。'我并不否认自己所做过的任何事情。"克林顿向西班牙语电视主持人豪尔赫·拉莫斯讲，"我从来没有否认抽过大麻。我讲的都是实话。我觉得这有些好笑。而且唯一在场的记者也证实说我的话不假。"

至于希拉里，她跟自己的前助理兼律师事务所合伙人文斯·福斯特的关系成了政治对手的调查对象。1993年，前白宫助理法律顾问文森特·福斯特自杀身亡。来自印第安纳的众议员、国会共和党主席丹·伯顿力图证明福斯特死于谋杀，为了证明自己的阴谋论，伯顿拿一把跟杀死福斯特相同的枪射击一只南瓜。克林顿的助理们费了很大精力去清理福斯特的办公室并搬走他的文件，他们在文件夹底下发现了一份自杀遗书。不完整的字条上写着："我不适于生活在华盛顿公职生活的聚光灯下。这里的人们毁人不倦。"

克林顿夫妇所做的一些事情令共和党人抓狂。福斯特之死成为栽赃克林顿夫妇的一个隐喻。许多人疯传的一个阴谋论观点认为：福斯特知晓克林顿的其他丑事，或他在掩盖一些更大的罪行。

实际上，福斯特之死的原因很简单。他是一个忧郁而且内心受到煎熬的人，无人能看懂他的心理动机与想法。白宫助理们清理他的文件的原因也同样很简单——查看他是否留下什么跟希拉里·克林顿偷情的证据。

文斯·福斯特与希拉里·克林顿的关系一直是华盛顿主流记者圈里的八卦话题，不过不知为何几乎没有任何消息见报。有一点毫无疑义，那就是已婚的福斯特与已婚的克林顿夫人间的关系极为亲密（除了家人外，在希拉里的传记里没有哪个名字比福斯特被提及的次数更多了）。作为 20 世纪七八十年代阿肯色州律师事务所的合伙人，两人经常在一家名为"庄园"的意餐馆共进午餐，一起用餐的通常还有另一位律师韦伯斯特·哈伯。她跟福斯特的密切关系"引来一些闲话"，希拉里曾承认过这一点，"在当时的小石城，女性通常不会跟丈夫以外的其他男性一起用餐。"

在 20 世纪 70 年代，克林顿夫人获卡特总统的任命进入法律服务委员会，因此必须经常到华盛顿出差，据说她与文斯·福斯特一同住在海亚当斯酒店的同一间套房。

据跟我谈过的那些人讲，有些调查记者正在核查他自杀之前那些日子两人的关系。

不管这些指控真假如何，福斯特事件一旦被再度提起，将会进一步引发对克林顿夫妇婚姻关系的质疑。即便希拉里的提名是"不可避免的"，这仍预示着她未来将面临坎坷旅程。

第 **11** 章

加冕之路

"你没办法开除自己的女儿。我的意思是说,没人会这么干,忽然间,这个人成了掌舵者……而你无法开除她。"

——克林顿家族的一位老友

查克·舒默来到爱荷华州，打算制造出一些新闻来。对于这位来自纽约的浮夸资深参议员来说，这一行为并不算奇怪。这位政客以爱在媒体上表现出名，他随时准备着就早间新闻上播出的几乎所有问题举行新闻发布会，长期以来还爱以各种名目发起立法动议：向添加了少量咖啡因的麦芽酒 FourLoko 发起一场战争，这一议题一时走红；当希腊酸奶热销时为这一小食争取联邦补贴；当某种浴盐被指在佛罗里达成为一种邪教的用品时，他又寻求禁售这一产品。舒默为了讨好媒体，甚至自己创造了家庭——贝利斯一家——因此他知道他们每天为生计奔波的生活。"尽管他们是我想象出来的，但我常跟他们谈话。"他曾经这么说过。这位富有进取心的参议员造就了华盛顿特区的经典笑话：华盛顿最危险的地方在哪里？在查克·舒默与电视镜头之间。

2013 年 11 月 2 日，舒默在爱荷华州现身，距离 2016 年总统选举正好相差三年。他当时是在向无比重要的民主党人演说，这个州的民主党人将穿越积雪与坚冰前往全国首个总统竞选党团会议投票，投票结果将决定下一轮选举。2008 年希拉里·克林顿在该州输给了一个"名不见经传"的人而受到重创。虽然这场胜利并未就此锁定奥巴马的民主党提名，不过这一场胜利的确为他争取到了候选人资格，他对势不可挡的希拉里造成的威胁突然间显得更加真实了。

发际线几乎退到头顶的舒默登上讲台，他身穿一套黑色西装，打一条蓝色领带。他那副厚镜片的眼镜稳稳地架在鼻梁上。他的左手按在事先准备好的讲稿上，双眼在 705 名观众与镜头间巡视。

"我要鼓励希拉里·克林顿参加总统竞选。"舒默用鼻音很重的纽约腔讲道，右手在冰冷的空气中挥舞着。电视镜头扫过鼓掌的观众，大家基本上都坐在原位没动。"2016 年属于希拉里！"他大声宣布。他前后摇摆上半身，试图活跃气氛，也许打算假装激情。"支持希拉里参选！"舒默的右拳反复在空中挥舞，"支持希拉里参选！出马参选你就一定会赢！我们都将取胜！"

这一宣布出乎众人意料，说他奇怪有多个原因，不过最怪处在于宣布之时离真正竞选开始还有这么多年，不过这一宣布收获了期望中的反应。《纽约时报》的报道标题是："舒默在爱荷华演讲中为克林顿夫人总统竞选背书。"弗吉尼亚专门进行政治报道的《政客》用下列标题强调这位纽约参议员的话语："查克·舒默在爱荷华州：'竞选，支持希拉里竞选！'"

除了满足自己出风头的愿望外，舒默做出这个声明是出于全局性战略原因——为了向克林顿团队展示自己是他们的人，同时也暗示未来总统希拉里·克林顿应当支持其出任参议院多数党领袖，到 2016 年这个职位或许正好会空出来，预计届时哈利·瑞德将退休，真是够巧的。

这一宣布的背后有着复杂背景，因为在《纽约邮报》等媒体的渲染下，克林顿夫妇一直认为查克·舒默痛恨希拉里·克林顿，而且从她出任公职伊始便在给她搞破坏。很多在参议院跟她共事的民主党人不喜欢她，并且通过在 2008 年为巴拉克·奥巴马背书而不遗余力地羞辱她。不过，按他们的说法，时过境迁。

希拉里的拉拉队

2016 年竞选和上次不同，克林顿夫妇为自己安排了一条经过精心编排、不事声张的加冕之路。这一做法令人联想起 2000 年大选前得克萨斯州长乔治·W.布什所做的一些造势之举，在他尚未宣布参选之前，当时数十位颇有见识的共和党思想家与政客便开始针对那些不甚情愿、摇摆不定的候选人做工作。跟当年布什一样，这一策略见效了。2008 年竞选中，希拉里过早站出来宣布参加竞选，未能筹集到足够竞选资金，还低估了潜在对手们的实力，这一次希拉里不会再犯同样的错误了。

"希拉里·克林顿召集了十来个助理，要他们为 2016 年总统竞选制定一份内容详尽的演讲稿。"那是 2013 年夏，离宣布竞选还有足足一年时间，而离 2016 年大选则有接近三年半时间，"民主党咨询公司杜威广场集团的三位要员——久经历练的外场组织者迈克尔·乌雷、公司创始人查理·贝克以及战略专家吉尔·阿尔珀，都是女性候选人的专家——他们进行了不带感情色彩、以数据为依据的评估。他们按申报截止期限分州列出，预测希拉里将需要筹措多少资金，同时说明巴拉克·奥巴马之后，竞选操作变得更加复杂了。"《政客》记者玛吉·哈伯曼在报道中写道。

克林顿王朝"复辟"的关键在于拉拢查克·舒默这类人，并让许多知名民主党人"赎罪"——他们直接或间接地支持奥巴马，才导致希拉里上一次未能坐上总统宝座。其中有相当数量将命运赌在奥巴马身上的人相信 2008 年大选以后，他们将一劳永逸地从全国性政治势力中清除克林顿夫妇——显然他们赌输了。

"我为奥巴马背书是出于两个理由。"一位有着全国性影响的民主党人在接受我的采访中表示，他的话反映了许多人的心声，"我认为他是一个很特别的人，第二个原因就是，如果希拉里当选，克林顿时期的那帮老家伙将卷土重来。不过简而言之，奥巴马还是把克林顿时期的那帮老家伙都请了回来。"

民主党高估了奥巴马的实力，而且他们也低估了克林顿夫妇。因此，现在正是犯下"错误"的华盛顿特区民主党人"将功补过"的机会。除了厚颜无耻而且明显言不及义的舒默胡乱喊叫之外，参议院里的 16 位女性民主党人全部签署了一份为希拉里竞选总统背书的文件。这 16 人中包括一位有可能在预选中以左翼身份挑战希拉里的女性——新当选的马萨诸塞参议员伊丽莎白·沃伦。这一热情为希拉里提前背书的情形与 2008 年形成鲜明对比，当年希拉里的参议院姐妹们几乎全部保持沉默或暗中为奥巴马助阵，其中最广为人知的则是密苏里州的克莱尔·麦卡斯基尔。希拉里曾拼命游说她，但麦卡斯基尔仍然选择为奥巴马背书，她表示，她选择奥巴马是因为他曾激励过自己的女儿，这等于往希拉里的伤口上撒盐（麦卡斯基尔曾经说过一句流传甚广的话，她不允许自己的女儿接近比尔·克林顿）。

为了进一步表示自己的忠心，许多类似麦卡斯基尔这样的"宿敌"不放过任何机会。就目前而言，现在可资利用的手段就是"为希拉里备战"，一度毫不起眼的超级政治行动委员会也成了热门机构，这一组织是由一位与希拉里交情似乎极为牵强的教授创立的。

"尽管我才见到希拉里——我们记不清是 1990 年还是 1991 年了，不过应该是大选前——我早在 1976 年或 1977 年就对她有所耳闻了。"该机构创始人艾利达·布莱克说道，"我是否像信赖亲密朋友那样信赖她？当然。我能跟她开玩笑吗？当然。我是否希望像麻烦一个亲密朋友那样麻烦她？"她笑了，"不行。"

布莱克不是众人心目中那种举止优雅的政工人员。她解释说，由于她的狗早上吐食了，所以来见我时迟到了。她的声音有些粗哑，短发参差不齐，衣着像一位自由派学者，套着锯齿形的宽松上衣。作为一名埃莉诺·罗斯福学者及诸如《现代美国古怪史》等著作作者的她迅速指出，她不是那种"捐资亿万"的富豪。

"我的意思是说，你看我，"她说，自豪地展开手指，"我手上没有戴价值八万美元的戒指。"

布莱克团队的使命是得到众多名人的支持：如艾尔·戈尔的前竞选经理唐娜·布拉齐尔，克林顿的万年拉拉队长、权威电视评论员保罗·贝加拉，加州副州长加文·纽森，明尼苏打州长马克·代顿，以及亿万富翁乔治·索罗斯，他是自由派事业的主要资助人（也是捐款人阶层的魁首），已向该团队认捐 25000 美元——这是该团队接受捐款额度的上限。"这远远超出了我们最乐观的预期。"布莱克说，"这种热忱，这种反应，我们的脸书及推特账号以及 Instagrams 简直要被访问者挤爆了。"

其他人则把这种行为发挥到令人瞩目甚至是令人尴尬的地步。ABC 新闻将 2013 年列为"全民向希拉里·克林顿颁奖之年"——从五角大楼、埃尔顿约翰基金会的创始人奖到一种名为迈克尔·柯斯奖的奖项、杰出社区服务奖。小石城启用了希拉里·罗德姆·克林顿儿童图书馆与学习中心。2012 年，小石城机场将名字改为比尔与希拉里·克林顿国民机场。

"不过，这一切在希拉里·克林顿的（幕后运作的）实际总统竞选面前相形见绌，他们维持着克林顿初次竞选总统时所筹建人际网络的活力，甚至还维持着他竞选总统以前那些网络的活力。"克林顿的一位前媒体助理说道，"他为州里及地方候选人进行筹款活动，甚至时不时亲自介入竞选事宜，这都是大家认为他不必亲自介入的事情。这真是不同寻常。"

另一位前克林顿助理说，他们永无休止的竞选"从未结束过，也永不停歇，始终在拉票，始终在努力，始终在推进""这很疯狂"。这句话如实反映出在过去三十年间他们一直活跃在全国性政治舞台上，这是种前所未有、近乎癫狂的节奏。

有一位前雇员为自己的前雇主说了些好话，事后想来这些话颇令人觉得悲哀。"看看他们两人所承受的种种打击。其他人遇此情况，早被打击得体无完肤、就此颓废下去了。你说不是这样吗？但他们却没有被击溃。"他说，"工作、竞选便是他们的一切。这便是他们的生活。"

克林顿夫妇的所作所为让最强有力的潜在挑战者都目瞪口呆，聪明、特别上镜而且握有纽约资金门路的纽约州长安德鲁·库默曾担任克林顿内阁部长，他与比尔及希拉里都有着长期的交往。例如，他设在阿尔巴尼的办公室里装饰着克林顿的纪念品。二十年前，因为安德鲁的父亲——时任州长的马里奥·库默考虑谋求 1992 年民主党提名，因此与比尔·克林顿结仇。不过，事到如今，如果说两大家族间还有什么不愉快的话，这种不和已经看不出来了。

希拉里·克林顿卸任国务卿短短数月后，一位据说对"局势直接知情的"库默政府内部人士向《纽约邮报》说，该州长"已私下里向朋友们讲，如果希拉里·罗德姆·克林顿参选，自己就只能面对现实，放弃参加 2016 年竞选大选，这和大家预期的一样"。

一般说来，潜在总统候选人并不喜欢斩钉截铁地发表这类声明，尤其是总统竞选开始三年前。为什么安德鲁·库默特意发表这样一项声明，而且时间如此之早？这说明了他对克林顿夫妇的恐慌远甚于他们对他的担心。

一位克林顿顾问提出了一个善意的解释。"安德鲁不会参选，因为他早就（因为竞选州长）跟（非美裔人士）麦考尔相争而惹翻了整个黑人社会。"他这样讲，"因此他不打算再因为'挑战希拉里'而令每一位女性在余生里对他愤愤不平。"

不过，库默这种不同寻常的举动还有一种更为迫切的解释。因为希拉里曾出任纽约州资浅美国参议员，克林顿夫妇均已在这个帝国州里建立起了庞大的金融网络。

库默更进一步来表明其忠心。《纽约邮报》刊出其不会和希拉里竞争的文章后，他与希拉里便一起参与了威彻斯特县的纪念日游行，这位州长不放过任何一个拍她马屁的机会。"今天很荣幸能跟希拉里·克林顿在一起。"他说，"我在克林顿政府里任职八年，因此跟她在一起是一种荣幸与愉快的回忆。"旁观者则把这一场面视作对《纽约邮报》故事的确认：他将于 2016 年为希拉里让路——作为回报，他得到了他们对他竞选州长的热烈支持。

如果他们两人都从同一州里起步竞选，则他们几乎可以被看做是理想的竞选搭档。不过马克·华纳可能对此另有看法。这位 59 岁的弗吉尼亚参议员对副总统之位的渴望在华盛顿已是公开的秘密。在 2014 年竞选连任以前，这位实干家是前州长与商业高管，事实上，他早就打算从死水一潭的参议院里退休，不过后来改变了主意，部分原因便在于能够继续保留成为希拉里竞选搭档的可能性。从理论上看，他是个理想搭档——有点年轻、外貌英俊而且抱负甚高，有着精明的商业头脑。从弗吉尼亚为希拉里呐喊的他可能保住一个对希拉里选举举足轻重的摇摆州。

鉴于希拉里的年龄，挑选副总统至关重要，比尔·克林顿早已下了相当心思（到 2017 年就职日她将年届 69 岁，仅比 1981 年出任总统的罗纳德·里根年轻一点）。他一向以不按常理出牌而闻名。当年挑选自己的竞选搭档时，他避开了传统上考虑的年龄、经验以及地区间的平衡，而是考虑至少在理论上跟自己相似的人。艾尔·戈尔是另一个年轻、英俊而又喜欢把自己想象为温和派的南方人。在与妻子儿女们一起竞选的过程中，这两人传达了一个完美的形象——年轻、有活力、志在改革的领导人。同样，在 2000 年，克林顿督促戈尔做出同样不落窠臼的选择——马里兰州参议员芭芭拉·米库斯基，一个身高 4 英尺 11 英寸、精力旺盛的未婚自由派人士。从政治角度看，这一选择如此不同寻常，可能令埋头苦干、谨慎过度的戈尔觉得有些近乎鲁莽。克林顿的影响可能已说服戈尔做出自己的终极决策，这是又一个"不落窠臼"的选择——参议员约瑟夫·利伯曼，一个正统派犹太人，而且是对克林顿道德持批评态度的人。克林顿当时称选择利伯曼做竞选搭档实在是一个"高明之举"。

因此，对于他的妻子而言，克林顿很可能会推出同样令人意外或显得出格的人选，一个或许会削弱希拉里优势同时又解决她年龄与健康问题的候选人。也许是另外一个女性，不声不响地等待接受甄选的民主党女性人选一向不匮乏，比如麦卡斯基尔、明尼苏达州的艾米·克罗布歇、希拉里出任国务卿后接替她成为纽约参议员的柯尔斯顿·吉利布兰德等。

在克林顿夫妇有望重返白宫的情况下，理性的美国人自然会问：他们将以什么形式出任公职？甚或他们会共同执掌政权吗？2017 年的椭圆形办公室里会再现婚姻不忠、令人尴尬的情形，以及新一轮调查、批评吗？如果真产生了调查，比尔·克林顿重返白宫后会同意接受审查吗？

这些问题实在无人能答，即便是他们自己恐怕也无法回答。在接近 35 年的时间里，克林顿夫妇首次都没有担任公职。他们更有钱了，权力更大了，甚至比以往都更受欢迎了。他们是快乐的漫游者，两人都可以想做什么做什么，想什么时候做就什么时候做，想对什么人做什么就做什么。而且他们基本上还一起做事，至少目前来说是这样的。

2013 年 6 月 13 日，比尔在芝加哥欢迎神采奕奕的希拉里·克林顿入职近些年来的第一份非公职工作。希拉里正式加盟克林顿基金会与克林顿全球倡议，不过机构名字刚刚改成了比尔、希拉里与切尔西·克林顿基金会。买二送一。

"过去六个月对于我们基金会来说是一段很有意思的时期。"克林顿说，考虑到当时围绕克林顿及其顾问道格·班德发生的一系列新闻报道与财务管理的丑闻，这一发言显得相当轻描淡写。

克林顿表扬了自己的新合作伙伴。"过去数年里，切尔西一直将大约半数时间花在了基金会事务上。"他说，"她刚从亚洲回来，查看了我们在马来西亚与柬埔寨的项目，到缅甸慰问了我们克林顿全球倡议合作伙伴宝洁公司，我们、我们的基金会已计划在这些地方大展拳脚。我很感激她帮助我们将全部力量集中到一处的重组努力。"

"当我们家里的第三位家人——希拉里说她希望加入基金会并重新开始她的工作之际，我真是欣喜若狂。"比尔滔滔不绝地说。在他那不着边际与笨拙的句式结构中，有一点很清楚，那就是他又在即兴发挥了，"一般不会让人发表演讲，但我要摒弃常规，让她向大家简短介绍一下自己，介绍她将在已包含希拉里与切尔西名字的克林顿基金会里担任的角色。现在我就可以看到这一点实现，而我也行将进入昏聩之年：我的职责就是资助那些真正了解人生目的的人。"观众席上响起了稀稀落落的掌声，"我很喜欢这么做。因此我要要求大家首先跟我一起欢迎她——过去她出席过多次克林顿全球倡议会议，却从来都不是以克林顿基金会的主人身份出席：前参议员及国务卿希拉里·罗德姆·克林顿。"

观众们鼓起掌来，甚至有几个人喊了几嗓子。克林顿拥抱了妻子，她骄傲地向众人展示自己新做的头发以及凫蓝色大号裤子。他们相互吻了一下。

她用眼角望向观众，开心的笑容布满她的脸庞。"大家早上好！谢谢大家！"鼓掌声不绝于耳，"以一个私人的公民身份在芝加哥出席这个活动真令我开心。"

这是她在基金会以及在全世界面前的复出，以乐善好施的希拉里身份出现，以一个关心第三世界人民疾苦的女性身份出现。

当天在该基金会网站上发布出来的新简介，说明了她最新的品牌重塑努力，这将令许多她的国务院前同僚感到意外：

在 2009 — 2013 年间，在出任公职近 40 年后，希拉里·罗德姆·克林顿出任美国第 67 任国务卿。她在外交政策领域里施展的"灵巧权力"手法为美国 21 世纪的外交发展进行了重新定位。希拉里为恢复美国在国际上的地位起到了中流砥柱的作用，重新确立了美国作为太平洋大国的地位，对伊朗与朝鲜实施了严厉的制裁，回应了阿拉伯觉醒，在中东协调签订了停火协议。更早时候，作为第一夫人及纽约州参议员，她在八十多个国家穿梭，推动人权、民主并为妇女与女孩争取机会。希拉里还致力于为数百万儿童提供健康护理，创造就业机会，援助世贸大厦那些冒着生命危险救人的急救员。在她那彪炳青史的总统竞选中，希拉里赢得了 1800 万选民的支持。

她演讲时显得胸有成竹，而且一如既往地准备充分。"能够加入由比尔在几十年前一手打造的组织令我欣喜若狂，而且这是我将为之工作的家，今天我将描述一下我的工作内容。"在奉承了家乡观众几句后——六十多年前她在芝加哥的郊区长大——希拉里说了她丈夫一大堆好话，感谢他"为慈善与问题解决提供了一种全新的范式，而且我们在今天早上就已经见证了……这句话的含义。我们要真正通过搭建合作伙伴关系与协作来解决问题。而且说实在的，我很为他所取得的成就而自豪"。

希拉里明确指出，她也会尽力把切尔西调教成一名经验丰富、能力出众的非政府组织经理人。"我还是一位非常自豪的母亲，"希拉里说，"因为切尔西是我们的延伸，是我们整个家庭里的爱的成果。在短短几年间，她已协助将基金会通过克林顿全球倡议和克林顿全球倡议大学，将我们的影响扩展到全新的年轻一代中间去……切尔西一直以来都是我们的领导。"

观众鼓掌之际，希拉里笑容满面地看着女儿："我们三人拥有全面平等的伙伴关系，这令我们兴奋惊喜。"这不会是三人合作的一个句号，他们显然是作为一个整体站在台上的。这个团队就像以前一样坚不可摧。

目前已娶了第三位妻子的纽特·金里奇在谈到克林顿夫妇的婚姻时神采飞扬："我觉得他们有过明确讨论，可能是莱温斯基时期，也可能已经讨论过很多次，我不知道。不过他们就如何做事及做些什么事情达成了一个非常明确的协议。"在过去十年中，他们基本上是各过各的生活。早在 2006 年间，《纽约时报》发现这对夫妻在 73 个周末中仅有 51 个是一起过的。在她成为美国飞行里程最多的国务卿之后，他们在一起的时间很可能更少了，她总是迫不及待地登上一架飞机满世界飞，实话说，在家里她实在没有哪里可去。在她仅的有闲暇时间里，她通常待在靠近乔治城的家里，比尔则几乎从未去过。

这种现象已经变了，至少从目前看是这样的，因为两人都从公职脱身了。希拉里与切尔西整天都在身边，这对前总统来说并不完全是令他兴奋的事情。"你想他为什么希望她竞选总统？"一位前助理半是玩笑地问，"他只是希望过一种自己习惯了的生活，他不想要她们在身边，而现在她们却整天待在身边。"

大选的准备

希拉里与她丈夫还打算多买入一些房子。有人在纽约州看到他们在靠近康涅狄格州的边界处查看一所价值 1000 万美元的房子。这是一所位于南塞勒姆的殖民地风格白色房子，卖房简介里写着："有游泳池、灯光网球场、工作室、马厩、室内与室外跑马场，以及一个可停放三辆车的车库。"据知情人士讲，比尔·克林顿希望把这座跑马场改造成一个会议中心，可以在克林顿全球倡议里派上用场。这样的话，至少该产业的一部分款项可以按商业支出的名义报销。

克林顿夫妇关心的是，他们的家应该离机场足够近，对于南塞勒姆的这处产业来说有点问题，因为离此最近的机场是丹伯里城市机场，约有 25 分钟车程。该机场跑道太短，没法满足克林顿夫妇使用的那种飞机的起降需要——这将使得他们不得不依赖于纽约的白原机场，那里离此更远，至少需要 30 分钟的车程。

甚至有人偶然听到克林顿夫妇讨论这处产业是否能够容纳一处直升机停机坪——或至少有某种形式的直升机降落空间。最终，他们决定不买入这所房子，显得有点犹豫不决。

事实上，看房现在是克林顿夫妇最爱的休闲活动之一。当然，更主要的是政治考量：如果希拉里决定再度参选的话，买房是否会有影响？他们担心，如果在总统竞选前便买下了一套价值 1000 万美元房产的话，可能会引起争议。他们意识到 2012 年米特·罗姆尼所受到的嘲弄，因为他买入了多处房产，甚至在一处造价高昂的房产里安装了一套汽车升降机。2008 年的约翰·麦凯恩与 2004 年的约翰·克里同样也因为买入太多房产而备受指责（有趣的是，这三个人都输了）。

而买入一所度假屋给人的印象最差，不过这一切也没有能让克林顿夫妇放弃四处看房。

"有一段时间他们在查看汉普顿斯的一处产业，不过我觉得，如果她参选，这里会显得过于奢华或太过昂贵。事实上的确如此。"一位克林顿圈里人说。克林顿夫妇很喜爱汉普顿斯的这处产业。当比尔·克林顿还是总统时，常有报道称第一家庭已经调研过度假地点。他们会避开那些奢华场所，而会选择一些更"原生"、更低调的房屋。不过离开公职后，在选择度假场所的时候他们就多了一些灵活性。

"比尔与希拉里·罗德姆·克林顿在汉普顿斯这所奢华的海边天堂租下了人间的香格里拉。这处价值 1100 万美元的宅第坐拥 3.5 英亩黄金地产，有四个壁炉，六间卧室，一处加热游泳池及通往海边的私家小径。"《纽约时报》在 2013 年夏季的一份报道中写道。

他们在这里与各界名流觥筹交错，为他们的基金会举办筹款活动，一家人也会在此团聚。在克林顿"很受伤"的日子里，这位前总统会向人们讲自己只有五年的寿限了，跟他熟稔的人都听过这个说法。他动过心脏手术，因为基本上吃素再加上努力控制自己贪吃的习性，因而身体瘦了许多。他感受到了大限来临的钟声，他对捐款人说，希拉里竞选或许将成为他有生之年里最后完成的一件事，这可能是上帝允许他在余生里所做的最重要一件事了。

当然，这些话的言外之意是比尔·克林顿已经改头换面了。年近 70 的比尔·克林顿变得善良了，对人更友善，更谨慎，也更自律了。他告诉熟人们（跟希拉里不同，他没有几个真正朋友），他希望抱抱外孙。他给人一种忠心、尽职丈夫的形象，他的妻子跟芭芭拉·沃特斯开玩笑称，如果自己当选总统，克林顿希望自己被称作"第一伴侣"。

重塑克林顿品牌不以利益为主，不过希拉里已经开始努力赚钱。据报称，她的第二部传记已收到 1400 万美元的预付款。她接到在全国及全世界演讲的邀请，这得益于她丈夫手把手地传授，比尔现在已把演讲变成一门科学。他会毫无征兆地出现在一个场所，侃侃而谈，抢尽风头，然后，在人们意犹未尽之际便悄然离场。而与此同时，他尽量不制造什么新闻，同时还能取悦为他支付高额报酬的主办方。

不管克林顿夫妇出现在哪里，他们始终都在谋划，不断调整自己的立场，试图消弭民主党左派对她的潜在敌意。在希拉里为期四年的国务卿生涯中，民主党立场已出现根本性改变：从把婚姻定义为男女之间的结合转变到承认同性婚姻的合法性。

希拉里也随大流做出改变。"LGBT（同性恋、双性恋及变性者）是我们的同僚、我们的教师、我们的士兵、我们的朋友以及我们的亲友——他们是拥有平等权利的公民，而且理应拥有公民权利。这便包括婚姻。"她在网络视频中表示，"这是我支持男同、女同婚姻的原因所在。我个人对此表示支持，同时支持其作为推动 LGBT 美国人及全体美国人的平等与机会写进政策与法律。跟许多人一样，我的观点一直受到我认识的人及我所爱之人的影响，受到我在全世界这个大舞台上代表我们国家的经历所影响，受到我对法律与人权事业的热爱所影响，还受到我的信仰的指导原则所影响。"该视频由最强大的同性恋游说服务机构——人权运动组织发布。

希拉里关注的社会问题同样揭示出她所渴望的另一个领域：与年轻选民的联系，与父辈相比，他们在社会问题上的立场更自由，他们广泛使用社交媒体关注政治。希拉里首先将自己支持同性婚姻的视频发布在 YouTube 上试图争取这一部分选民。数月后，她又于 6 月在推特账号上发表这一观点，进一步挖掘这一渠道。

"妻子、妈妈、律师、女性与少年权利支持者、FLOAR（阿肯色州第一夫人）、FLOTUS（美利坚合众国第一夫人）、美国参议员、国务卿、作家、宠物狗主人、发型达人、裤装狂热爱好者、玻璃天花板突破者、TBD（待定）……"她在短小精悍但又令人印象深刻的推特简介中写道。

这可能会对那些不熟悉她正式职位的年轻美国人起作用。而用TBD（待定）三个大写字母，则是特意让自己笼罩在一种神秘氛围中。她的未来，她希望每一个人都知道，这就是待定。在接下来的一年里，她会跟女儿一起自拍，分享她的旅行照，跟名流在推特上互动。大家知道，她会使用社交媒体……就跟现在的年轻人一样。这跟其他政客的做法没有什么不同——不过这对希拉里来说是一种全新的经历，她在国务院时期已经落在后面了。不过，她在推特上很快便有了超过 100 万粉丝。

她还会不时在这种媒体上就各种政策问题发表意见。在亚拉巴马州最高法院对《选举权法》做出裁定后①，她在推特上写道："今天的裁决打击了《选举权法》的核心，对此我感到失望。"后面还有一个链接指向她跟她丈夫所做的较长声明。这份声明是某种更宏大事业的一部分：争取黑人群体的支持。这是民主党的核心选民团体，也是导致她在 2008 年输给巴拉克·奥巴马的重要因素。具有讽刺意味的是，20 世纪 90 年代，在大多数美国人认为有生之年不可能选出一位黑人总统之际，作家托妮·莫里森将比尔·克林顿称作"首位黑人总统"，使得舆论大哗，不过这位作家在 2008 年总统选举时选择为奥巴马而不是希拉里背书，她在事后解释说："我一开始是想投希拉里一票的。我不在乎她是个女性。我关注的远不止这个。他的种族、性别，她的种族或她的性别都还不够。我关注的是其他一些东西，这种其他东西

---

① 2013 年 6 月，亚拉巴马州最高法院取消了关于黑人选举权的核心条款，导致该州的黑人基本丧失了选举权。

就是他的智慧。"

大约 90% 的黑人选民通常会在总统竞选中支持民主党候选人，这一数字在奥巴马竞选时期上升到 95%。换言之，把握住这个群体的支持具有重大意义。比尔·克林顿会亲自出马，尽力重获这个选民团体的欢心——他此前曾指责奥巴马的竞选是个"童话故事"，并把奥巴马比作此前竞选总统无果的杰西·杰克逊，因而这个选民团体已经抛弃了他。这位前总统会打电话给黑人党团国会成员，如打给马里兰州的民主党人以利亚·E·卡明斯，问候他母亲近况如何。克林顿至今还记得他母亲的名字（那当然）。"这么多年来他一再特意打电话致意。"这位众议员向自由派媒体《纽约时报》讲。该报纸在报道中称，希拉里在"7 月到 DST 女子联谊会出席活动，首先向特雷沃恩·马丁的家人表示了慰问。17 岁的特雷沃恩去年在佛罗里达遇害；她于 8 月份在美国律师协会发表的关于《选举权法》的演讲引起黑人领袖的极大关注。"DST 女子联谊会是成立于霍华德大学的一个具有历史意义的美国黑人女子社团。

比尔·克林顿致电问候，希拉里·克林顿对特雷沃恩·马丁表示悼念，其中意味良多，显然克林顿夫妇要弥合与黑人社会及《纽约时报》的关系。在克林顿夫妇回顾其政治遗产并着眼于 2016 年竞选大选之际，这两方均是不可忽视的盟友。

《纽约时报》记者艾米·查兹克是该报道的作者之一，她和克林顿的助理们不熟，因而遭到了克林顿的嘲讽。

"我是这样想的——要知道，有些报纸分配专门记者去报道一些并不存在的竞选。因此，他们就必须想办法制造一些新闻。你知道，我们不需要这种新闻，我们需要关注美国人民所面临的经济与其他方面的问题。而且我们所在的地区以及这个世界都面临许多挑战，我们应当专注于这些事情。希拉里也是这么看的。"比尔·克林顿在接受联视（Univision）电视网乔治·拉莫斯的采访中这样说，显然是在嘲弄查兹克。

而拉莫斯可以对比尔·克林顿进行贴身采访，因而他能拿到查兹克无法获得的信息。不过拉莫斯也提供了这位《纽约时报》记者所无法提供的东西：一个与日益壮大的拉美裔选民关系建立接触的机会。

"我认为我们目前正尝试通过一项移民改革法案。这个国家需要一项移民法案。"克林顿对拉莫斯讲，这话讲到了许多拉美裔选民的心里。他对国会大加鞭挞——这是稳赚不赔的买卖，因为国会支持率在持续下滑——而原因就是没能通过这项法案。

不过克林顿还暗示说，在近期内实现这一目标可能会有难度。"不会是在今天，您的意思是这样吗？"拉莫斯问道。

"我不知道。明年是选举年。不会是今年——2013 年——也许在2014 年吧。"克林顿回答道。

克林顿夫妇通常会让媒体以某种方式为自己的利益服务。

"媒体在报道比尔·克林顿时有精神分裂现象。媒体对比尔·克林顿很苛刻，对他的个人怪癖很不留情面，对莱温斯基事件很不留情面，整件事情就是个丑闻。不过，克林顿总统却能够以其独特的个人手法将这一丑闻转化成自己的优势，用自己的所作所为搞得美国人民心生厌烦，导致他们只想让这件事赶快平息。这有些自相矛盾，但的确帮了比尔·克林顿大忙。"一位前白宫新闻主管在一次采访中如是表示。

在那些日子里，媒体对希拉里·克林顿的报道更显出精神分裂的倾向，而比尔·克林顿离开白宫十几年后，媒体对他的报道已经比较正面。解释其中差异很简单：希拉里仍然身在政坛，而且她还被视为总统大选的热门，而前总统克林顿则离政治较远。媒体倾向于对前总统们另眼相待，让他们自由自在地整理自己的政治遗产、开展各种慈善活动，克林顿总统也不例外。

多位跟随这位前总统已有数十年历史的助理在接受我的采访过程中都提出了同一个问题——每一个人都暗示说比尔·克林顿并不希望希拉里·克林顿把自己比下去，不希望希拉里赢得总统之职而令自己相形见绌。

"每个人都继续在谈论他如何迫切地希望希拉里竞选。他为什么希望成为第一配偶呢？"一位跟克林顿夫妇都相熟的助理问，而他也暗示比尔事实上是暗暗担心这一前景成真。

"他会做些什么呢？住在后院里深居简出、制作圣诞贺卡吗？"控制欲很强的前总统肯定不愿意被限制在东翼、被排除在内阁会议以及在战情室里召开的国家安全会议之外。一个在过去十年中几乎"为所欲为"的男人突然间戴上了"紧箍咒"，行动、旅行、交友等每件事都要接受审查，并且还要因为担心出现利益冲突而事事向妻子的助理们申请行事权限，他肯定不会很开心。

这一切对2016年意味着什么呢？一位前总统陷入深深矛盾心理之中：一方面他无私地认为妻子理应当总统，另一方面他又时不时陷入自私自利与自我毁灭的黑暗心理之中。

"他将竭尽所能帮她当选。"一位克林顿老友说，他呷了一口咖啡，顿了顿，然后说，"不过在他的内心深处，他始终还在想：'也许如果她不当选的话，我的日子会更好过些吧。'"他笑了笑，"他可能会给她捣乱。而且他会说：'噢，真对不起。'对他来说，这可能是存在于潜意识之中的想法，不过这种想法确实存在。如果这种想法是出于清醒的意识，如果他是有意而为的话，那将是让人难以置信的疯狂。"

不过有多家媒体说比尔·克林顿希望希拉里当选总统，所以来自这位克林顿助理的推测可能有些牵强，不过仔细想一想这也不无道理。简单来说，比尔·克林顿对于成为"第一丈夫"的角色是持有深深的保留意见的。

比尔不是希拉里2016年大选所要面临的唯一问题。事实上，他甚至不是其中最重要的因素。对于密切关注克林顿一家的观察人士来说，现在最重要的是切尔西，她成了希拉里的心腹知己、最终裁决者、裁判、顾问兼影子竞选经理。从某种意义上讲，谁被提名为希拉里2016年正式竞选经理都不重要——即使这种猜测已甚嚣尘上，他或她都将对候选人与候选人的女儿（及候选人的丈夫）负责。

正如《政客》在2014年初的一篇报道中指出的："在被问希拉里组织架构中谁位于最顶端时，几乎每一位与希拉里·克林顿关系密切的盟友都给出了同一答案：切尔西。至于这其中蕴含的深意则笼罩在一种神秘氛围中。"2016年竞选，实际上把切尔西推到了竞选经理的位置上。

"他们觉得自己亏欠她的。"克林顿家族的一位老友说，"在把事情搞砸后，他们开掉了帕蒂·索莉斯·多伊尔。"他指的是在2008年被解除竞选经理职位的希拉里密友，"但你没办法开除自己的女儿。我的意思是说，没人会这么干，忽然间，这个人成了掌舵者……而你无法开除她。"切尔西·克林顿从来没有全国性竞选的经历，因此她就必须应对来自方方面面的抨击。正如该助理所说，希拉里或许不得不在自己的家庭与总统职位之间做出取舍。她将如何抉择目前不得而知。

安东尼·韦纳丑闻

克林顿夫妇一直在努力建立与全国性媒体的关系，特别是自 2008 年竞选失利以来，他们取得的成效特别显著。与克林顿助理们每天都会通电话的乔治·斯特凡诺普洛斯就职于 ABC 电视网，唐娜·布拉齐儿现在是那里的常客（尽管斯特凡诺普洛斯受到过排挤，而且他与克林顿夫妇的关系又十分复杂，不过近期克林顿在他节目上现身表明两人关系有了一定好转）。维吉尼亚·莫斯利供职于 CNN，她丈夫（汤姆·奈兹）是希拉里·克林顿出任国务卿时国务院里的一位高级官员，保罗·贝加拉似乎也已重新开始光顾该电视台。在福克斯新闻网，道格·舍恩与詹姆斯·卡维尔刚与该新闻网签约成为撰稿人。当然，切尔西与 NBC 的合约仍然有效。

这意味着事实上所有大型新闻网与电视网都有克林顿亲信在随时待命。这并不意味着这些渠道永远也不会播出有关克林顿的负面消息——但这的确暗示，在下一轮竞选中播出妨害希拉里·克林顿新闻的难度很可能要高于任何其他的候选人。

这一次，他们也展开了史无前例的四面出击。他们将两位记者接纳进了希拉里的圈子，授予他们访问国务院相关人员与助理的权利，这是一项前所未有的待遇。有报道称，这是克林顿阵营抢先占领舆论高地的方式。

当然，不是随便什么记者都能被接纳的。有幸入选的一位记者是乔纳森·艾伦，曾为民主党全国委员会主席黛比·沃瑟曼·舒尔茨——来自佛罗里达州的女众议员——工作，从《政客》跳槽后，他现供职于彭博社。另外一位记者艾米·帕尼斯则在《国会山报》工作，这是一家位于华盛顿的政治性报纸。ABC 驻白宫首席记者乔纳森·卡尔写文章严词抨击这种行为："看来艾伦先生与帕尼斯女士一定是爱上了采访对象。"这便是克林顿圈子接纳他们的原因。

尽管克林顿圈子竭力将一切事情置于自己控制下，但这个阵营里总会发生意外，即使是那些看来最完美的事情及最忠心的人也不例外。发生在胡玛·阿贝丁身上的事情便是这样一例，2011 年 6 月，她丈夫安东尼·韦纳向许多年轻漂亮的女性发送自己的淫秽图片，并被保守派的安德鲁·布莱巴特抓个现行。厚颜无耻而又讨厌的民主党众议院议员安东尼·韦纳在这件事上撒了谎，一开始声称自己被人陷害。在短短数日内，这个事故愈演愈烈，韦纳最后被迫承认了该事。一个月内，他名誉扫地，灰溜溜地从国会辞职。

当时他们结婚才仅仅一年时间——一年前他们在长岛城堡里喜结连理，比尔·克林顿是当时的主婚人。

不过，在发送淫秽图片被抓后不久，又有其他新闻浮出水面：胡玛怀孕了，这个男孩将于当年 12 月出生。胡玛曾希望在孩子出生后逐渐淡出克林顿的圈子，当然不是完全淡出，她的整个人生与事业都与希拉里紧密联系在一起。不过，她也看到自己的战友道格·班德的转变之路，创立自己的生意、自己赚钱、自己当家做主。在追随希拉里

15 年后，这种生活对她有相当大的吸引力。

问题在于她丈夫。"我觉得胡玛当时正尝试脱离克林顿圈子，问题在于她嫁给了一个四处留情的混蛋。要知道，我觉得她正在努力做出跟道格一样的转变。"一位希拉里的助理说道，"她正逐渐淡出国务院。她当时尝试在做顾问的同时仍然兼职赚些钱。然后她丈夫却用实际行动证明自己是这个世界上最大的蠢货。"

生了儿子后，阿贝丁确实搬回了纽约的公寓里。她的老板、国务卿希拉里给她安排了一个特殊职位——特别政府雇员——平常只有在政府雇员即将离职进入私营领域或即将升职时才会有此安排。希拉里给了阿贝丁这种待遇，这样她便可以一边为政府工作，一边另谋出路。

"这种安排使得她成了一名特别政府雇员，等于是一名顾问。"该消息人士称，他的这一说法得到另两位熟悉内情的职员的确认。"多位消息人士向《政客》表示，阿贝丁的确为其他客户工作。阿贝丁的一位朋友说她为四个客户工作，包括国务院、希拉里·克林顿、威廉·杰斐逊·克林顿基金会及由比尔·克林顿的前顾问道格·班德创立的泰尼欧公司。"《政客》在报道中写道。

与此同时，韦纳也正找机会重返政坛，打算角逐纽约市长一职。这可是一个令各方垂涎的职位：执掌美国最大城市，而且韦纳垂涎这个职位至少有十年了。

这是很高明的一步棋。"如果他参与角逐，即使在角逐中失利、在竞选中屈居第二位，又会怎样呢？大家仍会忘记他是那个在推特上发私密照的家伙。然后事情会这样，'噢，他参选过州长，得票数第二。'"一位前助理对我讲，"所以我说他参选是很妙的一招。"

　　不过事情还是出了岔子，克林顿以及阿贝丁完全猝不及防：韦纳仍在通过短信向女性发送淫秽图片。其中一位收到信息的人决定利用这个肮脏的秘密出出风头，她的确做到了，而且相当成功。韦纳的竞选就此止步，他的生活简直成了一个笑话。而阿贝丁眼看也将成为笑话的一部分。她跟韦纳一起参加了新闻发布会，当时她一脸受伤又不解的样子，但又对丈夫不离不弃。

　　克林顿夫妇希望从此跟韦纳撇清关系，他们非常愤怒，主要是因为这种丑闻在某些方面和莫妮卡·莱温斯基丑闻太像了，而克林顿夫妇绝不想重提那段记忆。

　　"他们不想再与他（安东尼·韦纳）有任何瓜葛。他们讨厌见到他。她要以自己及自己的工作需要为重。"一位曾在工作中跟希拉里、阿贝丁及韦纳有过密切联系的克林顿助理说。

　　克林顿夫妇在那段时间里一直如惊弓之鸟，担心那件丑闻会被人们再度提起。"我觉得这件事真触到他们的痛处了。他们跟他很亲近，人们都会说：'喔，克林顿夫妇在这方面也有他们自己的问题。'莱温斯基会重新出现在各种媒体报道中……现在回想起来，压根就没人提起莱温斯基的事。"这位助理在安东尼·韦纳第二次被抓住之前说。

　　该助理猜测说，安东尼·韦纳"二进宫"时，莱温斯基的名字开始被提起，人们会把阿贝丁和她的导师希拉里·克林顿作对比。和希拉里一样，阿贝丁在丈夫陷入性丑闻之际对丈夫不离不弃。而现在阿贝丁和希拉里有了更进一步的共同点——公开受辱。

　　事实上，阿贝丁一直不希望离婚——至少暂时上是这样的。韦纳从公众视野中消失了，阿贝丁也同样从公众视野里消失了。2014 年夏天，在她的老板希拉里离开国务院、宣传自己的新书之前，阿贝丁休了一段时间的假。

这件事带给阿贝丁的一个真实后果就是，她无法按道格·班德的方式脱离克林顿夫妇、开始自己的职业生涯了。在后台没有人助推而韦纳又上不了台面的情况下，她很难干脆利落地脱离克林顿圈子——如果跟希拉里没有关系的话，她在咨询市场上就成了一件"残次品"。

所以，她被迫进入了一种休养状态，只能再在希拉里身边待上几年，甚至可能要待到 2016 年的总统大选。

总统之路

如果说有什么人会对希拉里·克林顿的 2016 年预选造成严重损害，那便是她党内的左翼。正是这一翼在 2008 选择了支持巴拉克·奥巴马而抛弃了她。她投票支持伊拉克战争，并开始拓展自己对全体选民的吸引力时，所忽略的正是这个群体。

她下定决心不再想当然地假定认为他们会支持自己。因而，2014年 1 月 1 日在白思豪宣誓就任纽约新市长之时，希拉里·克林顿与比尔·克林顿双双就座于主席台上，为新市长加油。

白思豪是在激进自由主义进步潮流重返民主党的背景下当选市长的。他利用了"占领华尔街"抗议者的主张，也就是 99% 的美国人反对 1% 的精英。

比尔·克林顿身穿一件无定型黑色长大衣，主持自己执政时期住房和城市发展部前区域局长的宣誓就职仪式，此人还是十多年前希拉里·克林顿在该州竞选美国参议员时的竞选经理。甚至胡玛·阿贝丁也到场了，而她丈夫却没有，他在纽约州长竞选中与白思豪及其他候选人对阵，结果铩羽而归，想必是不好意思出席。

与奥巴马关系最密切的政治顾问大卫·阿克塞尔罗德注意到这一点，他发表评论说，克林顿总统出现在就职典礼上，或许可以"起到安抚左翼人心的作用"，以便为即将到来的 2016 年总统选举铺路。阿克塞尔罗德还试图借题发挥，暗示说单单克林顿在这个场合里现身就是"向精英们表明新市长不会走'极端'"。

这件事（在比尔·克林顿 2012 大受欢迎的民主党全国大会演讲之后）还另有意味，即，克林顿夫妇是全国顶级政治活动中最爱尊敬的政治贵宾（相比之下，奥巴马总统在这个国家的另一端——夏威夷度假，似乎也没有谁想念他）。

让克林顿主持这一仪式，其中当然有种格格不入的反讽意味：美国现代历史上首位向性丑闻检察官撒谎的总统比尔·克林顿，在现场仪式上要求白思豪宣誓维护美国宪法及美国与纽约的法律。记者马特·德拉吉在推特上评论称："克林顿像兔八哥一样随意变身。藐视法庭、律师从业执照被禁五年、被弹劾，现在竟然主持纽约市长宣誓仪式？"

不过这是克林顿夫妇"变身"成功的一个迹象，他们已卷土重来。克林顿是当时唯一特意称赞白思豪前任的一位演讲人，他称赞迈克尔·布隆伯格市长接手了一个烂摊子，却给后人留下一个井井有条的纽约市。"他将这个城市治理得更强大、更健康，这远非他接手时可比。"克林顿评论说。与其他人的致辞相比，他显得特立独行，因为之前所有的致辞者都避免直接提及布隆伯格之名——他们批评该市的现状，并声称在白思豪的管理下好日子指日可待。

不过克林顿演讲的微妙之处在于，他暗示了一些其他事情：克林顿夫妇将致力于在激进左翼（白思豪）与中间派（布隆伯格）之间搭建起一座沟通的桥梁。这不单单是他们未来要努力实现的目标，也是他们三十多年以前进入公共服务领域之际便已身体力行的准则。

曾经是共和党人的布隆伯格 ① 似乎被这种赞誉所打动（同样被打动的还有他的长期新闻主任霍华德·沃尔弗森）。至于希拉里，她在现场自始至终未发一言，不过她还是跟丈夫一起尽职地和宣誓就职的新官员们一起拍照。不过克林顿也是在利用这一机会去拉拢左翼。"我强烈支持白思豪的核心竞选承诺，我们必须创建一个机会共享、繁荣共享、责任共享的城市。"克林顿说，他的住所就在该城郊外。有些人推测说，这是克林顿在多年来谈论收入不平等问题力度最大的一次。

克林顿同时还称赞了白思豪具有多元化结构的家庭。"他以他的家庭为我们城市的未来以及我们国家的未来代言。"克林顿说，"大家知道，我尊重电视节目，但他们才是现代家庭的真正代表。"

这对白思豪来说是一个大日子。"谢谢您，克林顿总统，感谢您慷慨仁爱的致辞。在您的政府里任职是我的荣幸，今天您光临又让我们所有人倍感荣幸。我必须指出的是，二十多年前，当保守思维明显左右着我们国家之际，您打破了这种局面——并要我们继续保持对'希望'之地的信仰。"白思豪开始了自己的就职演说，一边转过脸向前克林顿总统致意，后者迅速意识到镜头会随着市长的眼光扫到自己身

---

① 布隆伯格原来是共和党人，但在 2007 年宣布成为独立派人士。

上。当时他坐在希拉里与州长安德鲁·库默中间，这位前总统把手伸到妻子后背扶在了她的肩上，把她的背扶直，观众（包括克林顿夫人）向他鼓掌致意。

"感谢您，希拉里国务卿。在为您的首次竞选工作时，我深受鼓舞。您对我们的子女与家庭做出了开创性的承诺，这句承诺现在已成为美国文化的一部分——我们这个城市深深认同这句话的内涵：'举全村之力。'感谢您，国务卿女士。"

希拉里的传记《举全村之力》强调了社区的力量，以及为了一个正义事业的目标携手努力的重要性。

新市长走马上任传递出了一个明确信号，即通过辛苦经营、决心、政治手腕以及奋力拼搏，比尔与希拉里·克林顿已为自己打造起了一个庞大的盟友团，有新朋亦有旧友，跨越了政治派别，甚至在这个世界金融之都也奠定了自己的根基。

受过弹劾的总统克林顿在 2013 年 1 月份一个寒风刺骨的周三，被邀请到纽约市主持宣誓就职仪式的原因就在于此，尽管他宣誓就职美国总统后未能坚守自己的誓言。而克林顿夫人将运用村庄的隐喻——她的村庄——来帮助自己成为下一届美国总统。

坐在二十年里首位民主党的纽约市长面前，比尔与希拉里·克林顿都显得很开心。他们得偿所愿——做世界关注的中心。他们的东山再起几乎已告完成。

致　谢

　　马特·拉蒂默与基思·厄本，以及他们在《标枪》组织的了不起团队，使得本书撰写得以成真。就像每日浸淫于羊群膻味的牧羊人一样，他们自始至终默默地在幕后为本书出谋划策，以卓越的表现和竭尽所能的方式为我提供巨大支持。

　　我很感激亚当·贝娄和哈珀·柯林斯出版社对本书的信任。亚当独具一格的理念与对本书大刀阔斧的修改显著改善了本书的表达。我还要感谢埃里克·迈耶斯在本书整个编辑过程中提供的帮助。

　　我在《旗帜周刊》的每一位同事都鼎力相助。我尤其要感谢我的老板比尔·克里斯托尔，是他给了我一份工作，并提供建议，甚至准许我休假让我完成本书。迈克·沃伦、约翰·麦科马克、伊桑·爱泼斯坦、吉姆·斯威夫特、杰弗里·诺曼、玛丽亚·桑托斯与杰瑞尔·比尔在工作上替我分忧解难，令我不必焦头烂额。此外，弗雷德·巴恩斯、理查德·斯塔尔、安德鲁·弗格森、马特·拉巴斯、史蒂夫·海斯、维克·马特斯、特里·伊斯特兰、尼克·斯威齐、格雷斯·特齐安、凯瑟琳·罗威及克劳迪娅·安德森都提出了很好的建议，并尽力向我提供帮助。我还要感谢卢·安·萨巴蒂尔。

　　人们常说，记者的水准取决于消息人士的水平，因此我尤其要感谢许多不辞劳苦接受我当面采访、电话采访、邮件采访以及为我指明谬误的人们。许多消息人士要求匿名接受采访，因此我就不提大多数人的姓名了，但理查德·卡尔森大使是位讲故事的圣手。我还要感谢兰尼·戴维斯、杰罗姆·马库斯、迈克尔·梅德韦德、大卫·舒斯特、约翰·麦凯恩、乔·利伯曼以及杰森·查费兹。

本书里的许多故事都出自许多才华出众的记者与作家以前的报道。大多数作家我都没见过面，不过还是要感谢玛吉·哈伯曼、亚历克·迈克吉利斯、卡罗尔·费尔森塔尔、艾米·查兹克、瓦利·纳斯尔、萨莉·比德尔·史密斯、迈克尔·汤玛斯基、约翰·哈里斯、卡尔·伯恩斯坦、乔治·斯特凡诺普洛斯、马克·霍尔珀林、约翰·海勒曼等人以及本书里援引过的许多人。

我还要衷心感谢雷恩·洛夫莱斯（以及本·西尔沃）帮助我为采访做笔录，以及安德鲁·埃文帮我核对事实。

当然，采访并撰写一本书要花费大量时间。我很感激我的家人在本书撰写全程中提供的支持。我的岳父母卡伦与史蒂夫自始至终提供帮助并鼓励我的创作。我的妻妹金佰利，及我的兄弟耶胡达、亚伦和其配偶萨拉、玛丽，都从一开始便全力支持本书。不论我希望做什么，我的父母始终支持我的行动——本书也不例外。

当然，还有我的妻子劳伦，有了她一切才成为可能，才值得去奋斗。对她我将永远心存感激。